중학영단어 총정리

총정리

한권으로 끝내기

중학영단어
총정리
한권으로 끝내기

2판 1쇄 2023년 7월 3일

지은이 홍석현
펴낸이 유인생
편집인 안승준
마케팅 박성하 · 심혜영
디자인 NAMIJIN DESIGN
편집 · 조판 Choice
삽화 홍희연
펴낸곳 (주) 쏠티북스
주소 (04037) 서울시 마포구 양화로 7길 20 (서교동, 남경빌딩 2층)
대표전화 070-8615-7800
팩스 02-322-7732
이메일 saltybooks@naver.com
출판등록 제313-2009-140호

ISBN 979-11-92967-03-5

중학영단어
총정리

최강의 3회 반복 영단어 암기법

한권으로 끝내기

| 홍석현 지음 |

쏠티북스

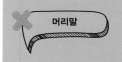

중학영어의 모든 영단어, 이제 이 한권으로 완전점복하세요!

"책이 너무 많아. 교과서, 자습서, 문제집, Reading, Grammar, Speaking, Word … 책은 쌓이는데, 제대로 마스터한 책은 없고, 복습하고 싶지만 저 많은 걸 언제 다 복습하지?"

"중학영어 과정에서 필요한 영단어를 한권으로 모두 해결할 수는 없을까? 중학교 2학년이라고 하지만 1학년과 3학년 과정 단어도 필요한데 …"

이런 학생들의 고민을 토대로 어떻게 하면 영단어를 가장 효과적으로 학습할 수 있을지에 대해, 그동안의 연구와 집필 경험을 바탕으로 해결 방법을 찾기 시작했습니다. 그리고 찾았습니다!

첫째, 중학 과정에 필요한 단어를 모두 담으면서 학년별로 분리하기로 했습니다. 이렇게 함으로써 본인 학년에 맞는 단어를 먼저 학습한 후 아래 학년 단어를 학습하고, 위의 학년 단어를 선행 학습할 수 있습니다.

둘째, 학년과 단어 수준에 맞는 예문을 제시함으로써 단어보다 어려운 예문 때문에 예문을 건너뛰는 일이 없도록 하였습니다.

셋째, 하루 단어 학습이 끝날 때마다 그날 학습한 예문에 포함된 중학교 과정의 필수 문법(구문)을 알기 쉽게 정리함으로써 학교 시험에 도움이 되도록 하였습니다.

넷째, 권두 특별부록으로 초등 필수 영단어를 수록하여, 중학 입학과 함께 부족했던 단어를 보충할 수 있도록 하였습니다. 또한 권말 특별부록으로 중학 필수 숙어를 수록하여 중요한 중학 과정의 숙어를 정리할 수 있도록 했습니다.

아무리 다양한 방법을 찾아봐도 단어 실력을 키우는 가장 좋은 학습법은 반복입니다! 여러 영어단어장을 끌어안고 고민하는 대신에, 이 한권의 단어장을 반복 학습하기를 권합니다. 필요할 때마다 학년별 단어를 골라 학습하는 방법도 좋습니다.

이 책이 여러분의 단어 학습에 많은 도움이 되길 바라며, 저의 고민과 여러분의 고민이 맞닿아 함께 찾은 해결 방법이 되기를 바랍니다.

부디, 이 책을 손에서 놓지 말고 꾸준히 반복 학습하여 중학영단어를 온전히 '내 것'으로 만들길 바랍니다.

— 지은이 **홍석현**

차례

이 책의 구성

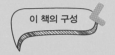

{50일 완성} 중학교 1 · 2 · 3학년의 모든 영단어 '한권으로 완전정복'

❶ 교육과정 및 교과서 분석을 통해 1,500개 중학 필수 영단어를 학년별로 구성

중학 ❶ Voca Day 01

□□ wait [weit] [동] 기다리다 ◎ wait for ~
The boy waits for his

□□ proud [praud] [형] 자랑스러운 ◎ pride [명]
◎ be proud of ~을 자랑스러워

중학 ❷ Voca Day 01

□□ apologize [əpɑ́lədʒàiz] [동] 사과하다, 사죄하다
She apologized to he

□□ cheek [tʃiːk] [명] 볼, 뺨
Mom kissed me on th

중학 ❸ Voca Day 01

□□ oppose [əpóuz] [동] 반대하다(↔ support 지지
She is opposing him i
그녀는 선거에서 그를 반대하고

□□ suburb [명] 교외, 근교

- 중1 영단어 450개[15일치] → 중2 영단어 600개[20일치] → 중3 영단어 450개[15일치]의 필수어휘에다가 파생어까지!
- 총 50일이면 중1·2·3 중학영어에서 꼭 외워야 하는 필수어휘를 학년별로 깔끔하게 정리할 수 있다.
- Day마다 배치된 QR코드를 활용하여 원어민 3회 반복 발음과 우리말 뜻을 익힐 수 있다.

❷ 풍부하면서도 깊이 있는 영단어 학습이 될 수 있도록 세밀한 구성

□□ fun [fʌn] [명] 재미 [형] 재미있는 ◎ funny [형] 재미있는
◎ have fun 재미있게 보내다
The story is fun and interesting.
그 이야기는 재미있고 흥미롭다.

□□ math [mæθ] [명] 수학(= mathematics)
Math is a useful subject. 수학은 유용한 과목이다.

□□ wrong [rɔ́ːŋ] [형] 틀린, 잘못된(↔ right, correct 옳은)
His answer is wrong. 그의 답은 틀렸다.

□□ ill [형] 아픈, 병든(=sick ↔ healthy 건강한) ◎ illness [명] 병

□□ feel [fiːl] [동] 느끼다(-felt-felt)
I feel nervous before the exam.
나는 시험 전에 불안하게 느낀다.

□□ weather [wéðər] [명] 날씨
What's the weather like today? 오늘 날씨가 어떠니?

Voca Plus
날씨(weather)를 나타내는 말
- hot(더운), warm(따뜻한), cold(추운), cool(시원한)
- sunny(맑은), cloudy(흐린), rainy(비 오는), snowy(눈 오는), foggy(안개 낀), windy(바람 부는)
- thunder and lightening(천둥과 번개), (rain)storm(폭풍우)

□□ also [부] 또한, 역시(=too)

- 파생어, 동의어, 반의어는 물론이고 불규칙 변화 동사의 3단 변형을 제시하여 깊이 있는 학습을 한다.
- 제시된 영단어에 가장 적합한 예문을 통해 해당 영단어의 뜻을 정확하게 파악한다.
- [Voca Plus]를 통해 보다 심도 있는 어휘 정리 및 관련된 상식으로 영단어 실력을 키운다.

❸ 1일 1개씩 제시된 [Today's Grammar]를 통해 중학영문법까지 함께 공부

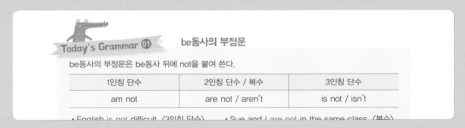

Today's Grammar 01 be동사의 부정문

be동사의 부정문은 be동사 뒤에 not을 붙여 쓴다.

1인칭 단수	2인칭 단수 / 복수	3인칭 단수
am not	are not / aren't	is not / isn't

- English is not difficult. (3인칭 단수)
- Sue and I are not in the same class. (복수)

• Day별로 하나씩 중학영어 과정에서 배워야 하는 필수적인 영문법 개념 50개도 공부할 수 있다.
• 영문법 개념을 공부하고 문제도 풀어볼 수 있어 영어 어휘력을 키우면서 영문법 실력까지 기를 수 있다.

❹ [바로바로 Daily Check]를 통해 학습한 영단어의 의미와 철자, 표현을 확인하며 반복해서 암기

뜻과 철자 쓰기, 의미 완성 연결하기와 뜻 쓰기, 의미에 알맞은 영단어 쓰기 등 세 가지 유형의 어휘 문제를 통해 학습한 영단어를 복습하고 암기력을 강화한다.

❺ 특별부록을 통해 [초등 필수 영단어]와 [중학 필수 숙어]까지 학습

• 이 책에는 두 개의 특별부록이 수록되어 있다. 책 앞에는 [초등 필수 영단어 400]이 수록되어 있고 책 뒤에는 [중학 필수 숙어 100]이 수록되어 있다.
• 중학 영단어를 학습하기에 앞서 [초등 필수 영단어 400]을 통해 자신의 초등 영단어 실력을 미리 점검하고 까먹은 영단어와 뜻을 다시 암기한다.
• [중학 필수 숙어 100]은 정확하고 신속한 문장 해석을 위해 반드시 필요한 숙어를 정리해 놓은 코너이다. 예문을 통해 제시된 숙어의 의미를 정확하게 이해하고 암기한다.

❻ [원어민 3번 반복 발음과 우리말 뜻]이 녹음된 MP3 파일로 영단어 완벽하기 외우기
등하교 시간이나 학교 쉬는 시간 같은 자투리 시간에 '원어민 3번 발음과 우리말 뜻'이 **녹음된 MP3 파일을 반복 청취**하여 영어발음을 교정하고 영단어 암기 효과도 극대화한다.

초등 필수 영단어 400

발음 듣기

□ **afternoon** [æ̀ftərnúːn] 圀 오후

□ **age** [eidʒ] 圀 나이

□ **air** [ɛər] 圀 공기

□ **airplane** [ɛ́ərplèin] 圀 비행기(=plane)

□ **angel** [éindʒəl] 圀 천사

□ **animal** [ǽnəməl] 圀 동물

□ **ant** [ænt] 圀 개미

□ **apple** [ǽpl] 圀 사과

□ **arm** [aːrm] 圀 팔

□ **art** [aːrt] 圀 미술, 예술

□ **ask** [æsk] 圐 묻다

□ **aunt** [ænt] 圀 이모, 고모, 숙모

□ **baby** [béibi] 圀 아기

□ **bad** [bæd] 圀 나쁜(↔good)

□ **ball** [bɔːl] 圀 공

□ **balloon** [bəlúːn] 圀 풍선

□ **bank** [bæŋk] 圀 은행

□ **baseball** [béisbɔ̀ːl] 圀 야구

□ **basket** [bǽskit] 圀 바구니

□ **basketball** [bǽskitbɔ̀ːl] 圀 농구

□ **bathroom** [bǽθrùːm] 圀 욕실

□ **bear** [bɛər] 圀 곰

□ **beautiful** [bjúːtifl] 圀 아름다운

□ **bed** [bed] 圀 침대

□ **bee** [biː] 圀 벌

□ **beef** [biːf] 圀 소고기

□ **begin** [bigín] 圐 시작하다

□ **bicycle** [báisikl] 圀 자전거(=bike)

□ **big** [big] 圀 큰(↔small)

□ **bird** [bəːrd] 圀 새

□ **birthday** [bə́ːrθdèi] 圀 생일

□ **black** [blæk] 圀圀 검정색(의)

□ **blanket** [blǽŋkit] 圀 담요

□ **blouse** [blaus] 圀 블라우스

□ **blue** [bluː] 圀圀 파란색(의)

□ **boat** [bout] 圀 보트, 작은 배

□ **body** [bádi] 圀 신체, 몸

□ **book** [buk] 圀 책

□ **bread** [bred] 圀 빵

□ **breakfast** [brékfəst] 圀 아침 식사

□ **brother** [brʌ́ðər] 圀 남자 형제

□ **brown** [braun] 圀圀 갈색(의)

□ **brush** [brʌʃ] 圀 붓, 솔

□ **bubble** [bʌ́bl] 圀 거품, 비눗방울

□ **bug** [bʌg] 몡 벌레

□ **building** [bíldiŋ] 몡 건물

□ **busy** [bízi] 휑 바쁜

□ **button** [bʌ́tən] 몡 단추

□ **buy** [bai] 동 사다

□ **cage** [keidʒ] 몡 우리, 새장

□ **calendar** [kǽləndər] 몡 달력

□ **call** [kɔ:l] 동 부르다, 전화하다

□ **camping** [kǽmpiŋ] 몡 캠핑

□ **cap** [kæp] 몡 모자

□ **captain** [kǽptən] 몡 선장, 기장

□ **car** [ka:r] 몡 자동차

□ **carrot** [kǽrət] 몡 당근

□ **castle** [kǽsl] 몡 성

□ **cat** [kæt] 몡 고양이

□ **catch** [kætʃ] 동 잡다

□ **chair** [tʃɛər] 몡 의자

□ **cheap** [tʃi:p] 휑 값이 싼

□ **check** [tʃek] 동 확인하다

□ **child** [tʃaild] 몡 어린이, 아이

□ **church** [tʃə:rtʃ] 몡 교회

□ **cinema** [sínəmə] 몡 영화관, 극장

□ **circle** [sə́:rkl] 몡 원

□ **city** [síti] 몡 도시

□ **classroom** [klǽsrù:m] 몡 교실

□ **clean** [kli:n] 휑 깨끗한

□ **clever** [klévər] 휑 영리한

□ **clock** [klak] 몡 시계

□ **cloud** [klaud] 몡 구름

□ **club** [klʌb] 몡 동아리

□ **cold** [kould] 휑 추운 몡 감기

□ **color** [kʌ́lər] 몡 색

□ **come** [kʌm] 동 오다

□ **concert** [kánsə:rt] 몡 콘서트

□ **contest** [kántest] 몡 경쟁

□ **cook** [kuk] 동 요리하다 몡 요리사

□ **cookie** [kúki] 몡 과자, 쿠키

□ **cool** [ku:l] 휑 시원한, 멋진

□ **corner** [kɔ́:rnər] 몡 모퉁이, 코너

□ **country** [kʌ́ntri] 몡 나라; 시골

□ **cousin** [kʌ́zn] 몡 사촌

□ **cow** [kau] 몡 젖소

□ **crown** [kraun] 몡 왕관

□ **cry** [krai] 동 울다

□ **cut** [kʌt] 동 자르다

□ **cute** [kju:t] 휑 귀여운

□ **dance** [dæns] 몡 춤 동 춤추다

□ **dark** [da:rk] 휑 어두운

□ **date** [deit] 몡 날짜

□ **daughter** [dɔ́:tər] 몡 딸 *cf.* son 아들

□ **day** [dei] 몡 하루, 날

□ **deer** [diər] 몡 사슴

☐ **dentist** [déntist] 몡 치과의사

☐ **desk** [desk] 몡 책상

☐ **diary** [dáiəri] 몡 일기

☐ **die** [dai] 통 죽다

☐ **dinner** [dínər] 몡 저녁 식사

☐ **dirty** [də́:rti] 혱 더러운

☐ **doctor** [dáktər] 몡 의사

☐ **dog** [dɔ:g] 몡 개

☐ **doll** [dal] 몡 인형

☐ **dolphin** [dálfin] 몡 돌고래

☐ **door** [dɔ:r] 몡 문

☐ **dream** [dri:m] 몡 꿈, 희망

☐ **dress** [dres] 몡 드레스

☐ **drink** [driŋk] 통 마시다

☐ **drive** [draiv] 통 운전하다

☐ **dry** [drai] 혱 마른 통 말리다

☐ **duck** [dʌk] 몡 오리

☐ **ear** [iər] 몡 귀

☐ **early** [ə́:rli] 뷔 일찍 혱 이른

☐ **east** [i:st] 몡 동쪽

☐ **eat** [i:t] 통 먹다

☐ **egg** [eg] 몡 계란

☐ **elephant** [éləfənt] 몡 코끼리

☐ **elevator** [éləvèitər] 몡 엘리베이터

☐ **eraser** [iréisər] 몡 지우개

☐ **evening** [í:vniŋ] 몡 저녁

☐ **everyday** [évridei] 혱 매일의

☐ **eye** [ai] 몡 눈

☐ **face** [feis] 몡 얼굴

☐ **family** [fǽməli] 몡 가족

☐ **far** [fa:r] 혱 먼 뷔 멀리

☐ **farm** [fa:rm] 몡 농장 *cf.* farmer 농부

☐ **fast** [fæst] 혱 빠른 뷔 빨리

☐ **father** [fá:ðər] 몡 아버지 *cf.* mother 엄마

☐ **find** [faind] 통 찾다

☐ **fine** [fain] 혱 좋은, 맑은

☐ **finger** [fíŋgər] 몡 손가락

☐ **fish** [fiʃ] 몡 물고기

☐ **flag** [flæg] 몡 깃발

☐ **flower** [fláuər] 몡 꽃

☐ **fog** [fɔ:g] 몡 안개

☐ **food** [fu:d] 몡 음식

☐ **fool** [fu:l] 몡 바보 혱 바보 같은

☐ **foot** [fut] 몡 발 *pl.* feet

☐ **football** [fútbɔ̀:l] 몡 축구

☐ **fox** [faks] 몡 여우

☐ **friend** [frend] 몡 친구

☐ **frog** [frɔ:g] 몡 개구리

☐ **fruit** [fru:t] 몡 과일

☐ **garden** [gá:rdn] 몡 정원

☐ **gate** [geit] 몡 문

☐ **giant** [dʒáiənt] 몡 거인 혱 거대한

□ **giraffe** [dʒəræf] 몡 기린

□ **give** [giv]] 동 주다

□ **glad** [glæd] 형 기쁜

□ **glass** [glæs] 몡 유리

□ **glove** [glʌv] 몡 장갑

□ **go** [gou] 동 가다

□ **god** [gad] 몡 신, 하느님

□ **gold** [gould] 몡 금

□ **good** [gud] 형 좋은(↔ bad)

□ **grape** [greip] 몡 포도

□ **great** [greit] 형 큰, 위대한

□ **gray** [grei] 몡형 회색(의)

□ **group** [gru:p] 몡 무리, 집단

□ **hair** [hɛər] 몡 머리카락

□ **hand** [hænd] 몡 손

□ **happy** [hǽpi] 형 행복한

□ **hat** [hæt] 몡 (테 있는) 모자

□ **head** [hed] 몡 머리

□ **heat** [hi:t] 몡 열, 온도

□ **heaven** [hévən] 몡 천국

□ **help** [help]] 몡 도움 동 도와주다

□ **here** [hiər] 부 여기에

□ **hero** [híərou] 몡 영웅

□ **high** [hai] 형 높은 부 높이

□ **hill** [hil] 몡 언덕

□ **home** [houm] 몡 집, 가정

□ **homework** [hóumwə̀:rk] 몡 숙제

발음 듣기

□ **honey** [hʌ́ni] 몡 꿀

□ **hope** [houp] 몡 희망 동 바라다

□ **horse** [hɔ:rs] 몡 말

□ **hospital** [háspitl] 몡 병원

□ **hot** [hat] 형 더운, 뜨거운

□ **hour** [auər] 몡 시간

□ **house** [haus] 몡 집, 주택

□ **hundred** [hʌ́ndrəd] 몡 100, 백

□ **hungry** [hʌ́ŋgri] 형 배고픈

□ **husband** [hʌ́zbənd] 몡 남편 *cf.* wife 아내

□ **ice** [ais] 몡 얼음

□ **idea** [aidí:ə] 몡 아이디어, 생각

□ **jacket** [dʒǽkit] 몡 재킷

□ **jeans** [dʒi:nz] 몡 면[청]바지

□ **job** [dʒab] 몡 일, 직장

□ **key** [ki:] 몡 열쇠

□ **kind** [kaind] 형 친절한

□ **king** [kiŋ] 몡 왕 *cf.* queen 여왕

□ **kitchen** [kítʃən] 몡 부엌

□ **kite** [kait] 몡 연

□ **knife** [naif] 몡 칼

□ **know** [nou] 동 알다

□ **lady** [léidi] 몡 숙녀

□ **lake** [leik] 몡 호수

□ **large** [la:rdʒ] 형 큰, 대형의

☐ **late** [leit] 혱 늦은 뷔 늦게

☐ **lazy** [léizi] 혱 게으른

☐ **leaf** [li:f] 몡 나뭇잎 *pl.* leaves

☐ **learn** [lə:rn] 동 배우다

☐ **left** [left] 몡 혱 왼쪽(의)

☐ **leg** [leg] 몡 다리

☐ **lesson** [lésn] 몡 수업, 교훈

☐ **letter** [létər] 몡 편지

☐ **like** [laik] 동 좋아하다

☐ **line** [lain] 몡 선

☐ **lion** [láiən] 몡 사자

☐ **lip** [lip] 몡 입술

☐ **listen** [lísn] 동 듣다

☐ **little** [lítl] 혱 작은

☐ **living room** [líviŋrù:m] 몡 거실

☐ **long** [lɔ:ŋ] 혱 긴

☐ **look** [luk] 동 보다

☐ **love** [lʌv] 동 사랑하다 몡 사랑

☐ **lunch** [lʌntʃ] 몡 점심 식사

☐ **magic** [mǽdʒik] 몡 마술, 마법

☐ **man** [mæn] 몡 남자, 사람

☐ **market** [má:rkit] 몡 시장

☐ **marry** [mǽri] 동 결혼하다

☐ **meet** [mi:t] 동 만나다

☐ **middle** [mídl] 몡 혱 가운데(의)

☐ **milk** [milk] 몡 우유

☐ **money** [mʌ́ni] 몡 돈

☐ **monkey** [mʌ́ŋki] 몡 원숭이

☐ **month** [mʌnθ] 몡 달, 월

☐ **moon** [mu:n] 몡 달

☐ **morning** [mɔ́:rniŋ] 몡 아침

☐ **mother** [mʌ́ðər] 몡 엄마

☐ **mountain** [máuntən] 몡 산

☐ **mouse** [maus] 몡 쥐 *pl.* mice

☐ **movie** [mú:vi] 몡 영화

☐ **music** [mjú:zik] 몡 음악

☐ **name** [neim] 몡 이름

☐ **near** [niər] 혱 가까운 뷔 가까이

☐ **neck** [nek] 몡 목

☐ **new** [nu:] 혱 새로운

☐ **newspaper** [njú:zpeipər] 몡 신문

☐ **next** [nekst] 혱 다음의

☐ **nice** [nais] 혱 좋은, 즐거운

☐ **night** [nait] 몡 밤

☐ **noon** [nu:n] 몡 정오

☐ **north** [nɔ:rθ] 몡 혱 북쪽(의)

☐ **nose** [nouz] 몡 코

☐ **now** [nau] 뷔 지금, 이제

☐ **number** [nʌ́mbər] 몡 숫자

☐ **nurse** [nə:rs] 몡 간호사

☐ **oil** [ɔil] 몡 기름

☐ **old** [ould] 혱 늙은, 오래 된

☐ **open** [óupən] 동 열다 형 열려 있는

☐ **paint** [peint] 명 페인트, 물감

☐ **palace** [pǽlis] 명 궁전

☐ **pants** [pænts] 명 바지

☐ **paper** [péipər] 명 종이

☐ **parent** [pɛ́ərənt] 명 부모, 어버이

☐ **park** [pa:rk] 명 공원

☐ **party** [pá:rti] 명 파티

☐ **pear** [pɛər] 명 (과일) 배

☐ **pencil** [pénsəl] 명 연필

☐ **people** [pí:pl] 명 사람들

☐ **picnic** [píknik] 명 소풍

☐ **picture** [píktʃər] 명 그림, 사진

☐ **pig** [pig] 명 돼지

☐ **pink** [piŋk] 명형 분홍색(의)

☐ **place** [pleis] 명 장소

☐ **play** [plei] 동 놀다 형 놀이

☐ **playground** [pléigràund] 명 운동장

☐ **pocket** [pákit] 명 주머니

☐ **police** [pəlí:s] 명 경찰

☐ **pool** [pu:l] 명 수영장

☐ **poor** [puər] 형 가난한

☐ **potato** [pətéitou] 명 감자

☐ **pretty** [príti] 형 예쁜

☐ **prince** [prins] 명 왕자 *cf.* princess 공주

☐ **puppy** [pápi] 명 강아지

☐ **puzzle** [pázl]
　명 퍼즐, 수수께끼

발음 듣기

☐ **question** [kwéstʃən] 명 질문

☐ **quiz** [kwiz] 명 퀴즈, 간단한 테스트

☐ **rabbit** [rǽbit] 명 토끼

☐ **rain** [rein] 명 비 동 비가 오다

☐ **rainbow** [réinbòu] 명 무지개

☐ **read** [ri:d] 동 읽다

☐ **red** [red] 명형 빨간색(의)

☐ **restaurant** [réstərənt] 명 식당

☐ **rich** [ritʃ] 형 부유한

☐ **ring** [riŋ] 명 반지

☐ **river** [rívər] 명 강

☐ **roof** [ru:f] 명 지붕

☐ **room** [ru:m] 명 방

☐ **run** [rʌn] 동 달리다

☐ **salt** [sɔ:lt] 명 소금

☐ **sand** [sænd] 명 모래

☐ **say** [sei] 동 말하다

☐ **school** [sku:l] 명 학교

☐ **scissors** [sízərz] 명 가위

☐ **sea** [si:] 명 바다

☐ **see** [si:] 동 보다

☐ **ship** [ʃip] 명 배

☐ **shoe** [ʃu:] 명 신발 (한 짝)

☐ **shop** [ʃap] 명 가게, 상점

☐ **short** [ʃɔ:rt] 형 짧은

□ **show** [ʃou] 동 보여주다

□ **silver** [sílvər] 명 은

□ **sing** [siŋ] 동 노래하다 명 song 노래

□ **sister** [sístər] 명 여자 형제, 자매

□ **sit** [sit] 동 앉다

□ **size** [saiz] 명 크기, 치수

□ **skin** [skin] 명 피부

□ **skirt** [skə:rt] 명 치마

□ **sky** [skai] 명 하늘

□ **slow** [slou] 형 느린

□ **small** [smɔ:l] 형 작은(↔ big)

□ **smile** [smail] 명 미소 동 미소 짓다

□ **snake** [sneik] 명 뱀

□ **snow** [snou] 명 눈 동 눈이 오다

□ **soccer** [sάkər] 명 축구

□ **sock** [sak] 명 양말 (한 짝)

□ **soft** [sɔ:ft] 형 부드러운, 푹신한

□ **sorry** [sάri] 형 유감스러운, 슬픈

□ **soup** [su:p] 명 수프

□ **south** [sauθ] 명 형 남쪽(의)

□ **speak** [spi:k] 동 말하다

□ **spoon** [spu:n] 명 숟가락

□ **sport** [spɔ:rt] 명 운동, 스포츠

□ **stand** [stænd] 동 서다, 서 있다

□ **start** [sta:rt] 동 시작하다, 출발하다

□ **stone** [stoun] 명 돌

□ **stop** [stap] 동 멈추다

□ **store** [stɔ:r] 명 가게, 상점

□ **story** [stɔ́:ri] 명 이야기

□ **strawberry** [strɔ́:bèri] 명 딸기

□ **street** [stri:t] 명 거리

□ **strong** [strɔ:ŋ] 형 강한

□ **student** [stju:dnt] 명 학생

□ **study** [stʌ́di] 동 공부하다

□ **sugar** [ʃúgər] 명 설탕

□ **summer** [sʌ́mər] 명 여름

□ **sun** [sʌn] 명 해, 태양

□ **sweater** [swétər] 명 스웨터

□ **swim** [swim] 명 수영 동 수영하다

□ **table** [téibl] 명 탁자

□ **talk** [tɔ:k] 동 말하다

□ **tall** [tɔ:l] 형 키가 큰, 높은

□ **teach** [ti:tʃ] 동 가르치다

□ **team** [ti:m] 명 팀, 단체

□ **telephone** [téləfòun] 명 전화

□ **tell** [tel] 동 말하다, 알리다

□ **test** [test] 명 시험, 테스트, 검사

□ **textbook** [tékstbùk] 명 교과서

□ **thank** [θæŋk] 동 감사하다

□ **think** [θiŋk] 동 생각하다

□ **ticket** [tíkit] 명 표, 티켓

□ **tiger** [táigər] 명 호랑이

☐ **time** [taim] 몡 시간

☐ **today** [tədéi] 몡 붕 오늘

☐ **together** [təɡéðər] 붕 함께

☐ **tomorrow** [təmɔ́:rou] 몡붕 내일

☐ **tonight** [tənáit] 몡붕 오늘 밤(에)

☐ **top** [tap] 몡 꼭대기, 정상

☐ **tour** [tuər] 몡 여행, 관광

☐ **tower** [táuər] 몡 탑

☐ **town** [taun] 몡 (소)도시, 읍

☐ **toy** [tɔi] 몡 장난감

☐ **train** [trein] 몡 기차

☐ **tree** [tri:] 몡 나무

☐ **trip** [trip] 몡 여행

☐ **type** [taip] 몡 유형, 종류

☐ **umbrella** [ʌmbrélə] 몡 우산

☐ **uncle** [ʌ́ŋkl] 몡 삼촌

☐ **use** [ju:z] 됭 사용하다 몡 사용

☐ **very** [véri] 붕 매우, 대단히

☐ **waist** [weist] 몡 허리

☐ **walk** [wɔ:k] 됭 걷다, 산책하다

☐ **want** [want] 됭 원하다

☐ **warm** [wɔ:rm] 형 따뜻한

☐ **water** [wɔ́:tər] 몡 물

☐ **way** [wei] 몡 길, 방법

☐ **wedding** [wédiŋ] 몡 결혼(식)

☐ **week** [wi:k] 몡 주, 일주일

☐ **weekend** [wí:kend] 몡 주말

☐ **welcome** [wélkəm] 됭 환영하다

☐ **well** [wel] 붕 잘 형 건강한

☐ **west** [west] 몡형 서쪽(의)

☐ **white** [hwait] 몡형 흰색(의)

☐ **wind** [wind] 몡 바람

☐ **window** [wíndou] 몡 창문

☐ **wing** [wiŋ] 몡 날개

☐ **winter** [wíntər] 몡 겨울

☐ **wish** [wiʃ] 됭 바라다

☐ **woman** [wúmən] 몡 여자, 여성

☐ **word** [wə:rd] 몡 단어, 낱말

☐ **work** [wə:rk] 몡 일 됭 일하다

☐ **world** [wə:rld] 몡 세계

☐ **year** [jiər] 몡 해, 1년

☐ **yellow** [jélou] 몡형 노란색(의)

☐ **yesterday** [jéstərdèi] 몡붕 어제

☐ **zoo** [zu:] 몡 동물원

중학 1

영단어 총정리

□□ **wait**
[weit]

동 **기다리다** ⊕ wait for ~을 기다리다
The boy **waits** for his mom. 그 소년은 그의 엄마를 기다린다.

□□ **proud**
[praud]

형 **자랑스러운** ⊕ pride 명 자랑스러움, 자부심
⊕ be proud of ~을 자랑스러워하다
I am **proud** of my parents. 나는 부모님이 자랑스럽다.

□□ **classmate**
[klǽsmeit]

명 **반[학급] 친구**
Jessi is my **classmate**. Jessi는 나의 반 친구이다.

□□ **visit**
[vízit]

동 **방문하다** *cf.* visitor 명 방문객
Let's **visit** Seoul History Museum.
서울 역사 박물관을 방문하자.

□□ **science**
[sáiəns]

명 **과학** *cf.* scientist 명 과학자
My favorite subject is **science**.
내가 가장 좋아하는 과목은 과학이다.

)))))▷ Voca Plus

학교에서 배우는 과목(subject)들을 영어로 알아볼까요?
• math(=mathematics) 수학   • science 과학   • art 미술
• P.E.(=physical education) 체육   • social studies 사회

□□ **brave**
[breiv]

형 **용감한, 용기 있는** ⊕ bravery 명 용기
The hero is strong and **brave**. 그 영웅은 강하고 용감하다.

□□ **feed**
[fi:d]

동 **먹이를 주다**(-fed-fed)
Bora **feeds** the cats. 보라는 고양이들에게 먹이를 준다.

□□ **jog**
[dʒag]

동 **조깅하다**
Do you **jog** every morning? 너는 매일 아침 조깅을 하니?

□ □ **young**
[jʌŋ]

® **어린, 젊은**(↔ old 늙은, 오래 된)

The girl is **young** but very polite.
그 소녀는 어리지만 매우 예의 바르다.

□ □ **difficult**
[dífikʌlt]

® **어려운**(↔ easy 쉬운)   ✪ difficulty ® 어려움

English is not **difficult**. 영어는 어렵지 않다.

□ □ **finish**
[fíniʃ]

® **끝내다, 마치다**

I can **finish** the poster tomorrow.
나는 그 포스터를 내일 끝낼 수 있다.

□ □ **introduce**
[ìntrədjúːs]

® **소개하다**

Let me **introduce** myself. 내 소개를 할게.

□ □ **garage**
[gərάːdʒ]

® **차고, 주차장**

There are two cars in the **garage**.
차고 안에 차가 두 대 있다.

))◫▷ Voca Plus

garage sale : '차고 세일'이라는 뜻으로 중고 물품을 자신의 집 차고에서 판매하는 것이에요. 우리
나라의 벼룩시장과 유사합니다. 비슷한 것으로 yard sale(마당에서 파는 것), moving sale(이사하면
서 필요 없는 물건을 파는 것) 등이 있어요.

□ □ **foreign**
[fɔ́ːrən]

® **외국의** *cf.* foreigner ® 외국인

Jina has a **foreign** friend. 지나는 외국인 친구가 한 명 있다.

□ □ **airport**
[έərpɔːrt]

® **공항**

How far is it to the **airport**? 공항까지 얼마나 먼가요?

□ □ **send**
[send]

® **보내다**(-sent-sent)

I will **send** a book to him. 나는 그에게 책을 보낼 것이다.

☐☐ **culture**
[kʌ́ltʃər]

몡 **문화** ⊕ cultural 휑 문화의
Lisa is interested in Korean **culture**.
Lisa는 한국 문화에 관심이 있다.

☐☐ **almost**
[ɔ́:lmoust]

뮈 **거의** (= nearly)
It's **almost** two o'clock. 거의 2시가 되었다.

☐☐ **close**
[klouz]

휑 **가까운** 통 **닫다** (↔ open 열다)
My house is **close** to a bus stop.
나의 집은 버스정류장과 가깝다.

☐☐ **office**
[ɔ́:fis]

몡 **사무실** ⊕ official 휑 공무상의, 직무상의
Let's visit his **office** tomorrow. 내일 그의 사무실을 방문하자.

☐☐ **inside**
[ìnsáid]

전 **~의 안에, ~ 안으로** (↔ outside ~의 밖에) 몡 **안쪽**
Some men go **inside** the bank.
몇몇 남자들이 은행 안으로 들어간다.

☐☐ **agree**
[əgríː]

통 **동의하다** (↔ disagree 반대하다) ⊕ agreement 몡 동의
I don't **agree** with you. 나는 너에게 동의하지 않아.

⫸ Voca Plus

접두사 dis-는 단어 앞에 붙어서 '반대', '부정'의 의미를 나타냅니다.
• agree(동의하다) ↔ disagree(반대하다)   • like(좋아하다) ↔ dislike(싫어하다)

☐☐ **move**
[muːv]

통 **움직이다, 옮기다** ⊕ movement 몡 움직임, 이동
A fish **moves** its tail from side to side.
물고기가 자신의 꼬리를 좌우로 움직인다.

☐☐ **believe**
[bilíːv]

통 **믿다** ⊕ belief 몡 믿음
People don't **believe** her.
사람들은 그녀를 믿지 않는다.

☐☐ **future**
[fjúːtʃər]

閔 미래(↔ past 과거)

Somi wants to be a baker in the **future**.

소미는 미래에 제빵사가 되기를 원한다.

☐☐ **same**
[seim]

閔 같은, 동일한(↔ different 다른)

Sue and I are not in the **same** class.

Sue와 나는 같은 반이 아니다.

☐☐ **popular**
[pápjulər]

閔 인기 있는, 대중적인 ⊕ popularity 閔 인기

Soccer is a very **popular** game.

축구는 매우 인기 있는 경기이다.

☐☐ **pond**
[pand]

閔 연못

Some people walk around the **pond**.

몇몇 사람들이 연못 주위를 걷는다.

☐☐ **forever**
[fərévər]

閔 영원히

Do you want to live **forever**? 너는 영원히 살기를 원하니?

☐☐ **delicious**
[dilíʃəs]

閔 아주 맛있는

These strawberries are **delicious**. 이 딸기들은 아주 맛있다.

Today's Grammar 01　　　　be동사의 부정문

be동사의 부정문은 be동사 뒤에 not을 붙여 쓴다.

1인칭 단수	2인칭 단수 / 복수	3인칭 단수
am not	are not / aren't	is not / isn't

• English is not difficult. 〈3인칭 단수〉　　• Sue and I are not in the same class. 〈복수〉

Mini Check!　빈칸에 알맞은 단어 넣기

(1) I _____ young any more. (나는 더 이상 어리지 않다.)

(2) You _____ kind. (너는 친절하지 않다.)　　Answer　(1) am not　(2) are not[aren't]

A 영어는 우리말로, 우리말은 영어로 쓰시오.

1 science
2 believe
3 airport
4 visit
5 feed
6 forever
7 same
8 foreign
9 close
10 popular
11 future
12 agree
13 office
14 introduce
15 delicious

16 차고, 주차장
17 어려운
18 끝내다
19 반[학급] 친구
20 기다리다
21 거의
22 보내다
23 용감한
24 문화
25 연못
26 움직이다
27 조깅하다
28 어린, 젊은
29 ~의 안에
30 자랑스러운

B 의미가 통하도록 연결한 후 우리말 뜻을 쓰시오.

1 a brave •   • ⓐ culture
2 Korean •   • ⓑ the airport
3 arrive at •   • ⓒ homework
4 finish •   • ⓓ soldier

C 주어진 철자로 시작하는 영단어를 쓰시오.

1 f☐☐☐ a dog : 개에게 먹이를 주다
2 always in the future : f☐☐☐☐☐☐
3 nearly = a☐☐☐☐☐
4 be p☐☐☐☐ of : ~을 자랑스러워하다
5 different ↔ s☐☐☐

□□ **grade**
[greid]

명 학년, 성적, 등급

Junho is in the first grade in middle school.
준호는 중학교 1학년이다.

□□ **special**
[spéʃəl]

형 특별한, 특수한 ⊕ specially 부 특별히

What is your special talent? 너의 특별한 재능은 무엇이니?

□□ **candle**
[kǽndl]

명 양초

He buys a candle and a match.
그는 양초와 성냥을 산다.

□□ **climate**
[kláimit]

명 기후

The climate here is mild. 이곳 기후는 온화하다.

□□ **polite**
[pəláit]

형 예의 바른, 공손한(↔ rude, impolite 무례한)

Yena is polite and kind. 예나는 공손하고 친절하다.

))⊪▷ Voca Plus

접두사 im-은 단어 앞에 붙어서 '반대', '부정'의 뜻을 나타냅니다.
 • polite(공손한) ↔ impolite(무례한)   • possible(가능한) ↔ impossible(불가능한)

□□ **wash**
[waʃ]

동 (물로) 씻다

Wash your hands before eating. 먹기 전에 손을 씻어라.

□□ **weak**
[wiːk]

형 약한, 힘이 없는(↔ strong 강한) ⊕ weakness 명 약함

We should take care of weak animals.
우리는 약한 동물들을 돌보아야 한다.

□□ **exercise**
[éksərsàiz]

명 운동, 연습 동 운동하다

Jerry exercises every day.
Jerry는 매일 운동을 한다.

Day 02

□□ **friendship** [fréndʃip]
[명] **우정**
Friendship is warmer than a blanket in my life.
우정은 내 인생에서 담요보다 더 따뜻하다.

□□ **quiet** [kwáiət]
[형] **조용한**(↔ loud 시끄러운) ⊕ quietly [부] 조용히
Her voice is too **quiet**. 그녀의 목소리는 너무 조용하다.

□□ **answer** [ǽnsər]
[명] **대답, 답** [동] **대답하다**(↔ ask 묻다)
Your **answer** isn't right. 네 대답은 옳지 않다.

□□ **hopeful** [hóupfəl]
[형] **희망에 찬, 기대하는** ⊕ hope [명] 희망
His future looks **hopeful**. 그의 미래는 희망적으로 보인다.

□□ **smell** [smel]
[동] **~ 냄새가 나다** [명] **냄새**
The food **smells** good.
그 음식은 좋은 냄새가 난다.

□□ **address** [명][ǽdres] [동][ədrés]
[명] **주소** [동] **주소를 쓰다**
Do you know Kelly's **address**?
너는 Kelly의 주소를 아니?

□□ **enough** [inʌ́f]
[형] **충분한** [부] **충분히**
I don't have **enough** time for breakfast.
나는 아침 식사를 할 시간이 충분하지 않다.

Voca Plus

enough는 형용사와 부사로 모두 쓰이는 말이에요. enough가 형용사로 쓰일 때는 명사를 앞이나 뒤에서 수식하지만, 부사로 쓰일 때는 동사, 형용사, 부사를 뒤에서 수식해 줍니다.
ex. enough time (충분한 시간), large enough (충분히 큰)

□□ **leave** [liːv]
[동] **떠나다, 출발하다**(-left-left)(↔ arrive 도착하다)
They **leave** home at 8 o'clock.
그들은 8시에 집을 떠난다.

☐☐ **still** [stil]	🕮 여전히, 아직, (비교급을 강조하여) 훨씬 Sam is **still** reading a book. Sam은 여전히 책을 읽고 있다.	

☐☐ **goal**
[goul]

🕮 목표, 골, 득점
My **goal** is to become a singer.
나의 목표는 가수가 되는 것이다.

☐☐ **hobby**
[hábi]

🕮 취미
Jessica's **hobby** is swimming. Jessica의 취미는 수영이다.

☐☐ **subject**
[sʌ́bdʒikt]

🕮 과목, 주제
What's Ann's favorite **subject**?
Ann이 가장 좋아하는 과목은 무엇이니?

☐☐ **suddenly**
[sʌ́dnli]

🕮 갑자기 ⊕ sudden 🕮 갑작스러운
Suddenly, she feels hungry. 갑자기 그녀는 배가 고팠다.

☐☐ **huge**
[hju:dʒ]

🕮 거대한, 막대한
The actor lives in a **huge** house.
그 배우는 아주 큰 집에서 산다.

⟫⑪▷ Voca Plus

크기를 나타내는 표현을 정리해 보세요.
huge(엄청나게 큰) > large / big(큰) > small / little(작은) > tiny(아주 작은)

☐☐ **bridge**
[bridʒ]

🕮 다리, 교량
People cross the small **bridge**.
사람들이 작은 다리를 건넌다.

☐☐ **bring**
[briŋ]

🕮 가져오다, 데려오다(-brought-brought)
You should **bring** your lunch box.
너는 도시락을 가져와야 한다.

Day 02

□□ **become** [bikʌ́m]
[동] **~이 되다, ~해지다** (- became - become)
Noel **becomes** a math teacher. Noel은 수학 교사가 된다.

□□ **flour** [fláuər]
[명] **가루, 밀가루**
She makes bread with **flour**, sugar, and eggs.
그녀는 밀가루, 설탕, 달걀로 빵을 만든다.

□□ **magazine** [mæɡəzíːn]
[명] **잡지**
The sport **magazine** comes out on Fridays.
그 스포츠 잡지는 금요일마다 나온다.

□□ **alone** [əlóun]
[부] **홀로** [형] **혼자의, 외로운**
My grandmother lives **alone**. 나의 할머니는 혼자 사신다.

□□ **peaceful** [píːsfəl]
[형] **평화로운** ⊕ peace [명] 평화
His house looks **peaceful**. 그의 집은 평화로워 보인다.

□□ **expensive** [ikspénsiv]
[형] **비싼**(↔ cheap 싼) ⊕ expense [명] 돈, 비용
This backpack is too **expensive** for me.
이 배낭은 나에게 너무 비싸다.

Today's Grammar 02 일반동사의 3인칭 단수형

주어가 3인칭 단수이고 현재시제일 때 일반동사의 끝에 -(e)s를 붙여 쓴다.

• Jerry exercises every day. 〈3인칭 단수〉 • My father exercises every day. 〈3인칭 단수〉

cf. I exercise every day. 〈1인칭 단수〉 You exercise every day. 〈2인칭 단수〉

Mini Check! **빈칸에 알맞은 단어 넣기**

(1) The food ________ good.
(그 음식은 좋은 냄새가 난다.)

(2) My grandmother ________ alone.
(나의 할머니는 혼자 사신다.)

Answer (1) smells (2) lives

A 영어는 우리말로, 우리말은 영어로 쓰시오.

1 bridge		16 취미
2 peaceful		17 ~이 되다
3 huge		18 목표, 골
4 still		19 기후
5 magazine		20 (물로) 씻다
6 special		21 떠나다
7 expensive		22 충분한
8 alone		23 양초
9 friendship		24 희망에 찬
10 bring		25 대답, 답
11 suddenly		26 약한
12 polite		27 ~ 냄새가 나다
13 flour		28 학년, 성적
14 subject		29 운동, 연습
15 quiet		30 주소

B 의미가 통하도록 연결한 후 우리말 뜻을 쓰시오.

1 a sport •   • ⓐ grade

2 a warm •   • ⓑ smell

3 the first •   • ⓒ magazine

4 a delicious •   • ⓓ climate

C 주어진 철자로 시작하는 영단어를 쓰시오.

1 s ☐☐☐☐☐ : math, science, music

2 strong ↔ w ☐☐☐

3 loud ↔ q ☐☐☐☐

4 w ☐☐☐ hands : 손을 씻다

5 arrive ↔ l ☐☐☐☐

중학 ❶ Voca Day 03

발음 듣기

□□ **arrive** [əráiv]

[동] **도착하다**(↔ depart 출발하다)

We will **arrive** at the airport at 2.

우리는 2시에 공항에 도착할 것이다.

□□ **experience** [ikspíəriəns]

[명] **경험** [동] **경험하다**

He doesn't have much **experience**. 그는 경험이 많지 않다.

□□ **branch** [bræntʃ]

[명] **나뭇가지**

A bird is sitting on a **branch**. 새가 나뭇가지에 앉아 있다.

□□ **invite** [inváit]

[동] **초대하다** ⊕ invitation [명] 초대

I will **invite** poor people to my restaurant.

나는 가난한 사람들을 나의 식당으로 초대할 것이다.

□□ **careful** [kέərfəl]

[형] **조심하는, 주의 깊은** ⊕ care [명] 주의, 돌봄

Be **careful** of strange people. 낯선 사람들을 조심해라.

Voca Plus

접미사 -ful은 명사의 끝에 붙어 '~이 가득한', '~의 성질을 갖는' 의미의 형용사를 만들어요.

- beauty(아름다움) – beautiful(아름다운)
- color(색) – colorful(다채로운)
- hope(희망) – hopeful(희망에 찬)
- care(주의) – careful(주의 깊은)
- help(도움) – helpful(도움이 되는)
- peace(평화) – peaceful(평화로운)

□□ **price** [prais]

[명] **가격, 값**

What is the **price** of this book? 이 책의 가격은 얼마인가요?

□□ **change** [tʃeindʒ]

[동] **바꾸다, 변하다** [명] **변화, 거스름돈**

She **changed** her mind. 그녀는 마음을 바꾸었다.

□□ **neat** [niːt]

[형] **정돈된, 말쑥한**(= tidy)

His house is always **neat**. 그의 집은 항상 정돈되어 있다.

☐☐	**dish**	몡 **접시, 그릇, 요리**	⊕ do[wash] the dishes 설거지하다
	[diʃ]	A kebab is a famous meat **dish**.	
		케밥은 유명한 고기 요리이다.	

☐☐ **beach**
[biːtʃ]

몡 **해변, 바닷가**(= coast, shore)

They walk along the **beach**. 그들은 해변을 따라 산책한다.

▶️▶ Voca Plus

beach, coast, (sea)shore는 모두 바닷가나 그 인근의 육지를 가리키는 말이에요. 특히 모래나 작은 돌들이 있는 바닷가를 가리킬 때 beach라고 한답니다.

☐☐ **allowance**
[əláuəns]

몡 **용돈**(= pocket money)

My parents give me 20,000 won for my **allowance**.
나의 부모님은 나에게 용돈으로 2만 원을 주신다.

☐☐ **plant**
[plænt]

몡 **식물** 동 **나무를 심다**

Plants need light and water.
식물은 빛과 물을 필요로 한다.

☐☐ **blind**
[blaind]

혱 **눈이 먼, 시각 장애가 있는**

Sally suddenly became **blind**.
Sally는 갑자기 눈이 멀게 되었다.

☐☐ **true**
[truː]

혱 **사실인**(↔ untrue, false 거짓의) ⊕ truth 몡 사실

Is the story **true**? 그 이야기가 사실이니?

☐☐ **envelope**
[énvəlòup]

몡 **봉투**

Write your name on the **envelope**. 봉투에 네 이름을 써라.

☐☐ **enemy**
[énəmi]

몡 **적**(↔ friend 친구)

Brad has many **enemies**. Brad는 적이 많다.

☐☐ **real** 🔞 **진짜의** ⊕ really 🔞 정말로 ⊕ realize 🔞 깨닫다

[ríːəl]　　The flowers in the vase are **real**. 그 꽃병의 꽃들은 진짜다.

☐☐ **minute** 🔞 **분, 잠깐**

[mainjúːt]　　First, boil an egg for 15 **minutes**.

　　먼저, 달걀을 15분 동안 삶아라.

)))⬛▷ Voca Plus

시간(time)을 나타내는 단위를 알아두세요.

second(초) − minute(분) − hour(시간) − day(하루) − week(주) − month(달) − year(년) − decade(10년) − century(100년, 1세기)

☐☐ **design** 🔞 **디자인** 🔞 **디자인하다** *cf*. designer 🔞 디자이너

[dizáin]　　I want to **design** a special car.

　　나는 특별한 자동차를 디자인하고 싶다.

☐☐ **flood** 🔞 **홍수** 🔞 **범람하다**

[flʌd]　　They lost their house by the **flood**.

　　그들은 홍수로 인해 집을 잃어버렸다.

☐☐ **village** 🔞 **마을**

[vílidʒ]　　We live in the same **village**. 우리는 같은 마을에 산다.

☐☐ **nephew** 🔞 **조카 (아들)** *cf*. niece 🔞 조카딸

[néfjuː]　　I have a **nephew** and two nieces.

　　나는 조카 한 명과 조카딸 두 명이 있다.

☐☐ **seat** 🔞 **좌석, 자리** ⊕ take[have] a seat 자리에 앉다

[siːt]　　Come and have a **seat**. 와서 자리에 앉으세요.

☐☐ **quickly** 🔞 **빨리** ⊕ quick 🔞 빠른

[kwíkli]　　Time passed so **quickly**.

　　시간이 너무 빨리 지나갔다.

□□ **road**
[roud]

몡 도로, 길

Cross the road carefully. 조심해서 길을 건너라.

□□ **favorite**
[féivərit]

옝 매우 좋아하는

Blue is my favorite color. 파란색이 내가 가장 좋아하는 색이다.

□□ **shine**
[ʃain]

옹 빛나다, 비추다 (-shone-shone)

The sun shines brightly the house. 해가 집을 밝게 비춘다.

□□ **bottle**
[bátl]

몡 병

Where's the water bottle? 물병이 어디에 있니?

□□ **hurry**
[hə́:ri]

옹 서두르다 몡 서두름

Hurry up! We're late. 서둘러! 우린 늦었어.

□□ **amazing**
[əméiziŋ]

옝 놀라운, 굉장한 ◈ amazingly 믕 놀랍게도

What an amazing dog! 정말 놀라운 개다!

Today's Grammar 03   be동사의 의문문

be동사의 의문문은 be동사를 주어 앞에 써서 나타낸다.

1인칭 단수	2인칭 단수 / 복수	3인칭 단수
Am I ~?	Are you ~? / Are they ~?	Is he[she] ~? / Is it ~?

• The story is true. → Is the story true? (그 이야기가 사실이니?)

• You are tired. → Are you tired? (너는 피곤하니?)

Mini Check!   빈칸에 알맞은 단어 넣기

(1) _____ he a baseball player?

(그는 야구 선수니?)

(2) _____ they in the museum?

(그들은 박물관에 있니?)

Answer (1) Is (2) Are

정답 p.286

A 영어는 우리말로, 우리말은 영어로 쓰시오.

1 bottle
2 neat
3 true
4 price
5 village
6 real
7 beach
8 quickly
9 arrive
10 amazing
11 branch
12 enemy
13 road
14 favorite
15 envelope

16 용돈
17 눈이 먼
18 홍수
19 바꾸다, 변하다
20 서두르다
21 분, 잠깐
22 조카 (아들)
23 식물
24 경험
25 디자인
26 초대하다
27 좌석, 자리
28 빛나다, 비추다
29 조심하는
30 접시, 요리

B 의미가 통하도록 연결한 후 우리말 뜻을 쓰시오.

1 the price of   •   • ⓐ water
2 have   •   • ⓑ a seat
3 a bottle of   •   • ⓒ the dishes
4 wash   •   • ⓓ coffee

C 주어진 철자로 시작하는 영단어를 쓰시오.

1 friend ↔ e□□□□
2 n□□□□□ : a son of your sister or brother
3 second – m□□□□□ – hour
4 animal and p□□□□
5 shore = b□□□□

☐☐ **fresh**
[freʃ]

ⓗ **신선한, 새로운**

They bake fresh bread every day.
그들은 신선한 빵을 매일 굽는다.

☐☐ **laugh**
[læf]

ⓥ **웃다**

She moves a lot and laughs a lot.
그녀는 많이 움직이고 많이 웃는다.

☐☐ **nickname**
[níknèim]

ⓝ **별명**

Her nickname is Mom of Dogs. 그녀의 별명은 개들의 엄마이다.

☐☐ **soon**
[suːn]

ⓐ **곧, 머지않아** (= before long)

The class will soon begin. 수업이 곧 시작할 것이다.

☐☐ **hike**
[haik]

ⓥ **하이킹하다** ⓝ **하이킹** ➕ go hiking 하이킹하러 가다

We go hiking once a month.
우리는 한 달에 한 번 하이킹하러 간다.

☐☐ **forest**
[fɔ́ːrist]

ⓝ **숲, 삼림**

Let's go on a picnic to the forest.
숲으로 소풍 가자.

☐☐ **free**
[friː]

ⓗ **자유로운, 한가한, 무료의** ➕ freedom ⓝ 자유

She is free on Sundays. 그녀는 일요일에 한가하다.

▶️ Voca Plus

'무료'라는 말은 듣기 좋은 말인데요. free에 '무료'라는 뜻이 있어서 for free, free of charge라고
하면 '무료로'라는 뜻이 돼요. 같은 의미로 for nothing이 있어요. 하지만 무료로 일하는 건 싫겠죠.
work for free : 무상으로 일하다

☐☐ **gift**
[gift]

ⓝ **선물** (= present), **재능** (= talent)

I hope you'll like my gift. 네가 내 선물을 좋아하기를 바란다.

☐☐ **sad**
[sæd]

® **슬픈** ⊕ sadness ® 슬픔 ⊕ sadly ⊕ 슬프게
The woman looks very **sad**. 그 여자는 매우 슬퍼 보인다.

☐☐ **choose**
[tʃuːz]

® **선택하다**(-chose-chosen) ⊕ choice ® 선택
You can **choose** your favorite movie.
너는 네가 가장 좋아하는 영화를 선택할 수 있다.

☐☐ **lovely**
[lʌ́vli]

® **사랑스러운, 멋진** ⊕ love ® 사랑
He sent me a **lovely** card. 그는 나에게 멋진 카드를 보냈다.

》Ⅲ▶ Voca Plus

명사 끝에 −ly를 붙이면 형용사가 됩니다.
• love(사랑) − lovely(사랑스러운)   • friend(친구) − friendly(친근한)
cf. 형용사 끝에 −ly를 붙이면 부사가 된다.
• happy(행복한) − happily(행복하게)   • sad(슬픈) − sadly(슬프게)

☐☐ **thief**
[θiːf]

® **도둑**
A **thief** met a rich man on a train.
도둑이 기차에서 부유한 남자를 만났다.

☐☐ **blow**
[blou]

® **(바람이) 불다, (입으로) 불다**(-blew-blown)
Children **blow** up balloons. 아이들이 풍선을 분다.

☐☐ **noisy**
[nɔ́izi]

® **시끄러운**(↔ quiet 조용한) ⊕ noise ® 소리, 소음
It's too **noisy** outside. 바깥이 너무 시끄럽다.

☐☐ **shelf**
[ʃelf]

® **선반, 책꽂이**
There are dolls on the **shelves**.
선반들 위에 인형들이 있다.

☐☐ **stage**
[steidʒ]

® **단계, 무대**
The project is in the planning **stage**.
그 프로젝트는 계획 단계에 있다.

□□ **enjoy** [indʒɔ́i]
[동] **즐기다** ⊕ enjoyment [명] 즐거움
He **enjoys** mystery films. 그는 추리 영화를 즐긴다.

□□ **sunshine** [sʌ́nʃain]
[명] **햇빛, 햇살**
They enjoy the **sunshine** at the park.
그들은 공원에서 햇빛을 즐긴다.

□□ **season** [síːzn]
[명] **계절**
What's your favorite **season**?
네가 가장 좋아하는 계절은 무엇이니?

□□ **blond(e)** [bland]
[형] **금발인**
The girl has long **blond** hair.
그 소녀는 긴 금발을 갖고 있다.

□□ **soldier** [sóuldʒər]
[명] **군인, 병사**
Soldiers are shooting into the building.
군인들이 건물 안으로 총을 쏘고 있다.

□□ **coin** [kɔin]
[명] **동전**
The child put a **coin** into a piggy bank.
그 아이는 돼지저금통에 동전을 넣었다.

Voca Plus

money(돈)는 화폐 형태로 된 돈을 가리키는 말인데요. money에는 크게 종이로 된 '지폐(bill, paper money)'와 금속 조각으로 된 '동전(coin)'이 있어요. 참고로 수표는 check라고 해요.

□□ **easy** [íːzi]
[형] **쉬운, 편안한**(↔ difficult 어려운) ⊕ easily [부] 쉽게
Driving a car isn't **easy**. 운전하는 것은 쉽지 않다.

□□ **vegetable** [védʒətəbl]
[명] **채소** *cf.* fruit [명] 과일
I don't like **vegetables**.
나는 채소를 좋아하지 않는다.

☐☐ **accident**
[ǽksidənt]

몡 **사고, 재해**

Matt had a car accident. Matt는 자동차 사고를 당했다.

☐☐ **tired**
[táiərd]

톙 **피곤한, 지친** ⊕ tire 몸 지치게 하다

She is always tired on weekends. 그녀는 주말이면 항상 피곤하다.

☐☐ **travel**
[trǽvəl]

몸 **여행하다** 몡 **여행**

My family is going to travel to Bali.

나의 가족은 발리로 여행을 갈 것이다.

☐☐ **fly**
[flai]

몸 **날다, 비행하다** (-flew-flown) 몡 **파리**

Penguins can't fly. 펭귄은 날 수 없다.

☐☐ **famous**
[féiməs]

톙 **유명한** (= well-known) ⊕ fame 몡 명성

The Korean restaurant is famous. 그 한국 식당은 유명하다.

☐☐ **repair**
[ripέər]

몸 **수리하다** (= fix) 몡 **수리**

My dad repaired my desk. 아버지께서 내 책상을 수리하셨다.

Today's Grammar 04

셀 수 있는 명사의 복수형 (규칙)

셀 수 있는 명사가 둘 이상일 때 복수형을 쓰며 보통 끝에 -(e)s를 붙여 만든다.

대부분의 명사+s	coin → coins, book → books
-s, -x, -o, -ch, -sh+es	bus → buses, box → boxes
y → ies	fly → flies, baby → babies
-f(e) → ves	thief → thieves, shelf → shelves

Mini Check! 빈칸에 알맞은 단어 넣기

(1) Tom has three _____ .
  (Tom은 동전 세 개를 갖고 있다.)

(2) The two _____ are brothers.
  (그 두 도둑은 형제이다.)

Answer (1) coins (2) thieves

A 영어는 우리말로, 우리말은 영어로 쓰시오.

1 noisy		16 별명	
2 soldier		17 선택하다	
3 famous		18 채소	
4 gift		19 신선한, 새로운	
5 thief		20 사고, 재해	
6 laugh		21 하이킹하다	
7 sunshine		22 자유로운	
8 soon		23 사랑스러운	
9 forest		24 날다; 파리	
10 coin		25 피곤한, 지친	
11 shelf		26 계절	
12 blond(e)		27 여행(하다)	
13 sad		28 (바람이) 불다	
14 enjoy		29 단계, 무대	
15 repair		30 쉬운, 편안한	

B 의미가 통하도록 연결한 후 우리말 뜻을 쓰시오.

1 a car   • ⓐ writer

2 a famous   • ⓑ accident

3 dance   • ⓒ around the world

4 travel   • ⓓ on stage

C 주어진 철자로 시작하는 영단어를 쓰시오.

1 g ☐☐☐ = present; talent

2 c ☐☐☐ : a piece of metal money

3 s ☐☐☐☐☐ : spring, summer, fall, winter

4 v ☐☐☐☐☐☐☐☐ : carrot, spinach, potato ...

5 difficult ↔ e ☐☐☐

발음 듣기

☐☐ **fun**
[fʌn]

명 재미 형 재미있는 ⊕ funny 형 재미있는
⊕ have fun 재미있게 보내다
The story is **fun** and interesting.
그 이야기는 재미있고 흥미롭다.

☐☐ **math**
[mæθ]

명 수학 (= mathematics)
Math is a useful subject. 수학은 유용한 과목이다.

☐☐ **wrong**
[rɔ́ːŋ]

형 틀린, 잘못된 (↔ right, correct 옳은)
His answer is **wrong**. 그의 답은 틀렸다.

☐☐ **ill**
[il]

형 아픈, 병든 (= sick, ↔ healthy 건강한) ⊕ illness 명 병
I'm getting old and **ill**. 나는 늙고 병들어 가고 있다.

☐☐ **thin**
[θin]

형 마른 (↔ fat 뚱뚱한), 얇은 (↔ thick 두꺼운)
The woman is very **thin**. 그 여자는 매우 말랐다.

)))▶ Voca Plus

'마른'이라는 뜻의 thin은 약간 부정적인 의미로 써요. 흔히 긍정적인 의미로 '날씬한'이라고 말할 때
는 slim, slender라고 말합니다. skinny는 '(보기 흉할 정도로) 깡마른' 경우에 쓰는 말이에요.

☐☐ **sure**
[ʃuər]

형 확실한, 확신하는 (= certain) ⊕ surely 부 확실히
Are you **sure** about that?
그것이 확실합니까?

☐☐ **tail**
[teil]

명 꼬리
A cow moves its **tail** quickly.
소는 꼬리를 빠르게 움직인다.

☐☐ **light**
[lait]

명 빛, 전등 형 밝은, 가벼운
Can you turn on the **light**? 전등 좀 켜 주시겠어요?

□□ **feel** 동 **느끼다**(-felt-felt)
[fiːl]
I **feel** nervous before the exam.
나는 시험 전에 불안하게 느낀다.

□□ **wall** 명 **담, 벽**
[wɔːl]
They paint the school **walls**. 그들은 학교 담에 페인트칠을 한다.

□□ **dangerous** 형 **위험한**(↔ safe 안전한) ⊕ danger 명 위험
[déindʒərəs]
It is **dangerous** to swim in the river.
강에서 수영하는 것은 위험하다.

□□ **weather** 명 **날씨**
[wéðər]
What's the **weather** like today? 오늘 날씨가 어떠니?

))))▷ Voca Plus

날씨(weather)를 나타내는 말
• hot(더운), warm(따뜻한), cold(추운), cool(시원한)
• sunny(맑은), cloudy(흐린), rainy(비 오는), snowy(눈 오는), foggy(안개 낀), windy(바람 부는)
• thunder and lightening(천둥과 번개), (rain)storm(폭풍우)

□□ **also** 부 **또한, 역시**(=too)
[ɔ́ːlsou]
Eric **also** swims well. Eric은 또한 수영도 잘 한다.

□□ **board** 명 **게시판, 칠판, 판자**
[bɔːrd]
Look at the **board**. 게시판을 보시오.

□□ **join** 동 **가입하다, 함께 하다**
[dʒɔin]
Why don't you **join** the club? 그 동아리에 가입하는 게 어때?

□□ **wave** 명 **파도, 물결** 동 (손, 팔을) **흔들다**
[weiv]
The ship rolls in the **waves**.
배가 파도에 흔들린다.

□□ **report**
[ripɔ́ːrt]

몡 보고, 보고서 동 보고하다, 알리다
Mike didn't finish his science report.
Mike는 과학 보고서를 끝내지 못했다.

□□ **dessert**
[dizə́ːrt]

몡 후식, 디저트 *cf.* desert 몡 사막
She makes banana juice for dessert.
그녀는 디저트로 바나나 주스를 만든다.

□□ **dialog**
[dáiəlɔ̀ːg]

몡 대화(= dialogue)
Look at the pictures and read the dialog.
그림을 보고 대화를 읽으시오.

□□ **ride**
[raid]

동 (자전거, 말 등을) 타다(- rode - ridden) 몡 타기, 승마
She rides a bike in the park.
그녀는 공원에서 자전거를 탄다.

□□ **worry**
[wə́ːri]

동 걱정하다 몡 걱정, 걱정거리
Andy worries about his school life.
Andy는 학교생활에 대해 걱정한다.

□□ **stay**
[stei]

동 머무르다, 계속 있다 몡 머무름
He will stay at home this weekend.
그는 이번 주말에 집에 머물 것이다.

□□ **grocery**
[gróusəri]

몡 식료품, 식료품점(= grocery store)
There is a grocery store next to the bakery.
제과점 옆에 식료품점이 있다.

□□ **happiness**
[hǽpinis]

몡 행복, 행운 ⊕ happy 혱 행복한
They think that red brings happiness.
그들은 빨간색이 행복을 가져온다고 생각한다.

□□ **note**
[nout]

᭼ 메모, 필기, 음표

The teacher left me a **note**. 선생님은 나에게 메모를 남겼다.

□□ **strange**
[streindʒ]

᭼ 낯선, 이상한 *cf*. stranger ᭼ 낯선 사람

Bora heard a **strange** sound. 보라는 이상한 소리를 들었다.

□□ **live**
[liv]

᭼ 살다(↔ die 죽다), **거주하다** ⊕ life ᭼ 삶

They **live** together in Seoul. 그들은 서울에서 함께 산다.

□□ **repeat**
[ripíːt]

᭼ 반복하다, 되풀이하다

Could you **repeat** your name? 이름을 다시 말씀해 주시겠어요?

□□ **boil**
[bɔil]

᭼ 끓다, 끓이다, 삶다

Boil potatoes for 25 minutes. 감자를 25분 동안 삶아라.

□□ **tooth**
[tuːθ]

᭼ 이, 치아 *pl*. teeth ⊕ brush one's teeth 양치질 하다

The koala has sharp **teeth**. 코알라는 날카로운 이빨을 갖고 있다.

Today's Grammar 05   셀 수 있는 명사의 복수형 (불규칙)

셀 수 있는 명사의 복수형이 불규칙하게 변하는 것은 암기해야 한다.

foot(발) – feet	tooth(이) – teeth	*cf*. 단수-복수가 같은 명사
mouse(쥐) – mice	child(아이) – children	sheep(양) – sheep
man(남자) – men	woman(여자) – women	fish(물고기) – fish

• She is brushing her teeth. (그녀는 양치질을 하고 있다.)

Mini Check! 빈칸에 알맞은 단어 넣기

(1) The baby has small _____.
    (그 아기는 발이 작다.)

(2) Five _____ are playing soccer.
    (다섯 아이들이 축구를 하고 있다.)

Answer (1) feet (2) children

정답 p.287

A 영어는 우리말로, 우리말은 영어로 쓰시오.

1 math		16 날씨	
2 tooth		17 (자전거를) 타다	
3 wall		18 보고, 보고서	
4 dangerous		19 게시판, 칠판	
5 grocery		20 끓다, 끓이다	
6 tail		21 행복, 행운	
7 strange		22 살다, 거주하다	
8 wrong		23 파도, 물결	
9 repeat		24 얇은, 마른	
10 dessert		25 빛, 전등	
11 also		26 가입하다	
12 stay		27 메모; 음표	
13 dialog		28 걱정하다	
14 ill		29 재미(있는)	
15 feel		30 확실한	

B 의미가 통하도록 연결한 후 우리말 뜻을 쓰시오.

1 boil · · ⓐ light

2 ride · · ⓑ a club

3 a traffic · · ⓒ a bike

4 join · · ⓓ water

C 주어진 철자로 시작하는 영단어를 쓰시오.

1 w⬜⬜⬜⬜⬜ : sunny, rainy, snowy ...

2 certain = s⬜⬜⬜

3 thick ↔ t⬜⬜⬜

4 wag a t⬜⬜⬜ : 꼬리를 흔들다

5 right ↔ w⬜⬜⬜⬜

□□ **already**
[ɔːlrédi]

(부) **이미, 벌써**

He **already** has a computer. 그는 이미 컴퓨터를 가지고 있다.

□□ **talent**
[tǽlənt]

(명) **재능**(= gift)**, 재주**

Everyone has his or her own **talent**.
모든 사람은 자신만의 재능을 가지고 있다.

□□ **hole**
[houl]

(명) **구멍, 구덩이**

The dog dug a **hole** with its claws.
그 개는 발톱으로 구멍을 팠다.

□□ **yard**
[jaːrd]

(명) **마당, 뜰**

I keep my bike in the **yard**. 나는 자전거를 마당에 보관한다.

□□ **plate**
[pleit]

(명) **접시, 그릇**

Don't leave any food on your **plate**. 접시에 음식을 남기지 마라.

〉III▶ Voca Plus

plate는 일반적으로 납작하고 둥근 접시를 가리키며, dish와 비슷한 말이에요. 국그릇처럼 우묵한 그릇은 bowl이라고 해요. 참고로 병은 bottle이라고 하고 유리잔은 glass라고 하죠.

□□ **share**
[ʃɛər]

(동) **공유하다, 함께 쓰다**

Bella **shares** a room with her cousin.
Bella는 그녀의 사촌과 방을 같이 쓴다.

□□ **kid**
[kid]

(명) **아이**(= child) (동) **농담하다**

A lot of **kids** can ride bikes. 많은 아이들이 자전거를 탈 수 있다.

□□ **race**
[reis]

(명) **경주; 인종**

My favorite horse won the **race**.
내가 좋아하는 말이 경주에서 우승했다.

□□ **grass** [græs]
[명] **풀, 잔디**
I ate lunch with my friends on the **grass**.
나는 잔디에서 친구들과 점심을 먹었다.

□□ **plan** [plæn]
[명] **계획** [동] **계획하다**
Do you have any **plans** after school?
너는 방과 후에 어떤 계획이 있니?

□□ **human** [hjúːmən]
[형] **인간의, 인류의** [명] **인간**
He is the greatest scientist in **human** history.
그는 인류 역사상 가장 위대한 과학자이다.

□□ **dictionary** [díkʃənèri]
[명] **사전**
Jiho looks the word up in the **dictionary**.
지호는 그 단어를 사전에서 찾는다.

□□ **deep** [diːp]
[형] **깊은** ⊕ depth [명] 깊이
The snow lies ten centimeters **deep**.
눈이 10센티미터 깊이로 싸여 있다.

□□ **prepare** [pripɛ́ər]
[동] **준비하다** ⊕ preparation [명] 준비
Did you **prepare** for the science contest?
너는 과학 경연대회 준비를 했니?

□□ **score** [skɔːr]
[명] **득점** [동] **득점하다**
I got a bad **score** on the test.
나는 시험에서 나쁜 점수를 받았다.

□□ **patient** [péiʃənt]
[명] **환자** [형] **참을성 있는** ⊕ patience [명] 인내
The nurse is taking the **patient**'s temperature.
간호사가 환자의 체온을 재고 있다.

	sick	형 **아픈, 병든**(=ill)
	[sik]	He teaches music to sick children.
		그는 아픈 아이들에게 음악을 가르친다.

	chest	명 **가슴; (나무로 만든) 상자**
	[tʃest]	She has pains in her chest. 그녀는 가슴에 통증이 있다.

	melt	동 **녹다, 녹이다**
	[melt]	The snowman melted and disappeared.
		눈사람이 녹아서 사라졌다.

	important	형 **중요한**(↔ unimportant 중요하지 않은) ⊕ importance 명 중요성
	[impɔ́ːrtənt]	Soccer is really important to me. 축구는 나에게 정말 중요하다.

	win	동 **이기다**(-won-won)(↔ lose 지다)
	[win]	Our team will win tomorrow. 우리 팀은 내일 이길 것이다.

	clothes	명 **옷, 의복**
	[klouz]	Don't throw away old clothes. 낡은 옷을 버리지 마라.

))IID Voca Plus

clothes는 '옷'을 가리키는 말인데요. 항상 복수 형태로 써요. 단수형인 cloth는 옷을 만들기 전의 '옷감, 천'이라는 뜻이에요. clothes와 비슷한 말로 clothing이라는 단어도 있어요.

	silent	형 **조용한, 말 없는** ⊕ silence 명 고요, 침묵
	[sáilənt]	This new printer is almost silent. 새 프린터는 거의 조용하다.

	diligent	형 **근면한, 성실한**(↔ lazy 게으른) ⊕ diligence 명 근면
	[dílədʒənt]	Bill is a diligent student. Bill은 성실한 학생이다.

	lie	동 **누워 있다**(-lay-lain); **거짓말하다**(-lied-lied) 명 **거짓말**
	[lai]	He lies under the big tree. 그는 큰 나무 아래에 누워 있다.

□□ **practice**
[prǽktis]

형 연습 동 연습하다

They don't come to soccer practice today.
그들은 오늘 축구 연습을 하러 오지 않는다.

□□ **sweet**
[swi:t]

형 단, 달콤한 명 사탕, 단 것

These apples are very sweet. 이 사과들은 매우 달다.

□□ **stream**
[stri:m]

명 개울, 시내

Cheonggyecheon is a stream in Seoul.
청계천은 서울에 있는 개울이다.

□□ **guest**
[gest]

명 손님

The guests drank tea on the terrace.
손님들은 테라스에서 차를 마셨다.

□□ **throat**
[θrout]

명 목구멍, 목

The doctor examined her throat.
의사는 그녀의 목을 진찰했다.

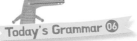

Today's Grammar 06　　일반동사의 부정문

일반동사의 부정문은 「do not[don't] / does not[doesn't]＋동사원형」의 형태로 쓴다.

1인칭, 2인칭, 복수	do not[don't]＋동사원형	I don't, You don't, They don't ...
3인칭 단수	does not[doesn't]＋동사원형	He doesn't, It doesn't, Tom doesn't ...

• They don't come to soccer practice. (그들은 축구 연습을 하러 오지 않는다.)

Mini Check!　빈칸에 알맞은 단어 넣기

• She _____ throw away old clothes.
(그녀는 낡은 옷을 버리지 않는다.)　　　　　　　Answer　does not[doesn't]

A 영어는 우리말로, 우리말은 영어로 쓰시오.

1 sick		16 풀, 잔디	
2 plate		17 득점(하다)	
3 throat		18 손님	
4 win		19 사전	
5 yard		20 중요한	
6 kid		21 재능, 재주	
7 race		22 깊은	
8 prepare		23 인간의, 인류의	
9 already		24 계획(하다)	
10 stream		25 환자	
11 silent		26 가슴	
12 sweet		27 누워 있다	
13 share		28 연습(하다)	
14 hole		29 근면한, 성실한	
15 clothes		30 녹다, 녹이다	

B 의미가 통하도록 연결한 후 우리말 뜻을 쓰시오.

1 a high   •   • ⓐ a game

2 win   •   • ⓑ a patient

3 share   •   • ⓒ score

4 look after   •   • ⓓ a room

C 주어진 철자로 시작하는 영단어를 쓰시오.

1 ill = s☐☐☐

2 c☐☐☐☐☐☐ : skirt, jacket, shirt, jeans ...

3 child = k☐☐

4 lazy ↔ d☐☐☐☐☐☐☐

5 g☐☐☐☐ : a person who is invited to come to your home

Day 07

발음 듣기

□□ **chin** [tʃin]
[명] **턱**
Dad's **chin** is covered with beard.
아빠의 턱은 수염으로 가득 차 있다.

□□ **hunt** [hʌnt]
[동] **사냥하다** [명] **사냥** *cf.* hunter [명] 사냥꾼
My cat is very good at **hunting** mice.
나의 고양이는 쥐를 아주 잘 사냥한다.

□□ **problem** [prάbləm]
[명] **문제**
This science **problem** is difficult. 이 과학 문제는 어렵다.

□□ **miss** [mis]
[동] **놓치다; 그리워하다**
I will never **miss** the bus. 나는 결코 그 버스를 놓치지 않을 것이다.

□□ **meat** [miːt]
[명] **고기, 육류**
A kebab is a famous **meat** dish. 케밥은 유명한 고기 요리이다.

Voca Plus

meat은 물고기를 제외한 동물이나 새의 고기를 가리키는 말이에요. 우리가 흔히 먹는 meat에는 다음과 같은 종류들이 있어요. • beef(쇠고기), pork(돼지고기), mutton(양고기), chicken(닭고기) ...

□□ **together** [təgéðər]
[부] **함께, 같이**
They live **together** with me. 그들은 나와 함께 산다.

□□ **angry** [ǽŋgri]
[형] **화난** [+] anger [명] 화
I count from one to ten when I am **angry**.
나는 화가 날 때 1부터 10까지 센다.

□□ **safe** [seif]
[형] **안전한**(↔ dangerous 위험한) [+] safety [명] 안전
Thanks to our parents, we are **safe**.
부모님 덕분에 우리는 안전하다.

□□ **pepper** [pépər]
[명] **후추, 고추**
Put some **pepper** in the soup. 수프에 후추를 넣어라.

□□ **bill** [bil]
[명] **계산서, 청구서; 지폐**
The **bill** came to 30 dollars. 계산서가 30달러 나왔다.

□□ **spend** [spend]
[동] **(돈을) 쓰다, (시간을) 보내다**(-spent-spent)
I **spent** 5 dollars on a hairpin for my sister.
나는 여동생에게 줄 머리핀에 5달러를 썼다.

□□ **headache** [hédeik]
[명] **두통** ⊕ have a headache 머리가 아프다
He had a terrible **headache** last night.
그는 어젯밤에 두통이 심했다.

Voca Plus

ache는 '아프다'라는 동사와 '아픔, 통증'이라는 명사로 쓰이는데 신체 부위를 나타내는 말과 결합해 headache(두통), stomachache (복통), toothache(치통), backache(요통) 등으로 표현됩니다.

□□ **end** [end]
[명] **끝** [동] **끝내다**
Go down to the **end** of the road. 길의 끝까지 내려가세요.

□□ **heat** [hi:t]
[명] **열, 불** [동] **가열하다**
Cook the vegetables over a low **heat**.
채소를 약한 불에서 조리하시오.

□□ **field** [fi:ld]
[명] **들판; 경기장**
The horses run in the **field**. 말들이 들판에서 달린다.

□□ **feather** [féðər]
[명] **깃털**
The bird has yellow and blue **feathers**.
그 새는 노란색과 파란색 깃털을 갖고 있다.

□□ **goods**
[gudz]

영 **상품, 제품**
The store sells **goods** from various countries.
그 상점은 다양한 국가들에서 나온 상품들을 판매한다.

□□ **temple**
[témpl]

영 **신전, 절**
We visited some **temples** in Gyeongju.
우리는 경주에서 몇몇 절들을 방문했다.

□□ **actually**
[ǽktʃuəli]

부 **사실은, 실제로**(=in fact) ⊕ actual 형 사실의
Actually, I prefer spaghetti to pizza.
사실, 나는 피자보다 스파게티를 더 좋아한다.

□□ **member**
[mémbər]

영 **구성원, 회원**
He is proud of his club **members**.
그는 그의 동아리 회원들을 자랑스러워한다.

□□ **piece**
[piːs]

영 **조각** ⊕ a piece of ~ 한 조각, ~ 한 장
I ate two **pieces** of cake. 나는 케이크 두 조각을 먹었다.

▶❙❘▷ Voca Plus

a piece of는 치즈나 케이크 등의 조각이나 종이처럼 장을 나타내는 명사를 셀 때 쓰는 말이에요.
피자 한 조각은 a piece of pizza로, 두 조각은 two pieces of pizza라고 표현한답니다.

□□ **shout**
[ʃaut]

동 **소리치다, 외치다**
They are **shouting** at each other.
그들은 서로에게 소리치고 있다.

□□ **fantastic**
[fæntǽstik]

형 **환상적인, 굉장한** ⊕ fantasy 영 환상, 공상
The group's concert is **fantastic**. 그 그룹의 공연은 환상적이다.

□□ **kick**
[kik]

동 **(발로) 차다**
Please don't **kick** my seat. 제 자리를 발로 차지 마세요.

□□ **gym** [dʒim]

[명] **체육관**(= gymnasium)

I go to the **gym** twice a week. 나는 일주일에 두 번 체육관에 간다.

□□ **pilot** [páilət]

[명] **조종사, 비행사**

He's training to be a **pilot**. 그는 비행사가 되기 위해 훈련받고 있다.

□□ **war** [wɔːr]

[명] **전쟁**

They lost their son in the **war**. 그들은 전쟁에서 아들을 잃었다.

□□ **rest** [rest]

[동] **쉬다** [명] **휴식; 나머지** ⊕ take a rest 쉬다

Do you have time to **rest** inside? 너는 안에서 쉴 시간이 있니?

□□ **gather** [gǽðər]

[동] **모이다**

My whole family **gathered** to celebrate my birthday.
나의 모든 가족이 내 생일을 축하하기 위해 모였다.

□□ **full** [ful]

[형] **가득 찬**(↔ empty 텅 빈) *cf*. fill [동] 채우다
⊕ be full of ~로 가득 차다

Her house is **full** of dogs. 그녀의 집은 개들로 가득 차 있다.

Today's Grammar 07 일반동사의 의문문

일반동사의 의문문은 「Do[Does] + 주어 + 동사원형 ~?」의 형태로 쓴다.

1인칭, 2인칭, 복수	Do I ~?, Do you ~?, Do they ~?, Do we ~? ...
3인칭 단수	Does he ~?, Does she ~?, Does Jane ~? ...

- Do you have time to rest inside? (너는 안에서 쉴 시간이 있니?)
- Does the bird have blue feathers? (그 새는 파란색 깃털을 갖고 있니?)

Mini Check! **빈칸에 알맞은 단어 넣기**

- ________ she ________ to the gym?
(그녀는 체육관에 가니?)

Answer Does, go

정답 p.287

A 영어는 우리말로, 우리말은 영어로 쓰시오.

1 kick	16 끝; 끝내다
2 piece	17 구성원, 회원
3 gather	18 계산서, 청구서
4 full	19 함께, 같이
5 goods	20 열, 불
6 chin	21 사냥(하다)
7 gym	22 문제
8 safe	23 사실은, 실제로
9 pepper	24 소리치다
10 angry	25 깃털
11 headache	26 놓치다
12 war	27 쉬다; 휴식
13 meat	28 (돈을) 쓰다
14 temple	29 들판; 경기장
15 pilot	30 환상적인

B 의미가 통하도록 연결한 후 우리말 뜻을 쓰시오.

1 take · · ⓐ a headache

2 kick · · ⓑ a rest

3 solve · · ⓒ a problem

4 have · · ⓓ a ball

C 주어진 철자로 시작하는 영단어를 쓰시오.

1 empty ↔ f☐☐☐

2 h☐☐☐ deer : 사슴 사냥을 하다

3 dangerous ↔ s☐☐☐

4 in fact = a☐☐☐☐☐☐☐☐

5 a p☐☐☐☐ of cake: 케이크 한 조각

□□ **wear**
[wεər]

㉧ 입고[신고, 쓰고] 있다 (-wore-worn) (=put on)
Kate is **wearing** a red dress. Kate는 빨간색 드레스를 입고 있다.

□□ **simple**
[símpl]

㉠ 간단한, 단순한
Sometimes a **simple** way is the best.
때때로 단순한 방법이 최선이다.

□□ **ankle**
[ǽŋkl]

㉫ 발목 *cf.* wrist ㉫ 손목
My dog suddenly bit my **ankle**. 나의 개가 갑자기 내 발목을 물었다.

□□ **shoulder**
[ʃóuldər]

㉫ 어깨
Can you move your **shoulders**? 어깨를 움직일 수 있니?

□□ **knee**
[niː]

㉫ 무릎
A boy fell down and hurt his **knee**.
한 소년이 넘어져서 무릎을 다쳤다.

)Ⅲ▶ Voca Plus

사람의 신체를 나타내는 단어
head(머리), neck(목), shoulder(어깨), chest(가슴), arm(팔), hand(손), wrist(손목), waist(허리),
back(등), hip(엉덩이), leg(다리), knee(무릎), ankle(발목), foot(발) ...

□□ **tiny**
[táini]

㉠ 아주 작은 (↔ huge 거대한)
The birds live in a **tiny** cage. 그 새들은 아주 작은 우리에서 산다.

□□ **remember**
[rimémbər]

㉧ 기억하다 (↔ forget 잊다)
Dad may not **remember** my birthday.
아버지는 내 생일을 기억하지 못하시는 것 같다.

□□ **muscle**
[mʌ́sl]

㉫ 근육 ⊕ muscular ㉠ 근육의
He has powerful arm **muscles**. 그는 강한 팔 근육을 갖고 있다.

□□ **island** [áilənd]
[명] **섬**
There are a lot of deer on the **island**.
그 섬에는 사슴들이 많이 있다.

□□ **pass** [pæs]
[동] **지나가다, 통과하다, 건네주다** ⊕ passage [명] 통과
You must **pass** your driving test.
너는 운전면허 시험에 통과해야 한다.

□□ **add** [æd]
[동] **더하다, 추가하다** ⊕ addition [명] 추가
Add the numbers together. 모든 수들을 더해라.

Voca Plus
수학에서 사용하는 연산 단어를 알아볼까요?
• add(더하다, +), subtract(빼다, −), multiply(곱하다, ×), divide(나누다, ÷)
더하기와 빼기는 각각 plus, minus라고 표현하기도 해요.

□□ **voice** [vɔis]
[명] **목소리**
I told him in a low **voice**. 나는 작은 목소리로 그에게 말했다.

□□ **forget** [fərgét]
[동] **잊다**(-forgot-forgotten)(↔ remember 기억하다)
Don't **forget** your umbrella. 우산을 잊지 마라.

□□ **chef** [ʃef]
[명] **요리사, 주방장**
She wants to be an Italian **chef**.
그녀는 이탈리아 요리사가 되고 싶어 한다.

□□ **topic** [tápik]
[명] **화제, 주제**(=subject)
He reads books on different **topics**.
그는 다양한 주제에 관한 책을 읽는다.

□□ **happen** [hǽpən]
[동] **발생하다, 일어나다**
How did the accident **happen**? 그 사고는 어떻게 일어났니?

	luck	명 운, 행운 ⊕ lucky 형 행운의
	[lʌk]	They believe red will bring good luck.
		그들은 빨간색이 행운을 가져온다고 믿는다.

	subway	명 지하철
	[sʌ́bwèi]	You should take the subway instead of a car.
		너는 자동차 대신에 지하철을 타야 한다.

	solve	동 풀다, 해결하다 ⊕ solution 명 해결책
	[salv]	How did you solve the problem? 너는 그 문제를 어떻게 풀었니?

	grow	동 자라다; 재배하다 (-grew-grown) ⊕ growth 명 성장
	[grou]	⊕ grow up 성장하다
		We grow vegetables in the back garden.
		우리는 뒤뜰에서 채소를 재배한다.

	nervous	형 불안해하는, 초조해하는 (↔ calm 차분한)
	[nə́:rvəs]	I'm nervous about tomorrow's test.
		나는 내일 시험 때문에 긴장된다.

	twin	명 쌍둥이 (중의 한 사람)
	[twin]	This is a photo of Ann and her twin sister.
		이것은 Ann과 그녀의 쌍둥이 언니의 사진이다.

	heavy	형 무거운 (↔ light 가벼운)
	[hévi]	The man pulled a heavy car with his teeth.
		그 남자는 이로 무거운 차를 끌었다.

	soap	명 비누
	[soup]	I can make natural soap and shampoo.
		나는 천연 비누와 샴푸를 만들 수 있다.

☐☐	**secret** [síːkrit]	몡 비밀 혱 비밀의 ⊕ keep a secret 비밀을 지키다 She wants to know my **secret**. 그녀는 내 비밀을 알고 싶어 한다.
☐☐	**factory** [fǽktəri]	몡 공장 The **factory** make children's clothing. 그 공장은 아동복을 만든다.
☐☐	**quite** [kwait]	튀 꽤, 상당히 cf. quiet 혱 조용한 The cart is **quite** big and heavy. 그 카트는 꽤 크고 무겁다.
☐☐	**absent** [ǽbsənt]	혱 결석한(↔ present 출석한) ⊕ absence 몡 결석 ⊕ be absent from ~에 결석하다 He was **absent** because of a cold. 그는 감기 때문에 결석했다.
☐☐	**ghost** [goust]	몡 유령, 귀신 Do you believe in **ghosts**? 너는 유령이 있다고 믿니?
☐☐	**chat** [tʃæt]	통 수다를 떨다 몡 수다 I **chat** on the Internet with my friends. 나는 친구들과 인터넷으로 수다를 떤다.

Today's Grammar 08 　be동사의 과거형

be동사의 과거형은 was, were를 쓴다.

am / is → was	I was, He was, She was, Mina was, It was ...
are → were	You were, We were, They were, The boys were ...

- He **was** absent because of a cold. (그는 감기 때문에 결석했다.)
- You **were** wrong. (네가 틀렸었다.)

Mini Check! 빈칸에 알맞은 단어 넣기

(1) We ＿＿＿＿＿＿ at home last weekend.
　　(우리는 지난 주말에 집에 있었다.)

(2) My uncle ＿＿＿＿＿＿ very busy yesterday.
　　(나의 삼촌은 어제 매우 바빴었다.)

Answer (1) were (2) was

정답 p.288

A 영어는 우리말로, 우리말은 영어로 쓰시오.

1 subway		16 무릎	
2 voice		17 쌍둥이	
3 chef		18 근육	
4 soap		19 발생하다	
5 heavy		20 수다를 떨다	
6 ghost		21 불안해하는	
7 absent		22 아주 작은	
8 shoulder		23 비밀(의)	
9 island		24 풀다, 해결하다	
10 topic		25 자라다	
11 factory		26 운, 행운	
12 remember		27 지나가다	
13 add		28 입고 있다	
14 quite		29 발목	
15 simple		30 잊다	

B 의미가 통하도록 연결한 후 우리말 뜻을 쓰시오.

1 twin   •   • ⓐ station

2 a subway   •   • ⓑ a secret

3 keep   •   • ⓒ brothers

4 a toy   •   • ⓓ factory

C 주어진 철자로 시작하는 영단어를 쓰시오.

1 be a□□□□□ from: ~에 결석하다

2 light ↔ h□□□□

3 put on = w□□□

4 i□□□□□ : a piece of land with water all around it

5 remember ↔ f□□□□□

Day 09

발음 듣기

□□ **sentence** [séntəns]

[명] **문장**

The teacher wrote a **sentence** on the board.

선생님이 칠판에 한 문장을 썼다.

□□ **strong** [strɔːŋ]

[형] **튼튼한, 강한** (↔ weak 약한) ⊕ strength [명] 힘

Superman is **strong** and powerful. 슈퍼맨은 강하고 힘이 세다.

□□ **without** [wiðáut]

[전] **~ 없이**

Our house is quiet **without** the TV. 우리 집은 TV 없이 조용하다.

□□ **mad** [mæd]

[형] **미친, 화가 난**

She seems **mad** at her husband.

그녀는 남편에게 화가 난 것 같다.

□□ **million** [míljən]

[명] **100만** ⊕ millions of 수백만의

Millions of children in the world are in danger.

세계의 수백만 명의 아이들이 위험에 처해 있다.

Voca Plus

수(number)를 나타내는 단어를 단위별로 알아볼까요?

one(1) – ten(10) – hundred(100) – thousand(1,000) – ten thousand(10,000) – hundred thousand(10만) – million(100만) – ten million(1천만) – hundred million(1억) – billion(10억)

□□ **write** [rait]

[동] **쓰다** (-wrote-written)

You must **write** the answer in pencil. 너는 답을 연필로 써야 한다.

□□ **favor** [féivər]

[명] **호의, 친절, 부탁**

Can you do me a **favor**? 부탁 하나만 들어줄래?

□□ **pity** [píti]

[명] **동정, 연민** ⊕ pitiful [형] 가엾은

I feel **pity** for the dogs. 나는 그 개들이 불쌍하다.

□□ **expect** [ikspékt]

[동] **기대하다, 예상하다** ⊕ expectation [명] 예상

I **expect** to hear from him this week.

나는 이번 주에 그의 소식을 듣기를 기대한다.

□□ **holiday** [hάlədèi]

[명] **휴일, 휴가**

I had a great time on **holiday**. 나는 휴일에 즐거운 시간을 보냈다.

□□ **sorrow** [sάrou]

[명] **슬픔** ⊕ sorrowful [형] 슬픈

I want to share your **sorrow**. 나는 네 슬픔을 함께 나누고 싶어.

□□ **bake** [beik]

[동] **굽다** *cf.* bakery [명] 빵집, 제과점

Mr. Baker **bake** fresh bread every day.

Baker 씨는 매일 신선한 빵을 굽는다.

□□ **fry** [frai]

[동] **(기름에) 튀기다, 볶다**

Fry the meat with onions. 고기를 양파와 함께 볶으시오.

Voca Plus

자르고 다지고 볶고 튀기고 등의 다양한 조리 용어에 대해 알아봅시다.

cut(자르다), chop(다지다), peel(껍질을 벗기다), mix(섞다), add/put(넣다), boil(끓이다, 삶다), heat(데우다, 가열하다), fry(튀기다, 볶다), bake(굽다) ...

□□ **shower** [ʃáuər]

[명] **샤워, 소나기** ⊕ take a shower 샤워하다

She takes a **shower** after jogging. 그녀는 조깅한 후에 샤워를 한다.

□□ **lose** [luːz]

[동] **잃다, 지다** (-lost-lost) (↔ win 이기다)

Don't **lose** your ticket and passport. 표와 여권을 잃어버리지 마라.

□□ **explain** [ikspléin]

[동] **설명하다** ⊕ explanation [명] 설명

Shirley **explained** the situation to us.

Shirley는 우리에게 상황을 설명했다.

☐☐ **certain**
[sə́:rtn]

웹 **확신하는**(= sure); **어떤** ⊕ certainty 웹 확신
He is **certain** about his decision.
그는 그의 결정에 대해 확신한다.

☐☐ **refrigerator**
[rifrídʒərèitər]

웹 **냉장고**
There's some cheese in the **refrigerator**.
냉장고 안에 치즈가 좀 있다.

☐☐ **riddle**
[rídl]

웹 **수수께끼**
Guess the answer to this **riddle**.
이 수수께끼의 답을 알아맞혀 보렴.

☐☐ **college**
[kálidʒ]

웹 **(단과) 대학**
He went to **college** to become an actor.
그는 배우가 되기 위해서 대학에 갔다.

☐☐ **borrow**
[bárou]

웹 **빌리다**(↔ lend 빌려주다)
I **borrowed** some books from the library.
나는 도서관에서 책을 몇 권 빌렸다.

☐☐ **habit**
[hǽbit]

웹 **버릇, 습관**
You had better change your study **habits**.
너는 공부 습관을 바꾸는 게 좋겠다.

☐☐ **noodle**
[núːdl]

웹 **국수** *cf*. needle 웹 (바느질용) 바늘
I eat **noodle** for lunch on Sundays.
나는 일요일에는 점심으로 국수를 먹는다.

☐☐ **friendly**
[fréndli]

웹 **다정한, 친절한** ⊕ friend 웹 친구
Harry isn't **friendly** to other people.
Harry는 다른 사람들에게 친절하지 않다.

□□ **message** [mésidʒ]

[명] **메시지, 전갈** ⊕ leave a message 메시지를 남기다

Please leave a **message**. 메시지를 남겨 주세요.

□□ **wise** [waiz]

[형] **현명한, 지혜로운** ⊕ wisdom [명] 지혜

She is young, but she is very **wise**. 그녀는 어리지만 매우 현명하다.

□□ **spicy** [spáisi]

[형] **매운, 양념 맛이 강한**

Linda likes **spicy** food. Linda는 매운 음식을 좋아한다.

□□ **point** [pɔint]

[동] **가리키다** [명] **요점, 핵심; 점수**

The boy **pointed** to a toy car. 그 소년은 장난감 자동차를 가리켰다.

□□ **decide** [disáid]

[동] **결정하다, 결심하다** ⊕ decision [명] 결정

I **decided** to exercise every day. 나는 매일 운동하기로 결심했다.

□□ **ugly** [ʌ́gli]

[형] **못생긴, 추한**(↔ beautiful 아름다운)

The man looks **ugly** and dirty. 그 남자는 못생기고 지저분해 보인다.

Today's Grammar 09 일반동사의 과거형(규칙)

일반동사의 과거형은 보통 동사원형의 끝에 -(e)d를 붙여 만든다.

대부분의 동사	+-ed	help – helped, point – pointed
-e로 끝나는 동사	+-d	live – lived, decide – decided
'자음+-y'로 끝나는 동사	y → -ied	cry – cried, study – studied
'단모음+단자음'으로 끝나는 동사	자음 반복+-ed	stop – stopped, plan – planned

- I decided to exercise every day. (나는 매일 운동하기로 결심했다.)

Mini Check! 주어진 동사의 과거형 쓰기

(1) wash – ....　　(2) worry – ....

(3) move – ....　　(4) drop – ....

Answer (1) washed (2) worried (3) moved (4) dropped

A 영어는 우리말로, 우리말은 영어로 쓰시오.

1 explain

2 sorrow

3 riddle

4 habit

5 holiday

6 noodle

7 spicy

8 ugly

9 mad

10 write

11 without

12 shower

13 wise

14 bake

15 friendly

16 동정, 연민

17 확신하는

18 튼튼한, 강한

19 빌리다

20 (단과) 대학

21 냉장고

22 기대하다

23 100만

24 호의, 친절

25 가리키다; 요점

26 결정하다

27 튀기다, 볶다

28 잃다, 지다

29 문장

30 메시지

B 의미가 통하도록 연결한 후 우리말 뜻을 쓰시오.

1 a bad · · ⓐ a shower

2 leave · · ⓑ bread

3 take · · ⓒ habit

4 bake · · ⓓ a message

C 주어진 철자로 시작하는 영단어를 쓰시오.

1 w☐☐☐☐ a letter: 편지를 쓰다

2 weak ↔ s☐☐☐☐☐

3 lend ↔ b☐☐☐☐☐

4 m☐☐☐☐☐☐ : the number 1,000,000

5 sure = c☐☐☐☐☐☐

☐☐ **health**
[helθ]

⟨명⟩ **건강** ⊕ healthy ⟨형⟩ 건강한, 건강에 좋은
Gimchi is good for your **health**. 김치는 너의 건강에 좋다.

☐☐ **customer**
[kʌ́stəmər]

⟨명⟩ **손님, 고객** ⊕ a regular customer 단골손님
The **customers** stayed for more than five hours.
그 손님들은 5시간 이상 머물렀다.

☐☐ **wet**
[wet]

⟨형⟩ **젖은** (↔ dry 마른)
She is drying her **wet** hair.
그녀는 젖은 머리를 말리고 있다.

☐☐ **nest**
[nest]

⟨명⟩ **둥지, 보금자리**
The baby birds are in the **nest**. 아기 새들이 둥지 안에 있다.

☐☐ **hate**
[heit]

⟨동⟩ **몹시 싫어하다, 증오하다** ⟨명⟩ **증오**
My sister **hates** flying. 내 여동생은 비행기 타는 것을 몹시 싫어한다.

🐟▷ Voca Plus

hate와 dislike는 둘 다 '싫어하다'라는 뜻을 나타내는 단어들인데요. dislike는 not like(좋아하지 않다)보다는 강하지만 hate보다는 약한 표현이에요. hate는 정말 싫어할 때 쓰는 말이에요.

☐☐ **empty**
[émpti]

⟨형⟩ **비어 있는, 빈** (↔ full 가득 찬) ⟨동⟩ **비우다**
Don't throw away **empty** bottles. 빈 병들을 버리지 마라.

☐☐ **map**
[mæp]

⟨명⟩ **지도**
Where is the **map** of Seoul? 서울 지도가 어디에 있나요?

☐☐ **sell**
[sel]

⟨동⟩ **팔다** (-sold-sold) (↔ buy 사다)
They buy or **sell** used books. 그들은 헌책을 사고 판다.

☐☐ **sale**
[seil]

⟨명⟩ **판매, 할인 판매** ⊕ sell ⟨동⟩ 팔다
These caps are on **sale** now. 이 모자들은 지금 할인 판매 중입니다.

☐☐ **cover**
[kʌ́vər]

(동) 덮다 (명) 덮개, 표지 ⊕ be covered with ~로 덮여 있다
A mother covers her body with a blanket.
엄마가 담요로 아기를 덮어준다.

☐☐ **cough**
[kɔːf]

(동) 기침하다 (명) 기침
People with colds usually cough.
감기에 걸린 사람들은 보통 기침을 한다.

☐☐ **sound**
[sáund]

(동) ~ 소리가 나다 (명) 소리
Your plan sounds very interesting.
네 계획은 아주 흥미롭게 들린다.

☐☐ **sour**
[sáuər]

(형) 맛이 신, 시큼한
A lemon is a yellow fruit with a sour taste.
레몬은 신 맛이 나는 노란색 과일이다.

☐☐ **need**
[niːd]

(동) 필요로 하다, ~해야 하다 (명) 필요
⊕ in need 어려움에 처한
I need your help. 나는 네 도움이 필요해.

☐☐ **straight**
[streit]

(부) 똑바로, 곧장 (형) 곧은
Go straight one block and turn left.
한 블록 곧장 가서 좌회전하세요.

☐☐ **colorful**
[kʌ́lərfəl]

(형) 화려한, 다채로운 ⊕ color (명) 색
This dress is very beautiful and colorful.
이 드레스는 매우 아름답고 화려하다.

☐☐ **meal**
[miːl]

(명) 식사, 끼니 ⊕ have a meal 식사하다
She always has desserts after meals.
그녀는 항상 식사 후에 디저트를 먹는다.

□□ **kill** [kil]

[동] **죽이다** *cf.* die [동] 죽다

He **killed** the mosquito with a newspaper.

그는 신문지로 모기를 죽였다.

□□ **sharp** [ʃa:rp]

[형] **날카로운, 뾰족한**(↔ dull 무딘)

These scissors aren't very **sharp**. 이 가위는 별로 날카롭지 않다.

□□ **harvest** [há:rvist]

[명] **수확, 추수** [동] **수확하다**

It's time to **harvest** peaches. 복숭아를 수확할 때이다.

□□ **toe** [tou]

[명] **발가락** *cf.* finger [명] 손가락

I'm sorry I stepped on your **toes**. 발가락을 밟아서 죄송합니다.

□□ **wake** [weik]

[동] **깨다, 깨우다**(-woke-woken) ⊕ awake [형] 깨어 있는

Please **wake** me up at 7 in the morning.

아침 7시에 깨워 주세요.

□□ **station** [stéiʃən]

[명] **역, 정거장**

Where is the subway **station**? 지하철역이 어디에 있나요?

Voca Plus

station은 '역, 정거장'이라는 뜻 외에도 특정한 서비스가 제공되거나 이루어지는 장소 · 건물에 붙이기도 하는데요. 다음과 같은 경우에 쓰인답니다.

a fire station(소방서), a police station(경찰서), a gas station(주유소), a radio/TV station(라디오/TV 방송국)

□□ **library** [láibrèri]

[명] **도서관**

You should be quite in the **library**.

도서관에서 조용히 해야 한다.

□□ **vacation** [veikéiʃən]

[명] **방학**

Finally, the winter **vacation** is over. 마침내, 겨울방학이 끝났다.

□□ **museum**
[mjuːzíːəm]

명 박물관, 미술관
This **museum** closes at 7 o'clock.
이 박물관은 7시에 문을 닫는다.

□□ **festival**
[féstəvəl]

명 축제
The rock **festival** is held every year.
그 록 음악 축제는 매년 열린다.

□□ **wood**
[wud]

명 나무, 목재 ⊕ wooden 형 목재의
He cut the **wood** with a saw. 그는 톱으로 나무를 잘랐다.

□□ **bowl**
[boul]

명 (우묵한) 그릇, 통 ⊕ a bowl of ~ 한 그릇
She had a **bowl** of soup for breakfast.
그녀는 아침 식사로 수프 한 그릇을 먹었다.

□□ **recipe**
[résəpi]

명 조리법, 요리법
Here is a **recipe** for galbi. 여기 갈비 조리법이 있다.

Today's Grammar ⑩ 일반동사의 과거형 (불규칙)

불규칙하게 변하는 동사의 과거형은 암기해야 한다.

do – did	have – had	go – went	eat – ate
see – saw	make – made	come – came	cut – cut
know – knew	write – wrote	read – read	give – gave
buy – bought	sell – sold	meet – met	break – broke

• He cut the wood with a saw. (그는 톱으로 나무를 잘랐다.)

<u>Mini Check!</u> **주어진 동사의 과거형 쓰기**

(1) have – ....   (2) give – ....

(3) eat – ....   (4) make – ....

Answer (1) had (2) gave (3) ate (4) made

Ⓐ 영어는 우리말로, 우리말은 영어로 쓰시오.

1 meal		16 둥지, 보금자리	
2 festival		17 비어 있는	
3 recipe		18 지도	
4 museum		19 필요로 하다	
5 bowl		20 덮다	
6 customer		21 건강	
7 library		22 날카로운	
8 wood		23 몹시 싫어하다	
9 wet		24 수확, 추수	
10 vacation		25 맛이 신	
11 kill		26 판매	
12 station		27 기침(하다)	
13 wake		28 ~ 소리가 나다	
14 toe		29 화려한	
15 sell		30 똑바로, 곧장	

Ⓑ 의미가 통하도록 연결한 후 우리말 뜻을 쓰시오.

1 an empty •　　　　• ⓐ soup

2 have •　　　　• ⓑ a meal

3 a bowl of •　　　　• ⓒ bottle

4 a regular •　　　　• ⓓ customer

Ⓒ 주어진 철자로 시작하는 영단어를 쓰시오.

1 buy ↔ s ☐☐☐

2 a subway s ☐☐☐☐☐☐ : 지하철역

3 a s ☐☐☐ taste: 신 맛

4 summer v ☐☐☐☐☐☐☐☐ : 여름 방학

5 dull ↔ s ☐☐☐☐

Day 11

발음 듣기

□□ **sleep** [sli:p]

[동] **(잠을) 자다** (-slept-slept) ⊕ sleepy [형] 졸린

She goes to **sleep** around 10:30. 그녀는 10시 30분경에 잠자러 간다.

□□ **honest** [ánist]

[형] **정직한** (↔ dishonest 부정직한) ⊕ honesty [명] 정직

I believe her to be **honest**. 나는 그녀가 정직하다고 믿는다.

□□ **loud** [laud]

[형] **(소리가) 큰, 시끄러운** ⊕ loudly [부] 큰소리로

The boy sings in a **loud** voice. 그 소년은 큰 목소리로 노래한다.

□□ **death** [deθ]

[명] **죽음, 사망** ⊕ dead [형] 죽은

I felt very sad because of my dog's **death**.
나는 나의 개가 죽어서 매우 슬펐다.

□□ **pair** [pεər]

[명] **짝, 한 쌍** ⊕ a pair of ~ 한 쌍

She bought a **pair** of socks for her husband.
그녀는 남편에게 줄 양말 한 켤레를 샀다.

Voca Plus

a pair of(~ 한 쌍)는 주로 두 개가 한 쌍을 이루는 단어에 사용해요.

- a pair of gloves
- a pair of shoes[sneakers/boots]
- a pair of pants[trousers]
- a pair of glasses
- a pair of scissors
- a pair of chopsticks ...

□□ **nod** [nad]

[동] **끄덕이다** [명] **끄덕임** ⊕ nod one's head 고개를 끄덕이다

Andy **nodded** to show his agreement.
Andy는 동의를 나타내기 위해 끄덕였다.

□□ **mild** [maild]

[형] **온화한, 순한**

The weather is **mild** and dry here. 이곳 날씨는 온화하고 건조하다.

□□ **pick** [pik]

[동] **꺾다, 따다; 고르다, 선택하다** (=choose)

You should not **pick** the flowers. 꽃을 꺾으면 안 된다.

□□	**schedule** [skédʒuːl]	몡 일정, 예정, 시간표 My today schedule is filled with homework. 나의 오늘 일정은 숙제로 가득 차 있다.

□□	**bow** [bau]	동 절하다, 머리 숙여 인사하다 몡 활 The students bowed to their teacher. 학생들은 선생님께 머리 숙여 인사했다.

□□	**able** [éibl]	혱 ~할 수 있는 ⊕ ability 몡 능력 ⊕ be able to ~할 수 있다 She was able to answer the difficult question. 그녀는 그 어려운 질문에 답할 수 있었다.

□□	**stair** [stɛər]	몡 계단 He fell down the stairs and could not get up. 그는 계단에서 굴러 떨어져서 일어날 수 없었다.

□□	**theater** [θíːətər]	몡 극장 Let's meet in front of the theater at 2. 극장 앞에서 2시에 만나자.

□□	**punish** [pʌ́niʃ]	동 처벌하다, 벌주다 ⊕ punishment 몡 처벌 She punished her son because he told a lie. 그녀는 그녀의 아들이 거짓말을 했기 때문에 벌주었다.

□□	**lay** [lei]	동 놓다, 두다, (알을) 낳다 (-laid-laid) The goose laid a golden egg every morning. 그 거위는 매일 아침 황금알을 낳았다.

□□	**hold** [hould]	동 잡다; 개최하다 (-held-held) The boy is holding a toy car in his palm. 그 소년은 손바닥에 장난감 자동차를 잡고 있다.

□□ **mix**
[miks]

ⓥ **섞다, 혼합하다** ⊕ mixture ⓝ 혼합
She **mixed** an egg with milk. 그녀는 달걀을 우유와 섞었다.

□□ **deliver**
[dilívər]

ⓥ **배달하다** ⊕ delivery ⓝ 배달
Can you **deliver** the refrigerator to my house?
냉장고를 저희 집으로 배달해 주시겠어요?

□□ **hit**
[hit]

ⓥ **치다, 때리다** (-hit-hit)
A man **hit** the wall with a bat. 한 남자가 방망이로 벽을 쳤다.

□□ **wipe**
[waip]

ⓥ **닦다, 닦아내다**
Wipe your hands with the blue towel.
파란색 수건으로 손을 닦아라.

□□ **spoil**
[spɔil]

ⓥ **망치다, (음식이) 상하다**
Hot weather can **spoil** food. 더운 날씨 때문에 음식이 상할 수 있다.

□□ **round**
[raund]

ⓐ **둥근, 원형의**
Why is the earth **round**? 지구는 왜 둥글까?

))D Voca Plus

모양(shape)을 나타내는 형용사와 쓰임에 대해 알아봅시다.
• round(원형의)　　　　• oval(타원형의)　　　　• square(정사각형의)
• rectangular(직사각형의)　　• star-shaped(별 모양의)
ex. round[oval / square / rectangular] table : 원형[타원형 / 정사각형 / 직사각형] 탁자

□□ **speed**
[spi:d]

ⓝ **속도, 속력** ⊕ speed limit 제한 속도
She drove her car at a high **speed**.
그녀는 빠른 속도로 차를 몰았다.

□□ **clear**
[kliər]

ⓐ **맑은, 분명한**
We can see lots of stars on a **clear** night.
우리는 맑은 날 밤에 별들을 많이 볼 수 있다.

☐☐ **host** [houst]	몡 주인, 진행자 통 주최하다
	Minho is a new host of the TV show.
	민호가 그 텔레비전 쇼의 새로운 진행자이다.

☐☐ **cause**
[kɔːz]

통 ~을 일으키다 몡 원인, 이유(↔ effect, result 결과)

Eating too much can cause health problems.

과식은 건강상의 문제를 일으킬 수 있다.

☐☐ **turn**
[təːrn]

통 돌다, 회전하다 몡 회전

You must turn right at the first corner.

첫 번째 모퉁이에서 오른쪽으로 돌아야 해.

☐☐ **tie**
[tai]

통 묶다 몡 넥타이

She blew up a balloon and tied it.

그녀는 풍선을 불어서 묶었다.

☐☐ **business**
[bíznis]

몡 사업, 일 ⊕ on business 업무로 ⊕ run a business 사업을 하다

My father works in the publishing business.

나의 아버지는 출판업에 종사하신다.

☐☐ **fair**
[fɛər]

혱 공정한, 공평한(↔ unfair 불공정한)

It's fair for both you and your sister.

그것은 너와 네 여동생 둘 다에게 공평하다.

Today's Grammar ⑪　　**명령문**

명령문은 '~해라'라는 뜻으로 지시나 명령하는 말로 주어인 you를 생략하고 동사원형으로 시작한다.

• You wipe your hands with the blue towel.
　→ Wipe your hands with the blue towel. (파란색 수건으로 손을 닦아라.)

Mini Check! 괄호 안에서 알맞은 것 고르기

(1) (Are / Be) nice to your brother. (동생에게 잘하렴.)

(2) (Do / Does / Did) your homework now. (지금 너의 숙제를 해라.)　　Answer (1) Be (2) Do

정답 p.289

A 영어는 우리말로, 우리말은 영어로 쓰시오.

1 theater	16 주인, 진행자
2 deliver	17 일정, 예정
3 business	18 벌주다
4 round	19 닦다, 닦아내다
5 honest	20 놓다, 두다
6 hit	21 절하다; 활
7 clear	22 잡다; 개최하다
8 mild	23 망치다, 상하다
9 able	24 짝, 한 쌍
10 fair	25 원인, 이유
11 tie	26 돌다, 회전하다
12 sleep	27 (소리가) 큰
13 stair	28 끄덕이다
14 death	29 꺾다, 따다
15 speed	30 섞다, 혼합하다

B 의미가 통하도록 연결한 후 우리말 뜻을 쓰시오.

1 a pair of   •   • ⓐ apples

2 run   •   • ⓑ floods

3 pick   •   • ⓒ sneakers

4 a cause of   •   • ⓓ a business

C 주어진 철자로 시작하는 영단어를 쓰시오.

1 honest ↔ d□□□□□□□□

2 walk down the s□□□□□ : 계단을 걸어 내려가다

3 a class s□□□□□□□ : 수업 시간표

4 d□□□□ : the end of life

5 s□□□□ limit : 제한 속도

Day 12

발음 듣기

□□ **push** [puʃ]

[동] **밀다**(↔ pull 당기다)

We **pushed** the truck forward. 우리는 트럭을 앞으로 밀었다.

□□ **wide** [waid]

[형] **넓은** ⊕ width [명] 너비, 폭

The playground isn't **wide**. 그 운동장은 넓지 않다.

□□ **speech** [spiːtʃ]

[명] **연설, 담화** ⊕ speak [동] 말하다

⊕ give[make] a speech 연설하다

He is good at giving **speeches**.

그는 연설을 잘 한다.

□□ **alike** [əláik]

[형] **비슷한**(↔ unlike 서로 다른) [부] **비슷하게**

Molly and her cousin look **alike**. Molly와 그녀의 사촌은 닮았다.

□□ **hang** [hæŋ]

[동] **걸다, 매달다**(-hung-hung)

She **hangs** her coat on the chair. 그녀는 외투를 의자에 걸었다.

□□ **upset** [형][ʌ̀psét] [동][ʌpsét]

[형] **속상한, 마음이 상한** [동] **속상하게 하다**

He got **upset** and walked out.

그는 화를 내더니 나가버렸다.

Voca Plus

'행복한', '슬픈', '화가 난' 등의 심경을 나타내는 단어들을 알아볼까요?

- happy(행복한)
- pleased/joyful(기쁜)
- angry/upset(화가 난)
- sad(슬픈)
- lonely(외로운)
- nervous(초조한, 긴장한)
- worried(걱정되는)
- satisfied(만족한)
- disappointed(실망한)
- scared(겁먹은)
- bored(지루한)
- excited(신난)

□□ **pork** [pɔːrk]

[명] **돼지고기**

I prefer **pork** to beef. 나는 쇠고기보다 돼지고기를 더 좋아한다.

□□ **thick** [θik]

[형] **두꺼운, 굵은**(↔ thin 얇은)

This orange has a very **thick** skin.

이 오렌지는 껍질이 아주 두껍다.

Day 12

□□ **perfect** [pə́ːrfikt]
[형] **완벽한, 완전한** ⊕ perfection [명] 완벽
His performance was **perfect.** 그의 공연은 완벽했다.

□□ **terrible** [térəbl]
[형] **끔찍한, 심한** ⊕ terribly [부] 몹시
Our school lunch is **terrible.** 우리 학교 점심은 끔찍하다.

□□ **twice** [twais]
[부] **두 번, 두 배로**
I wore only **twice** these shoes.
나는 이 신발을 두 번밖에 안 신었다.

Voca Plus

'한 번', '두 번' 등 횟수를 세는 말을 '하나', '둘' 수를 세는 말과 구별해서 알아두세요. '세 번'부터는 수를 세는 말 뒤에 times를 붙여 쓰면 돼요.
once(한 번) - twice(두 번) - three times(세 번) - four times(네 번) - five times(다섯 번) - six times(여섯 번) ...

□□ **against** [əgénst]
[전] **~에 반대하여**(↔ for ~에 찬성하여), **~에 맞서**
I am **against** school uniforms.
나는 교복 입는 것에 반대한다.

□□ **forecast** [fɔ́ːrkæst]
[명] **예보, 예측** [동] **예보하다** ⊕ a weather forecast 일기예보
Did you hear the weather **forecast**? 일기예보 들었니?

□□ **low** [lou]
[형] **낮은**(↔ high 높은)
Her house has **low** walls. 그녀의 집은 담이 낮다.

□□ **fact** [fækt]
[명] **사실**(= truth) ⊕ in fact 사실은, 실제로
In **fact**, today is his birthday. 사실, 오늘은 그의 생일이다.

□□ **mirror** [mírə(r)]
[명] **거울**
Jessi is standing in front of the **mirror.**
Jessi는 거울 앞에 서 있다.

□□ **sign** [sain]

[명] **신호, 몸짓; 표지판** *cf.* signature [명] 사인, 서명

The exit **sign** guides us to a safe place.

비상구 표지판은 우리를 안전한 장소로 안내한다.

□□ **brain** [brein]

[명] **두뇌; 지능**

Exercise can increase your **brain** power.

운동은 지능을 높여줄 수 있다.

□□ **challenge** [tʃǽlindʒ]

[동] **도전하다** [명] **도전** *cf.* challenger [명] 도전자

I enjoy **challenging** new things.

나는 새로운 일에 도전하는 것을 즐긴다.

□□ **list** [list]

[명] **목록, 명단** ⊕ make a list 목록을 작성하다

Do you remember this shopping **list**?

너는 이 쇼핑 목록을 기억하니?

□□ **fail** [feil]

[동] **실패하다**(↔ succeed 성공하다) ⊕ failure [명] 실패

Bomi passed a math test, but **failed** an English test.

보미는 수학 시험은 통과했지만 영어 시험엔 실패했다.

□□ **smart** [smaːrt]

[형] **똑똑한, 영리한**(=clever, bright, ↔ stupid 어리석은)

You are so **smart**. I'm proud of you!

너는 정말 똑똑하구나. 나는 네가 자랑스러워!

□□ **pet** [pet]

[명] **애완동물**

Don't bring **pets** into the restaurant.

애완동물들을 식당에 데려오지 마세요.

□□ **useful** [júːsfəl]

[형] **유용한, 도움이 되는**(=helpful, ↔ useless 쓸모없는)

⊕ use [동] 사용하다

There are a lot of **useful** information on the Internet.

인터넷에 유용한 정보가 많이 있다.

Day 12

□□ **cafeteria** [kæfətíəriə]
[명] **구내식당**
I have lunch in a **cafeteria**. 나는 구내식당에서 점심을 먹는다.

□□ **forgive** [fərgív]
[동] **용서하다** (-forgave-forgiven)
Can you **forgive** me? 저를 용서해 주실 수 있나요?

□□ **chopstick** [tʃápstik]
[명] **젓가락 (한 짝)**
We use **chopsticks** to eat rice.
우리는 밥을 먹기 위해 젓가락을 사용한다.

□□ **storm** [stɔːrm]
[명] **폭풍, 폭풍우** ⊕ stormy [형] 폭풍(우)의
The **storm** lasted all night. 폭풍우가 밤새 계속되었다.

□□ **awake** [əwéik]
[형] **깨어 있는**(↔ asleep 잠이 든)
It's 2 a.m. and I'm still **awake**.
새벽 2시인데 나는 여전히 깨어 있다.

□□ **another** [ənʌ́ðər]
[형] **또 하나의, 다른** (an+other) [명] **또 하나의 것[사람]**
I want to see **another** movie.
나는 또 다른 영화를 보기를 원한다.

Today's Grammar 12 부정명령문

부정명령문은 상대방에게 어떤 일에 대해 금지하는 말로 「Don't+동사원형 ~.」의 형태로 쓴다.

• You don't bring pets into the restaurant.
→ Don't bring pets into the restaurant. (애완동물들을 식당에 데려오지 마세요.)

Mini Check! **괄호 안에서 알맞은 것 고르기**

(1) (Don't / Doesn't) fight with your friends.
(네 친구와 싸우지 마라.)

(2) (Be not / Don't be) rude to your teacher.
(네 선생님께 무례하게 굴지 마라.)

Answer (1) Don't (2) Don't be

정답 p.289

A 영어는 우리말로, 우리말은 영어로 쓰시오.

1 forgive
2 mirror
3 terrible
4 twice
5 pork
6 list
7 alike
8 cafeteria
9 awake
10 wide
11 pet
12 storm
13 brain
14 fact
15 speech

16 유용한
17 똑똑한, 영리한
18 낮은
19 실패하다
20 완벽한, 완전한
21 걸다, 매달다
22 또 하나의, 다른
23 예보, 예측
24 속상한
25 도전(하다)
26 젓가락 (한 짝)
27 신호, 몸짓
28 ~에 반대하여
29 밀다
30 두꺼운, 굵은

B 의미가 통하도록 연결한 후 우리말 뜻을 쓰시오.

1 a weather   •
2 hang   •
3 useful   •
4 give   •

• ⓐ information
• ⓑ a coat
• ⓒ a speech
• ⓓ forecast

C 주어진 철자로 시작하는 영단어를 쓰시오.

1 look into a m☐☐☐☐☐ : 거울을 보다
2 thin ↔ t☐☐☐☐
3 truth = f☐☐☐
4 pull ↔ p☐☐☐
5 c☐☐☐☐☐☐☐☐ : a thin stick used to eat food

☐☐ **prefer**
[prifə́:r]

ⓢ **더 좋아하다, 선호하다** ✚ prefer A to B B보다 A를 더 좋아하다

I **prefer** pasta to pizza. 나는 피자보다 파스타를 더 좋아한다.

☐☐ **sore**
[sɔːr]

ⓗ **아픈, 따가운**

I have a really **sore** throat. 나는 목이 정말 아프다.

☐☐ **hurt**
[hə:rt]

ⓢ **다치게 하다, 아프다** (-hurt-hurt)

Don't **hurt** plants. 식물들을 다치게 하지 마라.

☐☐ **single**
[síŋgl]

ⓗ **단 하나의, 1인용의; 독신의**

There is a **single** error in the book.

그 책에는 단 하나의 실수가 있다.

☐☐ **raise**
[reiz]

ⓢ **들어 올리다, 올리다**

He **raised** a book over his head. 그는 머리 위로 책을 올렸다.

▶❙❙▶ Voca Plus

raise(올리다) / rise(오르다, 올라가다)

raise는 어떤 것을 높은 곳으로 들어 올린다는 뜻이고, rise는 사람이나 사물이 높은 곳으로 올라간다는 뜻이에요. 그래서 raise는 목적어가 있어야 하고, rise는 목적어 없이 쓰이죠.

☐☐ **greet**
[gri:t]

ⓢ **인사하다, 맞이하다**

She **greets** me with a smile.

그녀는 나에게 미소를 지으며 인사한다.

☐☐ **shape**
[ʃeip]

ⓜ **모양, 형태**

The pool is in the **shape** of a circle.

그 수영장은 원 모양으로 되어 있다.

☐☐ **correct**
[kərékt]

ⓗ **맞는, 정확한** (= right) ⓢ **수정하다**

Minsu's answers were all **correct**. 민수의 답은 모두 맞았다.

□□ **determine** [ditə́ːrmin]
[동] **결정하다, 결심하다**(=decide)
We didn't **determine** the name of the restaurant.
우리는 그 식당의 이름을 결정하지 못했다.

□□ **palm** [pɑːm]
[명] **손바닥**
The boy is holding a pencil in his **palm**.
그 소년은 손바닥으로 연필을 잡고 있다.

□□ **hug** [hʌg]
[동] **껴안다, 포옹하다**
Susan **hugged** her son. Susan은 그녀의 아들을 껴안았다.

□□ **comfortable** [kʌ́mfərtəbl]
[형] **편안한**(↔ uncomfortable 불편한) ⊕ comfort [명] 편안
I like warm and **comfortable** places.
나는 따뜻하고 편안한 장소를 좋아한다.

□□ **break** [breik]
[동] **깨다, 부수다**(-broke-broken) [명] **휴식**
⊕ take a break 휴식을 취하다(=take a rest)
Tom **broke** a window during lunch **break**.
Tom은 점심 휴식 동안 창문을 깼다.

□□ **appear** [əpíər]
[동] **나타나다**(↔ disappear 사라지다)
⊕ appearance [명] 외모, 겉모습
Suddenly, a man **appeared** and attacked me. 갑자기 한 남자가 나타나서 나를 공격했다.

□□ **fill** [fil]
[동] **채우다**(↔ empty 비우다) ⊕ full [형] 가득 찬
⊕ be filled with ~로 가득 차다(=be full of)
She **filled** a cup with some water. 그녀는 컵을 물로 채웠다.

□□ **victory** [víktəri]
[명] **승리** ⊕ win a victory 승리를 거두다
He won a **victory** at the match. 그는 시합에서 승리를 거뒀다.

Day 13

□□ **weigh** [wei]

[동] **무게를 재다, 무게가 ~ 나가다** ⊕ weight [명] (몸)무게

My puppy **weighs** over 10kg.

나의 강아지는 무게가 10킬로그램 넘게 나간다.

□□ **excuse** [ikskjú:z]

[동] **용서하다, 변명하다** [명] **변명**

Please **excuse** my arriving late. 늦게 도착한 것을 용서해 주세요.

□□ **taste** [teist]

[동] **~ 맛이 나다** [명] **맛, 미각**

The soup **tastes** salty. 그 수프는 짠 맛이 난다.

□□ **bitter** [bítər]

[형] **맛이 쓴, 쓰라린**

This black coffee is too **bitter**. 이 블랙커피는 너무 쓰다.

Voca Plus

우리의 혀로 느낄 수 있는 맛(taste)을 표현하는 말에는 어떤 것들이 있을까요?

We can taste food with tongue.(우리는 혀로 음식의 맛을 볼 수 있다.)

- salty(짠)
- bitter(쓴)
- sweet(단)
- sour(신)
- hot/spicy(매운)

□□ **match** [mætʃ]

[명] **성냥; 시합**(= game) [동] **어울리다**

He has a candle and a **match**.

그는 초와 성냥을 가지고 있다.

□□ **stick** [stik]

[명] **막대기, 나무토막**

The two **sticks** are of equal length. 그 두 막대기는 길이가 똑같다.

□□ **different** [dífərənt]

[형] **다른**(↔ same 같은)

⊕ difference [명] 차이 ⊕ differ [동] 다르다

There are **different** teachers for each subject.

각 과목에는 다른 선생님들이 있다.

□□ **grab** [græb]

[동] **움켜잡다, 붙잡다**

Grab your bag and cap.

가방과 모자를 움켜잡아라.

☐☐ **serve** [sə:rv]

[동] **(음식을) 제공하다, 봉사하다**

They **serve** poor children warm food.

그들은 가난한 아이들에게 따뜻한 음식을 제공한다.

☐☐ **climb** [klaim]

[동] **오르다, 올라가다**

The bear can **climb** trees. 곰은 나무에 올라갈 수 있다.

☐☐ **traffic** [trǽfik]

[명] **교통, 교통량** ⊕ a traffic light 교통 신호등

The **traffic** was very heavy. 교통이 매우 혼잡했다.

☐☐ **lend** [lend]

[동] **빌려주다** (-lent-lent) (↔ borrow 빌리다)

Can you **lend** your camera to me?

네 카메라 좀 빌려줄 수 있니?

☐☐ **smooth** [smu:ð]

[형] **매끄러운, 부드러운** (↔ rough 거칠거칠한)

Mina's skin is clear and **smooth**. 미나의 피부는 깨끗하고 매끄럽다.

☐☐ **cheer** [tʃiər]

[동] **환호하다, 격려하다** [명] **환호** ⊕ cheerful [형] 쾌활한

My parents **cheer** me up. 나의 부모님은 나를 격려한다.

Today's Grammar 13 There is / are 구문

There is / are ~. 구문에서 be동사 뒤의 명사(주어)에 be동사의 수를 맞춘다.

There is + 단수명사(주어) ~.	~이 있다.
There are + 복수명사(주어) ~.	~들이 있다.

- There is *a single error* in the book. (그 책에는 단 하나의 실수가 있다.)
- There are *different teachers* for each subject. (각 과목에는 다른 선생님들이 있다.)

Mini Check! **괄호 안에서 알맞은 것 고르기**

(1) There (is / are) five books on the desk. (책상 위에 책 다섯 권이 있다.)

(2) There (is / are) an apple in the basket. (바구니에 사과 한 개가 있다.)

Answer (1) are (2) is

정답 p.289

A 영어는 우리말로, 우리말은 영어로 쓰시오.

1 comfortable		16 맞는, 정확한	
2 fill		17 매끄러운	
3 lend		18 용서하다	
4 appear		19 더 좋아하다	
5 different		20 시합; 성냥	
6 traffic		21 제공[봉사]하다	
7 stick		22 무게가 ~ 나가다	
8 grab		23 들어 올리다	
9 sore		24 환호(하다)	
10 shape		25 다치게 하다	
11 climb		26 ~ 맛이 나다	
12 hug		27 단 하나의	
13 bitter		28 결정[결심]하다	
14 victory		29 인사하다	
15 palm		30 깨다, 부수다	

B 의미가 통하도록 연결한 후 우리말 뜻을 쓰시오.

1 take   •   • ⓐ skin

2 a traffic •   • ⓑ a break

3 smooth •   • ⓒ a mountain

4 climb   •   • ⓓ light

C 주어진 철자로 시작하는 영단어를 쓰시오.

1 borrow ↔ l☐☐☐

2 same ↔ d☐☐☐☐☐☐☐☐

3 f☐☐☐ in the blank: 빈칸을 채우다

4 s☐☐☐☐☐ : one alone

5 right = c☐☐☐☐☐☐

☐☐ **volunteer**
[vàləntíər]

명 **자원 봉사자** 통 **자원하다**

I work as a volunteer at the zoo.
나는 동물원에서 자원 봉사자로 일한다.

☐☐ **joke**
[dʒouk]

명 **농담** 통 **농담하다**

My uncle enjoys making jokes. 나의 삼촌은 농담하는 것을 즐기신다.

☐☐ **medicine**
[médəsin]

명 **약, 의학** ⊕ take medicine 약을 먹다

Take this medicine after a meal. 식사 후에 이 약을 먹어라.

)❘❙▶ Voca Plus

약(medicine)의 종류를 알아봅시다.

medicine은 의학적으로 사용하는 약을 통칭하는 말인데요. 형태에 따라 알약은 tablet, pill, 물약은 liquid medicine, syrup, 가루약은 powdered medicine이라고 한답니다.

☐☐ **build**
[bild]

통 **짓다, 건설하다**(- built - built)

We built our house by ourselves.
우리는 우리의 집을 직접 지었다.

☐☐ **helpful**
[hélpfəl]

형 **도움이 되는**(= useful) ⊕ help 명 도움 통 돕다

Homework is helpful to me. 숙제는 나에게 도움이 된다.

☐☐ **flat**
[flæt]

형 **평평한, 납작한**

I put cookies on a flat dish. 나는 쿠키를 납작한 접시에 놓았다.

☐☐ **skill**
[skil]

명 **기술, 기량** ⊕ skillful 형 숙련된

He learns new skills all the time.
그는 항상 새로운 기술을 익힌다.

☐☐ **slide**
[slaid]

통 **미끄러지다**(- slid - slidden)

The children slid on the ice. 아이들이 얼음 위로 미끄러졌다.

□□ **exchange**
[ikstʃéindʒ]

(동) 교환하다 (명) 교환

They didn't **exchange** cards this year.

그들은 올해 카드를 교환하지 않았다.

□□ **bone**
[boun]

(명) 뼈

She gave a tiny **bone** to the dog.

그녀는 작은 뼈 하나를 개에게 주었다.

□□ **referee**
[rèfərí:]

(명) 심판 (= umpire)

Soccer **referees** are wearing black clothes.

축구 심판들이 검정색 옷을 입고 있다.

□□ **prize**
[praiz]

(명) 상, 상품 ⊕ win first prize 1등상을 타다

Bomi won first **prize** at the piano contest.

보미는 피아노 경연대회에서 1등상을 탔다.

□□ **satisfied**
[sǽtisfàid]

(형) 만족하는 ⊕ satisfy (동) 만족시키다

⊕ be satisfied with ~에 만족하다

She is very **satisfied** with the design.

그녀는 그 디자인에 매우 만족한다.

□□ **afraid**
[əfréid]

(형) 두려워하는, 걱정하는 ⊕ be afraid of ~을 두려워하다

Children are usually **afraid** of the dark.

아이들은 대개 어둠을 두려워한다.

□□ **adult**
[ədʌ́lt]

(명) 성인, 어른 (= grown-up)

Children are free, but **adults** have to pay.

아이들은 무료지만 성인은 요금을 지불해야 한다.

□□ **cure**
[kjuər]

(동) 치료하다 (= heal) (명) 치료법

The doctor **cures** a lot of patients a day.

그 의사는 하루에 많은 환자들을 치료한다.

	drawer	명 서랍
	[drɔ:r]	She opened the **drawer** and took out socks.
		그녀는 서랍을 열고 양말을 꺼냈다.

	exit	명 출구 동 나가다
	[égzit]	Please go out **exit** 3. 3번 출구로 나가주세요.

	thirsty	형 목이 마른 ⊕ thirst 명 갈증
	[θɔ́:rsti]	I'm really **thirsty** now. 나는 지금 정말 목이 마르다.

	blank	명 빈칸, 여백 형 백지의
	[blæŋk]	Please fill in all the **blanks**. 빈칸을 모두 채워주세요.

	disease	명 병, 질병(= illness)
	[dizí:z]	Lots of people are dying from **disease**.
		많은 사람들이 질병으로 죽어가고 있다.

》III▷ Voca Plus

우리가 흔히 알고 있는 병(disease)의 종류를 알아볼까요?
 · cancer(암)   · diabetes(당뇨병)   · heart disease(심장병)   · kidney disease(신장병)

	lonely	형 외로운, 쓸쓸한
	[lóunli]	Why did the woman become **lonely**?
		그 여자는 왜 외로워졌니?

	touch	동 만지다; 감동시키다 ⊕ touched 형 감동한
	[tʌtʃ]	You must not **touch** the animals at the zoo.
		너는 동물원에서 동물들을 만지면 안 된다.

	improve	동 개선하다, 향상시키다
	[imprú:v]	I want to **improve** my English.
		나는 영어 실력을 향상시키고 싶다.

□□ **cross**
[krɔːs]

ⓗ **건너다, 횡단하다** ◈across ⓟ 건너서, 가로질러
Don't **cross** the street here. 여기에서 길을 건너지 마라.

□□ **keep**
[kiːp]

ⓗ **유지하다, 계속하다** (-kept-kept)
I jog to **keep** healthy every day.
나는 건강을 유지하기 위해 매일 조깅을 한다.

□□ **drop**
[drap]

ⓗ **떨어지다, 떨어뜨리다** (=fall)
She **dropped** a fork on the floor. 그녀는 바닥에 포크를 떨어뜨렸다.

□□ **trust**
[trʌst]

ⓗ **신뢰하다** (=believe in) ⓜ **신뢰** ◈build trust 신뢰를 쌓다
He **trusts** his son completely. 그는 그의 아들을 전적으로 신뢰한다.

□□ **tear**
[tiər]

ⓜ **눈물** ⓗ **찢다, 뜯다** (-tore-torn)
She didn't show **tears** to others.
그녀는 다른 사람들에게 눈물을 보여주지 않았다.

□□ **error**
[érər]

ⓜ **잘못, 실수** (=mistake) ◈make an error 잘못을 저지르다
I made some **errors** on the test. 나는 시험에서 몇몇 실수를 했다.

Today's Grammar ⑭　　　　**일반동사 과거형의 부정문**

일반동사 과거형의 부정문은 주어의 수에 상관없이 「did not[didn't] + 동사원형」의 형태로 쓴다.
- They didn't exchange cards this year.
  (그들은 올해 카드를 교환하지 않았다.)
- She didn't show tears to others.
  (그녀는 다른 사람들에게 눈물을 보여주지 않았다.)

Mini Check! **우리말에 맞게 문장 완성하기**
- Mike는 어제 학교에 가지 않았다. (go)
  → Mike _____ to school yesterday.　　　　Answer did not[didn't] go

A 영어는 우리말로, 우리말은 영어로 쓰시오.

1 skill

2 drawer

3 bone

4 error

5 prize

6 thirsty

7 exit

8 slide

9 satisfied

10 lonely

11 referee

12 flat

13 disease

14 adult

15 helpful

16 건너다

17 빈칸, 여백

18 만지다

19 눈물

20 유지하다

21 짓다, 건설하다

22 떨어뜨리다

23 농담(하다)

24 치료하다

25 신뢰(하다)

26 개선하다

27 두려워하는

28 자원 봉사자

29 약, 의학

30 교환(하다)

B 의미가 통하도록 연결한 후 우리말 뜻을 쓰시오.

1 build   ·   · ⓐ a bridge

2 make   ·   · ⓑ a drawer

3 open   ·   · ⓒ first prize

4 win   ·   · ⓓ an error

C 주어진 철자로 시작하는 영단어를 쓰시오.

1 take m☐☐☐☐☐☐☐ : 약을 먹다

2 c☐☐☐☐ the street : 길을 건너다

3 be a☐☐☐☐☐ of : ～을 두려워하다

4 grown-up = a☐☐☐☐

5 useful = h☐☐☐☐☐☐

□□ **understand**
[ʌ̀ndərstǽnd]

동 **이해하다** (- understood - understood)

Parents often don't **understand** their children.

부모님들은 종종 그들의 자녀를 이해하지 못한다.

□□ **fight**
[fait]

동 **싸우다** (- fought - fought)　명 **싸움**

Did you **fight** with your brother yesterday?

너는 어제 네 남동생과 싸웠니?

□□ **nature**
[néitʃər]

명 **자연; 천성, 본질**　⊕ natural 형 자연의

We should protect **nature**. 우리는 자연을 보호해야 한다.

□□ **carry**
[kǽri]

동 **나르다, 가지고 다니다**

The students are **carrying** chairs. 학생들이 의자를 나르고 있다.

□□ **earth**
[ə:rθ]

명 (the ~) **지구, 땅**

The **earth** is round, not flat. 지구는 평평하지 않고 둥글다.

)))) Voca Plus

태양계의 별들의 이름을 태양에서 가까운 순서대로 알아볼까요?

Sun(태양) - Mercury(수성), Venus(금성), Earth(지구), Mars(화성), Jupiter(목성), Saturn(토성), Uranus(천왕성), Neptune(해왕성)

□□ **narrow**
[nǽrou]

형 **좁은** (↔ wide 넓은)

Country roads are usually **narrow**. 시골길은 보통 좁다.

□□ **humorous**
[hjú:mərəs]

형 **재미있는, 유머러스한**　⊕ humor 명 유머

My uncle is kind and **humorous**. 나의 삼촌은 친절하고 재미있다.

□□ **congratulate**
[kəngrǽtʃulèit]

동 **축하하다**　⊕ congratulation 명 축하

I want to **congratulate** you on your graduation.

나는 너의 졸업을 축하하고 싶다.

bright
[brait]

형 밝은(↔ dark 어두운); 영리한(= smart)

I like bright colors like reds, blues, and yellows.

나는 빨간색, 파란색, 노란색과 같은 밝은 색을 좋아한다.

---

try
[trai]

동 노력하다, 시도하다 명 시도

I try to remember twenty words every day.

나는 매일 20단어를 기억하려고 노력한다.

---

gain
[gein]

동 얻다(↔ lose 잃다) ⊕ gain[lose] weight 체중이 늘다[줄다]

What do you hope to gain from the course?

너는 그 과정에서 무엇을 얻기를 바라니?

---

floor
[flɔːr]

명 바닥; (건물의) 층 ⊕ on the second floor 2층에

Four birds are sitting on the floor.

네 마리의 새들이 바닥에 앉아 있다.

---

throw
[θrou]

동 던지다(-threw-thrown) ⊕ throw away 버리다

James throws his bag onto the bed.

James는 그의 가방을 침대 위에 던진다.

---

elementary
[èləméntəri]

형 초등의, 초급의 ⊕ elementary school 초등학교

Middle school is different from elementary school.

중학교는 초등학교와 다르다.

---

enter
[éntər]

동 ~에 들어가다

When I entered the room, she was sleeping.

내가 방에 들어갔을 때 그녀는 자고 있었다.

---

professor
[prəfésər]

명 교수

His father is an economics professor.

그의 아버지는 경제학 교수이시다.

☐☐ **review**
[rivjúː]

ⓥ 복습하다, 논평하다　ⓝ 복습, 논평

You must **review** your math before the exam.
너는 시험 보기 전에 수학을 복습해야 한다.

☐☐ **burn**
[bəːrn]

ⓥ 태우다, 타다 (-burnt-burnt)

She **burnt** the pizza again. 그녀는 피자를 또 태웠다.

☐☐ **uniform**
[júːnəfɔ̀ːrm]

ⓝ 제복　⊕ school uniform 교복

We wear a school **uniform**. 우리는 교복을 입는다.

☐☐ **delight**
[diláit]

ⓥ 기쁘게 하다　ⓝ 기쁨, 즐거움　⊕ delighted ⓐ 기쁜

Her song **delighted** the audience.
그녀의 노래는 청중을 기쁘게 했다.

☐☐ **wild**
[waild]

ⓐ 야생의, 자연 그대로의　⊕ a wild animal 야생동물

The mountain was filled with **wild** flowers.
그 산은 야생화로 가득 차 있었다.

☐☐ **stupid**
[stjúːpid]

ⓐ 어리석은, 바보 같은 (= foolish)

He made some **stupid** mistakes. 그는 어리석은 실수를 좀 했다.

▶❙▶ Voca Plus

'어리석은, 바보 같은'을 뜻하는 단어들이 많이 있는데요.
대표적으로 stupid, foolish, silly 등이 있습니다. 그와 반대로 '똑똑한, 영리한'을 뜻하는 단어에는
smart, bright, clever, intelligent 등이 있어요.

☐☐ **seed**
[siːd]

ⓝ 씨, 씨앗

We plant a lot of **seeds** in spring. 우리는 봄에 많은 씨앗을 심는다.

☐☐ **essay**
[ései]

ⓝ 수필, 에세이

The students have to write an **essay** on pollution.
학생들은 오염에 관한 에세이를 써야 한다.

□□ **follow** [fálou]

[동] **따르다, 따라가다**

Did you **follow** the teacher's advice?

너는 선생님의 충고에 따랐니?

□□ **shadow** [ʃǽdou]

[명] **그림자, 그늘** ⊕ shadowy [형] 그늘진

Bright sun can make **shadows**. 밝은 태양이 그림자를 만든다.

□□ **pour** [pɔːr]

[동] **붓다, 따르다**

She **poured** a little water into the glass.

그녀는 약간의 물을 유리잔에 따랐다.

□□ **pull** [pul]

[동] **끌다, 당기다**(↔ push 밀다)

I **pulled** the handle to open the door.

나는 문을 열기 위해 핸들을 당겼다.

□□ **interview** [íntərvjùː]

[명] **인터뷰, 면접** [동] **인터뷰하다**

I have a job **interview** tomorrow. 나는 내일 취업 면접이 있다.

□□ **stretch** [stretʃ]

[동] **늘이다, 쭉 뻗다**

Close your eyes and **stretch** your arms.

눈을 감고 팔을 쭉 뻗어라.

Today's Grammar 15 일반동사 과거형의 의문문

일반동사 과거형의 의문문은 「Did＋주어＋동사원형 ~?」의 형태로 쓴다.

- Did you fight with your brother yesterday?
  (너는 어제 네 남동생과 싸웠니?)
- Did you follow the teacher's advice?
  (너는 선생님의 충고에 따랐니?)

Mini Check! **우리말에 맞게 문장 완성하기**

- 그는 어제 아침을 먹었니? (have)
  → ________ he ________ breakfast yesterday?

Answer Did, have

정답 p.290

A 영어는 우리말로, 우리말은 영어로 쓰시오.

1 shadow		16 끌다, 당기다	
2 enter		17 밝은	
3 pour		18 바닥; 층	
4 essay		19 늘이다, 쭉 뻗다	
5 uniform		20 야생의	
6 burn		21 따르다, 따라가다	
7 seed		22 자연; 천성	
8 understand		23 유머러스한	
9 narrow		24 어리석은	
10 throw		25 노력[시도]하다	
11 earth		26 싸우다	
12 congratulate		27 기쁘게 하다	
13 professor		28 인터뷰, 면접	
14 gain		29 나르다	
15 elementary		30 복습(하다)	

B 의미가 통하도록 연결한 후 우리말 뜻을 쓰시오.

1 elementary •   • ⓐ floor

2 gain •   • ⓑ school

3 a stupid •   • ⓒ action

4 the second •   • ⓓ weight

C 주어진 철자로 시작하는 영단어를 쓰시오.

1 school u☐☐☐☐☐☐ : 교복

2 t☐☐☐☐ away trash : 쓰레기를 버리다

3 dark ↔ b☐☐☐☐☐

4 p☐☐☐☐☐☐☐☐☐ : a teacher at a university

5 wide ↔ n☐☐☐☐☐

중학 2

영단어 총정리

Day 01

발음 듣기

□□ apologize [əpάlədʒàiz]
[동] **사과하다, 사죄하다** ⊕ apology [명] 사과
She **apologized** to her friends. 그녀는 그녀의 친구들에게 사과했다.

□□ cheek [tʃiːk]
[명] **볼, 뺨**
Mom kissed me on the **cheek**. 엄마는 내 뺨에 뽀뽀했다.

□□ gesture [dʒéstʃər]
[명] **몸짓, 제스처**
What do you mean by that **gesture**? 그 제스처는 무엇을 의미하니?

□□ sunrise [sʌ́nraiz]
[명] **일출, 해돋이**(↔ sunset 일몰)
The **sunrise** is so wonderful here. 이곳의 일출은 아주 멋지다.

□□ passport [pǽspɔːrt]
[명] **여권**
I lost my **passport** at the airport.
나는 공항에서 여권을 잃어버렸다.

Voca Plus

passport(여권)는 외국으로 여행하는 사람에게 신변 보호를 위해 국내 정부가 발행해 주는 국외 여행용 신분증이에요. 외국 어느 곳을 여행하더라도 반드시 필요합니다. 외국 여행시 또 필요한 것으로 visa(비자, 사증)가 있는데요. 비자는 내가 여행하고자 하는 나라에서 발급해 주는 입국 허가서랍니다. 여행하는 나라에 따라 필요한 경우가 있고 필요 없는 경우가 있답니다.

□□ similar [símələr]
[형] **비슷한, 닮은**(=alike)
He and his cousin look **similar**. 그와 그의 사촌은 닮았다.

□□ closet [klάzit]
[명] **벽장, 찬장**
Did you hide in a **closet**? 너는 벽장에 숨었니?

□□ increase [동][inkríːs] [명][ínkriːs]
[동] **증가하다** [명] **증가, 인상**(↔ decrease 감소(하다))
The food production **increased** this year.
올해 식량 생산이 증가했다.

☐☐ **fever**
[fíːvər]

명 **열** ⊕ have a fever 열이 있다

She took pills because she had a fever.

그녀는 열이 나서 약을 먹었다.

☐☐ **operate**
[ápərèit]

동 **작동시키다; 수술하다** ⊕ operation 명 수술

Are you able to operate the machine?

너는 그 기계를 작동시킬 수 있니?

☐☐ **available**
[əvéiləbl]

형 **이용할 수 있는** ⊕ available water 이용 가능한 물

How much money are you available for the trip?

너는 여행에 쓸 수 있는 돈이 얼마나 되니?

☐☐ **counsel**
[káunsəl]

동 **상담하다** 명 **상담** cf. counselor 명 상담원

I counseled with my teacher about my grade.

나는 성적에 대해 선생님과 상담했다.

☐☐ **destroy**
[distrɔ́i]

동 **파괴하다** ⊕ destruction 명 파괴

Global warming destroys the environment.

지구 온난화는 환경을 파괴한다.

☐☐ **attend**
[əténd]

동 **참석하다, 다니다** ⊕ attend a meeting 모임에 참석하다

The poor children don't attend school.

그 가난한 아이들은 학교에 다니지 않는다.

☐☐ **discuss**
[diskʌ́s]

동 **토론하다, 상의하다**

He discussed his health problem.

그는 자신의 건강 문제를 상의했다.

☐☐ **classical**
[klǽsikəl]

형 **고전의, 고전주의의**

Classical dance requires balance.

고전 무용은 균형을 필요로 한다.

☐☐ **excellent**
[éksələnt]

® **훌륭한, 탁월한** ⊕ excellence ® 탁월함

She is an excellent golf player.

그녀는 훌륭한 골프 선수이다.

☐☐ **choose**
[tʃuːz]

® **선택하다** ⊕ choice ® 선택

I want to choose that red car. 나는 저 빨간색 차를 선택하고 싶다.

☐☐ **brilliant**
[bríljənt]

® **훌륭한, 멋진; 빛나는**

She had a brilliant idea. 그녀는 훌륭한 아이디어를 갖고 있었다.

☐☐ **task**
[tæsk]

® **일, 과제**

It's not a difficult task. 그것은 어려운 일이 아니다.

☐☐ **figure**
[fígjər]

® **숫자; 사람; 도형**

He added up the figures on the bill.

그는 계산서의 숫자를 더했다.

☐☐ **aloud**
[əláud]

⊕ **큰 소리로, 크게**(= loudly)

The students read the words aloud.

학생들이 단어를 큰 소리로 읽는다.

》》》》 Voca Plus

'큰 소리로, 크게'라는 뜻의 부사로 쓰이는 단어에는 aloud, loudly, loud가 있어요. loud는 원래 형용사이지만 비격식적인 일상 회화에서 부사로 자주 쓰입니다. aloud와 loudly는 둘 다 형용사 loud에서 나온 부사예요.

☐☐ **describe**
[diskráib]

® **묘사하다, 설명하다** ⊕ description ® 묘사

His painting describes spring well.

그의 그림은 봄을 잘 묘사한다.

☐☐ **disappoint**
[dìsəpɔ́int]

® **실망시키다** ⊕ be disappointed with ~에 실망하다

The movie disappointed me. 그 영화가 나를 실망시켰다.

	tradition	몡 **전통** ⊕ traditional 혱 전통적인
	[trədíʃən]	The school has a long tradition. 그 학교는 오랜 전통을 가지고 있다.

	spell	동 **철자를 쓰다**
	[spel]	Spell your name correctly. 네 이름의 철자를 정확히 써라.

	pain	몡 **고통, 통증** ⊕ painful 혱 고통스러운
	[pein]	I feel a lot of pain in my arm. 나는 팔에 통증이 심하다.

	choir	몡 **합창단**
	[kwáiər]	My sister and I are going to sing in the choir.
		내 여동생과 나는 합창단에서 노래를 부를 예정이다.

	decrease	동 **감소하다, 줄이다** 몡 **감소**(↔ increase 증가(하다))
	동[dikrí:s]	The number of car accidents is decreasing.
	몡[díkri:s]	자동차 사고의 수가 감소하고 있다.

	trade	몡 **무역, 거래** 동 **무역하다, 거래하다** ⊕ fair trade 공정 무역
	[treid]	There will be a world trade fair this weekend.
		이번 주에 세계 무역 박람회가 있을 것이다.

Today's Grammar 01   현재진행형

현재 진행 중인 일을 나타내며 '~하고 있다, ~하고 있는 중이다'라는 의미이다.

긍정문	부정문	의문문
am[are/is]+-ing	am[are/is] not+-ing	Am[Are/Is]+주어+-ing ~?

- The number of car accidents is decreasing. (자동차 사고의 수가 감소하고 있다.)
- They are sitting on the bench. (그들은 벤치에 앉아 있다.)

Mini Check!   주어진 단어 알맞은 형태로 쓰기

(1) We are _____ pizza together. (eat) (우리는 함께 피자를 먹고 있다.)

(2) I am _____ my room. (clean) (나는 내 방을 청소하고 있다.)

Answer (1) eating (2) cleaning

정답 p.290

A 영어는 우리말로, 우리말은 영어로 쓰시오.

1 available		16 숫자; 사람	
2 disappoint		17 고전의	
3 attend		18 토론하다	
4 pain		19 큰 소리로	
5 closet		20 사과하다	
6 tradition		21 묘사하다	
7 cheek		22 몸짓, 제스처	
8 brilliant		23 무역, 거래	
9 destroy		24 열	
10 similar		25 감소하다	
11 excellent		26 여권	
12 increase		27 합창단	
13 task		28 철자를 쓰다	
14 sunrise		29 작동시키다	
15 choose		30 상담하다	

B 의미가 통하도록 연결한 후 우리말 뜻을 쓰시오.

1 classical •   • ⓐ a passport

2 lose •   • ⓑ a meeting

3 a decrease •   • ⓒ music

4 attend •   • ⓓ in population

C 주어진 철자로 시작하는 영단어를 쓰시오.

1 sunset ↔ s☐☐☐☐☐☐

2 c☐☐☐☐ : the part of the face on each side of the nose

3 fair t☐☐☐☐ : 공정 무역

4 decrease ↔ i☐☐☐☐☐☐☐☐

5 have a f☐☐☐☐ : 열이 나다

☐☐ **various** 형 **다양한**
[vέəriəs]
I think you should read various books.
나는 네가 다양한 책을 읽어야 한다고 생각해.

☐☐ **cheat** 동 **속이다, 부정행위를 하다**
[tʃiːt]
Ted cheated in this test. Ted는 이번 시험에서 부정행위를 했다.

☐☐ **limit** 명 **한계, 제한** ✛ speed limit 제한 속도
[límit]
There is a limit to everything. 모든 일에는 한계가 있다.

☐☐ **idle** 형 **게으른**(= lazy)
[áidl]
Don't be idle and clean your room.
게으름 피우지 말고 방 청소 좀 해라.

☐☐ **overweight** 형 **과체중의, 비만의**(= fat)
[òuvərwéit]
I am overweight. I have to lose some weight.
나는 비만이다. 나는 살을 좀 빼야 한다.

))I⫸ Voca Plus

과체중을 나타내는 표현: overweight, fat, heavy, stout, obese, plump ...
뚱뚱한 사람에게 흔히 쓰는 말은 fat인데 overweight이나 heavy가 좀 더 예의 있는 말이에요.
obese는 의사들이 사용하는 용어로 건강상 비만임을 나타내는 말입니다.

☐☐ **respect** 동 **존경하다** 명 **존경** ✛ respect elderly 노인들을 존경하다
[rispékt]
He always respects his parents. 그는 부모님을 항상 존경한다.

☐☐ **condition** 명 **(건강) 상태, 조건**
[kəndíʃən]
The car is in excellent condition. 그 차는 상태가 아주 좋다.

☐☐ **planet** 명 **행성**
[plǽnit]
The sun is a star and the earth is a planet.
태양은 별이고 지구는 행성이다.

Day 02

☐☐ **vet**
[vet]

(명) **수의사** (= veterinarian)

She took her puppy to the vet.

그녀는 그녀의 강아지를 수의사에게 데려갔다.

☐☐ **purchase**
[pə́:rtʃəs]

(동) **사다, 구입하다** (= buy)

Don't purchase too many things on sale.

세일 중에 너무 많은 물건을 사지 마라.

☐☐ **decorate**
[dékərèit]

(동) **장식하다, 꾸미다**

Children were decorating a Christmas tree.

아이들이 크리스마스 트리를 장식하고 있었다.

☐☐ **miracle**
[mírəkl]

(명) **기적**

Her husband has survived to a miracle.

그녀의 남편은 기적적으로 살아남았다.

☐☐ **mistake**
[mistéik]

(명) **실수, 잘못** (동) **실수하다** ✚ by mistake 실수로

He deleted an important file by mistake.

그는 실수로 중요한 파일을 삭제했다.

☐☐ **observe**
[əbzə́:rv]

(동) **관찰하다, 준수하다**

✚ observe the rules 규칙을 준수하다

The students are observing some plants.

학생들이 몇몇 식물들을 관찰하고 있다.

☐☐ **highway**
[háiwèi]

(명) **고속도로**

You should drive carefully on the highway.

너는 고속도로에서 조심스럽게 운전해야 한다.

☐☐ **bother**
[báðər]

(동) **괴롭히다, 귀찮게 하다**

Don't bother me. I'm reading a book.

귀찮게 하지 마. 난 독서 중이야.

□□ **apply** [əplái]

[동] **지원하다, 신청하다; 적용하다**

How do I **apply** for the audition? 그 오디션에 어떻게 지원하나요?

□□ **dull** [dʌl]

[형] **따분한**(=boring); **둔한**

The story of the movie was **dull**. 그 영화의 줄거리는 따분했다.

□□ **opinion** [əpínjən]

[명] **의견, 견해**

People have different **opinions** about homework.
사람들은 숙제에 대한 서로 다른 의견들을 갖고 있다.

□□ **chop** [tʃɑp]

[동] **썰다, 다지다**

Chop the onions up into small pieces. 양파를 잘게 썰어라.

□□ **suffer** [sʌ́fər]

[동] **고통 받다, (고통을) 겪다**

They are **suffering** from hunger and disease.
그들은 배고픔과 질병으로 고통 받고 있다.

□□ **height** [hait]

[명] **높이, 키** ⊕ high [형] 높은

Sora is the same **height** as her sister.
소라는 그녀의 여동생과 키가 같다.

Voca Plus

형용사에서 나온 말로 '가로, 세로, 높이' 등을 나타내는 말들을 알아봅시다.

- wide(넓은) – width(너비, 가로)
- long(긴) – length(길이, 세로)
- high(높은) – height(높이)
- deep(깊은) – depth(깊이)

□□ **conversation** [kɑ̀nvərséiʃən]

[명] **대화, 회화**

They changed the topic of **conversation**.
그들은 대화의 화제를 바꾸었다.

□□ **average** [ǽvəridʒ]

[명] **평균** [형] **평균의**

I sleep an **average** of seven hours a day.
나는 하루에 평균 7시간 잠을 잔다.

☐☐ **fault**
[fɔːlt]

> 명 결함, 잘못
>
> Can you correct this design fault?
> 이 디자인상의 결함을 수정할 수 있나요?

☐☐ **passenger**
[pǽsəndʒər]

> 명 승객
>
> There was only one passenger in the bus.
> 그 버스 안에는 승객이 한 명만 있었다.

☐☐ **request**
[rikwést]

> 명 요청 동 요청하다
>
> She denied their request. 그녀는 그들의 요청을 거절했다.

☐☐ **tight**
[tait]

> 형 꼭 끼는; 꽉 죄인(↔ loose 헐거운, 느슨한)
>
> These pants are a little tight for me. 이 바지는 나에게 약간 낀다.

☐☐ **relative**
[rélətiv]

> 명 친척
>
> My relative was living next door. 나의 친척이 옆집에 살고 있었다.

☐☐ **confident**
[kánfədənt]

> 형 자신감 있는, 확신하는 ⊕confidence 명 자신감
>
> He is confident of his winning. 그는 자신의 우승을 확신한다.

 Today's Grammar 02   과거진행형

과거 한 시점에 진행 중이었던 일을 나타내며 '~하고 있었다'라는 뜻이다.

긍정문	부정문	의문문
was[were]+-ing	was[were] not+-ing	Was[Were]+주어+-ing ~?

• We were studying in the library. (우리는 도서관에서 공부하고 있었다.)

Mini Check! 주어진 단어 알맞은 형태로 쓰기

(1) Mira _____ a book. (read)
(미라는 책을 읽고 있었다.)

(2) They _____ soccer. (play)
(그들은 축구를 하고 있었다.)   Answer (1) was reading (2) were playing

정답 p.290

Ⓐ 영어는 우리말로, 우리말은 영어로 쓰시오.

1 highway	16 따분한; 둔한
2 relative	17 상태, 조건
3 passenger	18 한계, 제한
4 various	19 실수(하다)
5 opinion	20 자신감 있는
6 height	21 부정행위를 하다
7 purchase	22 지원[신청]하다
8 idle	23 썰다, 다지다
9 request	24 고통 받다
10 planet	25 과체중의
11 miracle	26 평균(의)
12 decorate	27 괴롭히다
13 tight	28 결함, 잘못
14 conversation	29 관찰[준수]하다
15 vet	30 존경(하다)

Ⓑ 의미가 통하도록 연결한 후 우리말 뜻을 쓰시오.

1 chop ·   · ⓐ onions

2 observe ·   · ⓑ relative

3 a close ·   · ⓒ the rules

4 decorate ·   · ⓓ a classroom

Ⓒ 주어진 철자로 시작하는 영단어를 쓰시오.

1 buy = p☐☐☐☐☐☐☐

2 p☐☐☐☐☐ : one of the objects in space which move round the Sun

3 loose ↔ t☐☐☐☐

4 speed l☐☐☐☐ : 제한 속도

5 by m☐☐☐☐☐☐ : 실수로

중학 ❷ Voca Day 03

발음 듣기

□□ **recover** [rikʌ́vər]
[동] **회복하다**(=get better) ⊕ recovery [명] 회복
I hope you'll **recover** soon. 곧 회복하시기를 바랍니다.

□□ **author** [ɔ́:θər]
[명] **작가, 저자** ⊕ an unknown author 무명작가
He is my favorite **author**. 그는 내가 가장 좋아하는 작가이다.

□□ **common** [kɑ́mən]
[형] **공통의, 흔한, 보통의** ⊕ have in common 공통점이 있다
Apples are **common** fruit in Korea.
사과는 한국에서 흔한 과일이다.

□□ **attention** [əténʃən]
[명] **주의, 주목** ⊕ pay attention to ~에게 집중하다
May I have your **attention**, please? 주목해 주시겠어요?

□□ **lawn** [lɔ:n]
[명] **잔디, 잔디밭**
Don't walk on the **lawn**. 잔디밭을 밟지 마시오.

□□ **brand-new** [brǽndnú:]
[형] **아주 새로운, 신품인**
I like the **brand-new** car. 나는 새로 나온 차가 마음에 든다.

□□ **eyebrow** [áibràu]
[명] **눈썹**
She colors her **eyebrows** with an eyebrow pencil.
그녀는 눈썹 연필로 눈썹을 칠한다.

Voca Plus

눈과 관련된 것 : eyebrow(눈썹), eyelash(속눈썹), eyelid(눈꺼풀)
- eyebrow : the line of hair above each of your eyes
- eyelash : one of the hairs growing round the edges of your eyes
- eyelid : a piece of skin which covers the eye

□□ **grateful** [gréitfəl]
[형] **고마워하는, 감사하는**(=thankful)
I'm truly **grateful** for all your help.
도와주셔서 정말 고마워요.

expense
[ikspéns]
명 비용, 지출 ⊕ save expenses 비용을 절약하다
You need to reduce our clothing **expenses**.
너는 의류 비용을 줄일 필요가 있다.

position
[pəzíʃən]
명 위치
From his **position** he can see the whole of the street.
그의 위치에서 그는 거리 전체를 볼 수 있다.

advice
[ædváis]
명 충고, 조언 ⊕ advise 동 충고[조언]하다
⊕ follow one's advice ~의 충고를 따르다
I got some **advice** from a vet.
나는 수의사로부터 조언 몇 마디를 얻었다.

clerk
[klə:rk]
명 직원, 점원 ⊕ hire a clerk 점원을 고용하다
They are looking for a sales **clerk** now.
그들은 지금 판매 직원을 찾고 있다.

information
[infərméiʃən]
명 정보 ⊕ inform 동 알리다
I can get useful **information** on the Internet.
나는 인터넷에서 유용한 정보를 얻을 수 있다.

pay
[pei]
동 지불하다 명 보수 ⊕ pay for ~ 값을 지불하다 ⊕ pay back 갚다
Jerry never **pays** for dinner. Jerry는 결코 저녁 값을 지불하지 않는다.

mention
[ménʃən]
동 말하다, 언급하다
The detective **mentioned** his name and age.
그 탐정은 그의 이름과 나이를 언급했다.

ancestor
[ǽnsestər]
명 조상, 선조
Their **ancestors** came to Germany in the 1800s.
그들의 조상들은 1800년대에 독일로 왔다.

□□ **flavor** [fléivər]

[명] **맛, 풍미**

What **flavor** of ice cream do you want?

너는 어떤 맛의 아이스크림을 원하니?

□□ **device** [diváis]

[명] **장치, 기구**

The **device** is an invention with many advantages.

그 장치는 장점이 많은 발명품이다.

□□ **express** [iksprés]

[동] **표현하다** ⊕ express one's feelings 감정을 표현하다

She often uses emoticons to **express** her feelings.

그녀는 감정을 표현하기 위해 종종 이모티콘을 사용한다.

□□ **sweat** [swet]

[동] **땀을 흘리다** [명] **땀**

My brother **sweats** a lot during exercising.

내 남동생은 운동할 때 땀을 많이 흘린다.

□□ **bend** [bend]

[동] **구부리다, 숙이다**(-bent-bent)

I **bent** forward to pick up the pen.

나는 펜을 집기 위해 앞으로 구부렸다.

□□ **architect** [áːrkətèkt]

[명] **건축가** ⊕ architecture [명] 건축학

The **architect** designed the new museum.

그 건축가는 새로운 박물관을 설계했다.

□□ **press** [pres]

[동] **누르다** [명] **언론** ⊕ pressure [명] 압박

Press the start button before asking a question.

질문하기 전에 시작 버튼을 누르세요.

□□ **childhood** [tʃáildhùd]

[명] **어린 시절**

The writer had a happy **childhood**.

그 작가는 행복한 어린 시절을 보냈다.

□□ **shoot** 동 (총을) 쏘다, 슛을 하다 (-shot-shot)
[ʃuːt]
A man **shot** at the crowd. 한 남자가 군중을 향해 총을 쏘았다.

□□ **regret** 동 후회하다 명 후회
[rigrét]
I **regret** wasting time. 나는 시간을 낭비한 것을 후회한다.

□□ **role** 명 역할 ⊕ a role model 역할 모델
[roul]
Do you know the **role** of the bank? 너는 은행의 역할을 아니?

□□ **pleased** 형 기쁜 ⊕ please 동 기쁘게 하다
[pliːzd]
I was **pleased** at my uncle's present.
나는 삼촌의 선물을 받고 기뻤다.

□□ **both** 대 둘 다 형 둘 다의 ⊕ both A and B A와 B 둘 다
[bouθ]
Both he and his brother enjoy swimming.
그와 그의 남동생 둘 다 수영을 즐긴다.

□□ **scenery** 명 경치, 풍경
[síːnəri]
The **scenery** of the village is beautiful. 그 마을의 풍경은 아름답다.

Today's Grammar 03 상관접속사

둘 이상의 단어가 모여 접속사 역할을 하는 것을 말한다.

• both A and B : A와 B 둘 다 / • not only A (but) also B(=B as well as A) : A뿐만 아니라 B도

• I like both history and science. (나는 역사와 과학 둘 다 좋아한다.)
• Gimchi is not only delicious but also healthful. (김치는 맛있을 뿐만 아니라 건강에도 좋다.)

Mini Check! 빈칸에 알맞은 단어 넣기

(1) She is both cute _____ cheerful.
   (그녀는 귀엽고 쾌활하다.)
(2) He is good at not only singing _____ also dancing.
   (그는 노래를 잘할 뿐만 아니라 춤도 잘 춘다.)   Answer (1) and (2) but

A 영어는 우리말로, 우리말은 영어로 쓰시오.

1 flavor		16 조상, 선조	
2 childhood		17 후회(하다)	
3 attention		18 둘 다(의)	
4 scenery		19 위치	
5 advice		20 역할	
6 pleased		21 표현하다	
7 eyebrow		22 회복하다	
8 author		23 (총을) 쏘다	
9 sweat		24 장치, 기구	
10 architect		25 구부리다	
11 mention		26 아주 새로운	
12 expense		27 누르다; 언론	
13 lawn		28 지불하다	
14 clerk		29 공통의, 흔한	
15 information		30 고마워하는	

B 의미가 통하도록 연결한 후 우리말 뜻을 쓰시오.

1 a famous • • ⓐ common

2 have in • • ⓑ expenses

3 hire • • ⓒ author

4 save • • ⓓ a clerk

C 주어진 철자로 시작하는 영단어를 쓰시오.

1 get better = r ☐☐☐☐☐☐

2 thankful = g ☐☐☐☐☐☐☐

3 p ☐☐☐☐ the button : 버튼을 누르다

4 l ☐☐☐ : a part of a garden covered with short grass

5 follow his a ☐☐☐☐☐ : 그의 충고를 따르다

□□ **tease**
[tiːz]

동 놀리다, 괴롭히다
You should not tease your pet. 애완동물을 괴롭히면 안 된다.

□□ **communicate**
[kəmjúːnəkèit]

동 의사소통하다, 연락하다
She helps people to communicate with others.
그녀는 사람들이 다른 사람들과 의사소통하는 것을 도와준다.

□□ **judge**
[dʒʌdʒ]

명 판사 동 판단하다, 재판하다
The judge understood the situation. 그 판사는 상황을 이해했다.

□□ **strike**
[straik]

동 치다, 때리다 (-struck-struck)
John struck a ball with a bat. John은 배트로 공을 쳤다.

□□ **tend**
[tend]

동 ~하는 경향이 있다
Women tend to live longer than men.
여성이 남성보다 더 오래 사는 경향이 있다.

□□ **aisle**
[ail]

명 통로, 복도 ⊕ an aisle seat (비행기의) 통로 쪽 좌석
A boy is standing in the aisle. 한 소년이 통로에 서 있다.

)II▷ Voca Plus

비행기나 기차 좌석에서 창가 쪽 좌석과 통로 쪽 좌석이 있는데요.
창가 쪽 좌석을 a window seat, 통로 쪽 좌석을 an aisle seat라고 해요.
I'd like a window seat, please. (창가 쪽 좌석으로 주세요.)

□□ **galaxy**
[ɡǽləksi]

명 은하, 은하계
There are billions of galaxies in the universe.
우주에는 수십억 개의 은하계가 있다.

□□ **area**
[ɛ́əriə]

명 지역, 구역
The climate in this area is generally warm.
이 지역의 날씨는 대체로 따뜻하다.

□□ **character** [kǽriktər]
[명] **성격, 특징; 등장인물** ⊕ characteristic [형] 독특한
Many people love the main **character**.
많은 사람들이 그 주인공을 좋아한다.

□□ **recommend** [rèkəménd]
[동] **추천하다, 권하다**
I have a good movie to **recommend**.
나에게 추천할 좋은 영화가 있다.

□□ **survive** [sərváiv]
[동] **살아남다, 생존하다** ⊕ survival [명] 생존
It is difficult to **survive** in the desert.
사막에서 생존하는 것은 어렵다.

□□ **knowledge** [nálidʒ]
[명] **지식** ⊕ a wide knowledge 해박한 지식
She has a wide **knowledge** of music.
그녀는 음악에 대한 해박한 지식을 갖고 있다.

□□ **offend** [əfénd]
[동] **위반하다, 어기다**
If you **offend** against the law, you will be punished.
너는 법을 어기면 처벌을 받을 것이다.

□□ **sculpture** [skʌ́lptʃər]
[명] **조각, 조각품**
There are lots of **sculptures** in the gallery.
그 미술관에는 많은 조각 작품들이 있다.

□□ **male** [meil]
[명] **남성** [형] **남성의, 수컷의**(↔ female 여성(의))
The average life span of Korean **males** is 79 years.
한국 남성의 평균 수명은 79세이다.

□□ **lawyer** [lɔ́:jər]
[명] **변호사**
The **lawyer** gave him some advice.
그 변호사는 그에게 몇 가지 조언을 해 주었다.

□□ **breeze**
[bri:z]

명 산들바람, 미풍

The pine trees are moving in the breeze.

소나무들이 산들바람에 흔들리고 있다.

□□ **appreciate**
[əprí:ʃièit]

동 진가를 알아보다, 감사하다

I really appreciate your advice. 충고 정말 감사드립니다.

□□ **career**
[kəríər]

명 직업, 경력

I have never thought about my future career.

나는 나의 미래 직업에 대해 생각해 본 적이 없다.

□□ **suggest**
[səgdʒést]

동 제안하다, 권하다 ⊕ suggestion 명 제안

I suggest you take some rest. 나는 네가 좀 쉴 것을 권한다.

□□ **dust**
[dʌst]

명 먼지

The toy dog is covered with dust.

장난감 강아지가 먼지로 덮여 있다.

□□ **garbage**
[gáːrbidʒ]

명 쓰레기

We're picking up the garbage on the street.

우리는 길에서 쓰레기를 줍고 있다.

>))) Voca Plus

garbage와 trash는 둘 다 쓰레기를 뜻해요. 가정에서 나오는 쓰레기 중, garbage는 음식물 찌꺼기나 물기 있는 쓰레기를, 반면에 trash는 종이나 판지 등과 같은 물기 없는 쓰레기를 말한답니다.

□□ **elbow**
[élbou]

명 팔꿈치

He hit his elbow against the door. 그는 문에 팔꿈치를 부딪쳤다.

□□ **emergency**
[imə́ːrdʒənsi]

명 비상(사태), 위급 ⊕ an emergency room 응급실

Where is the emergency exit in the hospital?

병원의 비상 출구는 어디입니까?

☐☐ **elect**
[ilékt]

⟮동⟯ **선출하다, 선거하다** ⊕ election ⟮명⟯ 선거
They elected Matt the class president.
그들은 Matt을 학급 회장으로 선출했다.

☐☐ **regular**
[régjulər]

⟮형⟯ **규칙적인, 정기적인** ⊕ regularly ⟮부⟯ 규칙적으로
If you get regular exercise, you'll become healthy.
규칙적인 운동을 하면 건강해질 것이다.

☐☐ **crowd**
[kraud]

⟮명⟯ **군중** ⟮동⟯ **붐비다** ⊕ crowded ⟮형⟯ 붐비는
He was welcomed by a crowd. 그는 군중에게 환영받았다.

☐☐ **orchestra**
[ɔ́ːrkəstrə]

⟮명⟯ **관현악단, 오케스트라**
I will play the cello in the school orchestra.
나는 학교 관현악단에서 첼로를 연주할 것이다.

☐☐ **detective**
[ditéktiv]

⟮명⟯ **형사, 탐정**
I will become a detective like Conan Doyle.
나는 Conan Doyle과 같은 탐정이 될 것이다.

☐☐ **realize**
[ríːəlàiz]

⟮동⟯ **깨닫다, 알아차리다**
I realized I was on the wrong road.
나는 길을 잘못 들어섰다는 것을 깨달았다.

Today's Grammar 04　　미래를 나타내는 will

will은 미래를 나타내는 조동사로 뒤에 동사원형이 온다. (=be going to)

will＋동사원형	will not[won't]＋동사원형	Will＋주어＋동사원형 ～?
～할 것이다	～하지 않을 것이다	～할 거니?

• He will not[won't] eat junk food. (그는 정크푸드를 먹지 않을 것이다.)

Mini Check! 우리말에 맞게 문장 완성하기

• Amy는 내일 영화를 보러 갈 것이다. (go)

→ Amy ＿＿＿＿＿＿＿＿ to the movies.　　　　　　Answer　will go

A 영어는 우리말로, 우리말은 영어로 쓰시오.

1 knowledge

2 lawyer

3 career

4 detective

5 crowd

6 emergency

7 strike

8 breeze

9 garbage

10 tease

11 recommend

12 aisle

13 elbow

14 area

15 galaxy

16 살아남다

17 진가를 알아보다

18 관현악단

19 남성(의)

20 성격, 특징

21 위반하다

22 깨닫다

23 ~하는 경향이 있다

24 판사; 판단하다

25 선출하다

26 규칙적인

27 제안하다

28 먼지

29 조각, 조각품

30 의사소통하다

B 의미가 통하도록 연결한 후 우리말 뜻을 쓰시오.

1 a fresh ·   · ⓐ room

2 tease ·   · ⓑ animals

3 an emergency ·   · ⓒ breeze

4 recommend ·   · ⓓ the movie

C 주어진 철자로 시작하는 영단어를 쓰시오.

1 an a☐☐☐☐ seat : 통로 쪽 좌석

2 male ↔ f☐☐☐☐☐

3 r☐☐☐☐☐☐ exercise : 규칙적인 운동

4 a d☐☐☐☐☐☐☐☐ movie : 탐정 영화

5 g☐☐☐☐☐ : an extremely large group of stars

☐☐ **length**
[leŋkθ]

명 **길이** ⊕ long 형 긴

The two ribbons are equal in length. 그 두 리본은 길이가 같다.

☐☐ **record**
동[rikɔ́:rd]
명[rékərd]

동 **기록하다, 녹음하다** 명 **녹음, 음반**

Read out a book and record it.

책을 소리 내어 읽으면서 그것을 녹음하라.

☐☐ **terrific**
[tərífik]

형 **아주 좋은, 멋진**

We had a terrific time at the party.

우리는 파티에서 멋진 시간을 보냈다.

☐☐ **awkward**
[ɔ́:kwərd]

형 **어색한, 서투른**

The handle's a very awkward shape. 손잡이 모양이 아주 어색하다.

☐☐ **proverb**
[právə:rb]

명 **속담, 격언**

'The early bird catches the worm' is a famous proverb.

'일찍 일어나는 새가 벌레를 잡는다'는 유명한 속담이다.

))) Voca Plus

• Look before you leap. (돌다리도 두드려보고 건너라.)
• A friend in need is a friend indeed. (어려울 때 친구가 진짜 친구다.)
• Two heads are better than one. (백지장도 맞들면 낫다.)

☐☐ **justice**
[dʒʌ́stis]

명 **정의, 공평**

He sacrificed his life for justice. 그는 정의를 위해 일생을 바쳤다.

☐☐ **annoying**
[ənɔ́iiŋ]

형 **귀찮은, 짜증나게 하는** ⊕ annoy 동 짜증나게 하다

The noise is annoying me. 그 소음이 나를 짜증나게 한다.

☐☐ **global**
[glóubəl]

형 **세계의, 지구의** ⊕ the globe 지구 ⊕ global warming 지구 온난화

We live in a global village. 우리는 지구촌에 살고 있다.

□□ **sacrifice** [sǽkrəfàis]
[동] **희생하다, 바치다** [명] **희생**
The soldier sacrificed his life for his country.
그 군인은 나라를 위해 그의 삶을 희생했다.

□□ **tribe** [traib]
[명] **부족, 종족**
They no longer existed as a tribe in the area.
그들은 더 이상 그 지역의 종족으로 존재하지 않았다.

□□ **perform** [pərfɔ́ːrm]
[동] **수행하다, 공연하다** ⊕ performance [명] 공연
They began to perform on the stage.
그들은 무대에서 공연하기 시작했다.

□□ **nutrient** [njúːtriənt]
[명] **영양소, 영양분** ⊕ nutrition [명] 영양
You need to provide enough nutrients for your brain.
너는 뇌를 위해 충분한 영양분을 공급할 필요가 있다.

□□ **connect** [kənékt]
[동] **연결하다, 접속하다** ⊕ connection [명] 연결
The computer is connected to the printer.
그 컴퓨터는 프린터와 연결되어 있다.

□□ **promise** [prámis]
[동] **약속하다** [명] **약속** ⊕ keep one's promise 약속을 지키다
You promised to rent your bike to me.
너는 나에게 자전거를 빌려주기로 약속했다.

□□ **smoke** [smouk]
[명] **연기**
The smoke from the fire made me cough.
화재로 인한 연기는 내가 기침을 하게 만들었다.

□□ **option** [ápʃən]
[명] **선택, 선택권** ⊕ have an option 선택권이 있다
The menu includes various options.
그 메뉴는 다양한 선택 사항들을 포함한다.

☐☐ **rumor**
[rú:mər]

명 소문, 유언비어

Don't spread **rumors** about other people.
다른 사람들에 대한 소문을 퍼뜨리지 마라.

☐☐ **housework**
[háuswə:rk]

명 집안일, 가사

My family always does the **housework** together.
우리 가족은 항상 집안일을 함께 한다.

☐☐ **hide**
[haid]

동 숨다, 숨기다 (-hid-hid)

My brother used to **hide** under the bed.
내 남동생은 침대 아래에 숨곤 했다.

☐☐ **president**
[prézədənt]

명 대통령, 회장

He was one of the greatest **presidents** in Korean history.
그는 한국 역사상 가장 훌륭한 대통령 중 한 사람이었다.

☐☐ **advance**
[ædvǽns]

동 전진하다, 진보하다 명 진보 ⊕ in advance 미리

The police **advanced** across the square.
경찰이 광장을 가로질러 전진했다.

☐☐ **source**
[sɔ:rs]

명 출처, 원천, 근원

The book provides the **source** of information.
그 책은 정보의 출처를 제공한다.

☐☐ **gentle**
[dʒéntl]

형 상냥한, 부드러운

She seems strong, but she has a **gentle** side.
그녀는 강해 보이지만, 부드러운 측면도 갖고 있다.

☐☐ **announce**
[ənáuns]

동 알리다, 발표하다 *cf.* announcer 명 아나운서

They **announced** the results of the poll.
그들은 여론 조사 결과를 발표했다.

---

	fake	휑 가짜의, 위조의 명 위조품
[feik]	He is going to make **fake** money.
	그는 위조 지폐를 만들 계획이다.

| | **intelligent** | 휑 총명한, 똑똑한 ⊕ intelligence 명 지능 |
| [intélədʒənt] | He is a very **intelligent** child. 그는 매우 똑똑한 아이다. |

	force	명 힘, 폭력
[fɔːrs]	The **force** of the wind pulled up some trees.
	바람의 힘이 몇몇 나무들을 뿌리째 뽑아버렸다.

| | **symbol** | 명 상징, 상징물 |
| [símbəl] | Elephants are the **symbol** of Thailand. 코끼리는 태국의 상징이다. |

	growl	동 으르렁거리다
[graul]	My dog **growled** at my friends.
	나의 개가 내 친구들에게 으르렁거렸다.

| | **persuade** | 동 설득하다, 납득시키다 |
| [pərswéid] | They **persuaded** him to leave. 그들은 그에게 떠날 것을 설득했다. |

Today's Grammar 05   미래를 나타내는 be going to

be going to는 미래의 계획을 나타내며 뒤에 동사원형이 온다. (= will)

be going to	be not going to	Be + 주어 + going to ~?
~할 것이다	~하지 않을 것이다	~할 계획이니?

• He is going to make fake money. (그는 위조지폐를 만들 계획이다.)
• I am not going to take a taxi. (나는 택시를 타지 않을 것이다.)

Mini Check!   우리말에 맞게 문장 완성하기
• 그녀는 다음 달에 요가를 배울 계획이다. (learn)
  → She _____ yoga next month.   Answer is going to learn

A 영어는 우리말로, 우리말은 영어로 쓰시오.

1 hide	16 소문, 유언비어
2 president	17 연결[접속]하다
3 force	18 수행[공연]하다
4 gentle	19 설득하다
5 proverb	20 총명한, 똑똑한
6 option	21 전진[진보]하다
7 length	22 기록[녹음]하다
8 source	23 짜증나게 하는
9 housework	24 알리다, 발표하다
10 terrific	25 가짜의, 위조의
11 symbol	26 어색한, 서투른
12 global	27 으르렁거리다
13 nutrient	28 약속(하다)
14 smoke	29 희생하다
15 tribe	30 정의, 공평

B 의미가 통하도록 연결한 후 우리말 뜻을 쓰시오.

1 have   •   • ⓐ warming

2 global   •   • ⓑ proverb

3 a famous •   • ⓒ behind the tree

4 hide   •   • ⓓ an option

C 주어진 철자로 시작하는 영단어를 쓰시오.

1 long의 명사형 : l☐☐☐☐☐

2 keep one's p☐☐☐☐☐☐ : 약속을 지키다

3 in a☐☐☐☐☐☐ : 미리

4 spread a r☐☐☐☐ : 소문을 퍼뜨리다

5 h☐☐☐☐☐☐☐☐ : the work of keeping a house clean

☐☐ **guide**
[gaid]

동 안내하다 명 안내자, 가이드

The exit sign guides us to a safe place.
비상구 표시는 우리를 안전한 장소로 안내한다.

☐☐ **include**
[inklúːd]

동 포함하다

The waiter included service in the bill.
웨이터는 청구서에 봉사료를 포함시켰다.

☐☐ **blood**
[blʌd]

명 피, 혈액   ⊕ bleed 동 피를 흘리다

He's going to donate blood today.
그는 오늘 헌혈할 것이다.

☐☐ **strict**
[strikt]

형 엄격한, 엄한

They are very strict with their children.
그들은 그들의 자녀들에게 매우 엄격하다.

☐☐ **rude**
[ruːd]

형 무례한, 버릇없는(↔ polite 예의 바른)

It is rude to come to the table with dirty hands.
더러운 손으로 식탁에 오는 것은 무례한 일이다.

☐☐ **support**
[səpɔ́ːrt]

동 지지하다, 부양하다 명 지지, 지원

I have a duty to support my family.
나는 나의 가족을 부양할 의무가 있다.

☐☐ **baggage**
[bǽgidʒ]

명 수하물, 여행 짐

How much baggage do you have?
수하물이 얼마나 되시나요?

☐☐ **pillow**
[pílou]

명 베개

The girl is holding a pillow.
그 소녀는 베개를 들고 있다.

☐☐ **celebrate**
[séləbrèit]

동 **축하하다, 기념하다** ⊕ celebration 명 축하
We **celebrated** Grandma's 80th birthday.
우리는 할머니의 80세 생신을 축하드렸다.

☐☐ **encourage**
[inkə́:ridʒ]

동 **격려하다, 용기를 북돋우다**
She **encouraged** me to enter the piano contest.
그녀는 내가 피아노 경연대회에 참가하도록 격려해 주었다.

☐☐ **wound**
[wu:nd]

동 **상처를 입히다** 명 **상처, 부상**
⊕ wounded people 부상자들
The player was **wounded** in his left arm.
그 선수는 왼쪽 팔에 부상을 당했다.

☐☐ **obey**
[oubéi]

동 **복종하다, 따르다**(↔ disobey 따르지 않다)
Every student must **obey** the school rules.
모든 학생은 학교 규칙을 따라야 한다.

☐☐ **disabled**
[diséibld]

형 **장애가 있는**
Many dogs are trained to help the **disabled**.
많은 개들이 장애인들을 돕도록 훈련 받는다.

☐☐ **puzzled**
[pʌ́zld]

형 **당혹스러운, 어리둥절한** ⊕ puzzle 동 당황하게 하다
The actor looked **puzzled** at the question.
그 배우는 그 질문에 당혹스러워 보였다.

☐☐ **departure**
[dipá:rtʃər]

명 **출발**(↔ arrival 도착) ⊕ depart 동 떠나다
I delayed my **departure** because of headache.
두통 때문에 나는 출발을 연기했다.

☐☐ **survey**
명 [sə́:rvei]
동 [sərvéi]

명 **설문 조사** 동 **조사하다**
According to a **survey**, Koreans like camping.
설문 조사에 따르면, 한국 사람들은 캠핑을 좋아한다.

	thunder	몡 천둥, 우레
	[θʌ́ndər]	The storm approached with **thunder** and lightning. 폭풍이 천둥 번개와 함께 다가왔다.

	costume	몡 의상, 복장, 옷차림
	[kɑ́stjuːm]	I like to wear this **costume**. 나는 이 의상 입는 것을 좋아한다.

	avoid	동 피하다, 막다
	[əvɔ́id]	He left to **avoid** the traffic jams. 그는 교통체증을 피하기 위해 떠났다.

	space	몡 우주, 공간
	[speis]	There is no air in **space**. 우주에는 공기가 없다.

	command	몡 명령(= order) 동 명령하다
	[kəmǽnd]	Don't start until I give the **command**. 내가 명령할 때까지 출발하지 마라.

	function	몡 기능 동 기능하다, 작용하다
	[fʌ́kʃən]	What's the **function** of that red switch? 저 빨간색 스위치의 기능은 무엇이니?

	thumb	몡 엄지손가락 ⊕ all thumbs 재주가 없는
	[θʌm]	The baby was sucking its **thumb**. 그 아기는 엄지손가락을 빨고 있었다.

>))) **Voca Plus**

다섯 손가락을 나타내는 말
- 엄지손가락: thumb　　• 검지, 집게손가락: forefinger, index finger
- 중지, 가운뎃손가락: middle[long] finger　　• 약지: ring finger　　• 새끼손가락: little finger

	breathe	동 숨을 쉬다, 호흡하다 ⊕ breath 몡 숨, 호흡
	[briːð]	You can **breathe** fresh air in the forest. 너는 숲에서 신선한 공기를 마실 수 있다.

Day 06

□□ **surprised** [sərpráizd]

[형] **놀란** ⊕ surprise [동] 놀라게 하다 *cf.* surprising [형] 놀라게 하는

She was **surprised** to see her former boyfriend at the party.

그녀는 파티에서 그녀의 전 남자친구를 보고 놀랐다.

□□ **embarrassed** [imbǽrəst]

[형] **당황스러운** ⊕ embarrass [동] 당황하게 만들다

The students seemed **embarrassed** at first.

학생들은 처음에 당황한 것처럼 보였다.

□□ **excited** [iksáitid]

[형] **흥분한, 신이 난** ⊕ excite [동] 흥분시키다

We were so **excited** since our team won the game.

우리는 우리 팀이 경기에서 이겼기 때문에 매우 신이 났다.

□□ **interested** [íntərəstid]

[형] **관심 있는, 흥미 있는** *cf.* interesting [형] 놀라게 하는

⊕ interest [동] 흥미를 느끼다 [명] 흥미 ⊕ be interested in ~에 관심 있다

She is **interested** in cooking. 그녀는 요리에 관심 있다.

□□ **trend** [trend]

[명] **동향, 추세, 유행**

This jacket is in **trend** these days. 이 재킷이 요즘 유행하고 있다.

□□ **advantage** [ædvǽntidʒ]

[명] **이점, 장점**(=benefit, ↔ disadvantage 결점)

The car has many **advantages**. 그 차는 많은 장점이 있다.

Today's Grammar 06 감정을 나타내는 분사

과거분사형 형용사는 주로 주어가 사람일 때 사용되고, 현재분사형 형용사는 주로 주어가 사물일 때 사용된다.

- tired 피곤한 – tiring 피곤하게 하는
- bored 지루한 – boring 지루하게 하는
- touched 감동받은 – touching 감동시키는
- excited 흥분한 – exciting 흥미진진한

Mini Check! **괄호 안에서 알맞은 것 고르기**

(1) The game was very (exciting / excited). (그 게임은 매우 흥미진진했다.)

(2) She was (tiring / tired) yesterday. (그녀는 어제 피곤했다.)

Answer (1) exciting (2) tired

정답 p.292

A 영어는 우리말로, 우리말은 영어로 쓰시오.

1 departure		16 수하물	
2 thunder		17 안내자, 가이드	
3 advantage		18 기능(하다)	
4 obey		19 피하다, 막다	
5 command		20. 축하[기념]하다	
6 pillow		21 무례한	
7 thumb		22 흥분한, 신이 난	
8 embarrassed		23 격려하다	
9 surprised		24 의상, 복장	
10 strict		25 관심 있는	
11 breathe		26 설문 조사	
12 blood		27 동향, 추세	
13 space		28 당혹스러운	
14 disabled		29 지지[부양]하다	
15 include		30 상처를 입히다	

B 의미가 통하도록 연결한 후 우리말 뜻을 쓰시오.

1 donate · · ⓐ graduation

2 obey · · ⓑ blood

3 thunder · · ⓒ and lightning

4 celebrate · · ⓓ the law

C 주어진 철자로 시작하는 영단어를 쓰시오.

1 t□□□□ : the short and thick finger

2 arrival ↔ d□□□□□□□□

3 order = c□□□□□□

4 d□□□□□□□ : not able to use part of your body

5 polite ↔ r□□□

Day 07

발음 듣기

□□ **bathe** [beið]
[동] **목욕시키다, 씻다** ⊕ bath [명] 목욕
It isn't easy to **bathe** a big dog. 큰 개를 목욕시키는 것은 쉽지 않다.

□□ **distant** [dístənt]
[형] **먼**(↔ close 가까운) ⊕ distance [명] 거리
She's a very **distant** relative. 그녀는 매우 먼 친척이다.

□□ **freeze** [fri:z]
[동] **얼다, 얼리다, 몹시 춥다**(-froze-frozen)
Water **freezes** at 0℃. 물은 섭씨 0도에서 언다.

□□ **public** [pʌ́blik]
[형] **공공의, 대중의**
A library is a **public** place. 도서관은 공공장소이다.

□□ **rectangle** [réktæŋgl]
[명] **직사각형** *cf.* square [명] 정사각형
She folded her letter into a **rectangle**.
그녀는 편지를 직사각형으로 접었다.

□□ **angle** [ǽŋgl]
[명] **각도, 각** ⊕ measure the angle 각도를 재다
The corner of a square is a right **angle**.
정사각형의 모서리는 직각이다.

Voca Plus

수학에서 사용하는 다양한 각도 표현
- a right angle: 직각
- an acute angle: 예각
- a base angle: 밑각
- a 45 degree angle: 45도 각도
- an obtuse angle: 둔각

□□ **shake** [ʃeik]
[동] **흔들리다, 흔들다**(-shook-shaken) ⊕ shake hands 악수하다
The ground started to **shake**. 땅이 흔들리기 시작했다.

□□ **cartoon** [ka:rtú:n]
[명] **만화, 만화영화**
I'm not good at drawing **cartoons**. 나는 만화를 잘 그리지 못한다.

□□	**resemble** [rizémbl]	동 ~을 닮다, ~와 비슷하다 Lucas **resembles** his mom more than his dad. Lucas는 그의 아빠보다 엄마를 더 닮았다.	

□□	**pile** [pail]	명 쌓아 놓은 것, 더미 She was carrying a big **pile** of sandwiches. 그녀는 큰 샌드위치 더미를 나르고 있었다.

□□	**principal** [prínsəpəl]	명 (단체의) 장, 교장, 회장 The **principal**'s office is at the end of the hall. 교장실은 복도 끝에 있다.

□□	**necessary** [nésəsèri]	형 필요한, 필수적인　⊕ necessity 명 필요(성) Some teachers believe homework is **necessary**. 어떤 선생님들은 숙제가 필요하다고 생각한다.

□□	**fame** [feim]	명 명성　⊕ famous 형 유명한 Steven Spielberg gained great **fame** as a director. 스티븐 스필버그는 감독으로서 대단한 명성을 얻었다.

□□	**scene** [si:n]	명 장면, 현장 The movie is full of **scenes** showing the beauty of Korea. 그 영화는 한국의 아름다움을 보여주는 장면들로 가득 차 있다.

□□	**laundry** [lɔ́:ndri]	명 세탁, 세탁물　⊕ do the laundry 세탁하다 There was a pile of dirty **laundry** on the sofa. 소파 위에 더러운 세탁물 한 더미가 있었다.

□□	**humid** [hjú:mid]	형 (날씨가) 습한(=wet, ↔ dry 건조한)　⊕ humidity 명 습도 Japan is very hot and **humid** in summer. 일본은 여름에 매우 덥고 습하다.

□□ **fold**
[fould]

ⓢ **접다, 개다**

Fold the card in half along the dotted line.
점선을 따라 카드를 반으로 접으시오.

□□ **language**
[læŋgwidʒ]

ⓜ **언어**   ⊕ sign language 수화

It's important to learn a foreign language.
외국어를 배우는 것은 중요하다.

□□ **national**
[næʃənl]

ⓗ **국가의, 전국적인**   ⊕ nation ⓜ 국가   ⊕ national holiday 국경일

We need to protect our national culture.
우리는 우리의 국가 문화를 보호해야 한다.

□□ **avenue**
[ǽvənjùː]

ⓜ **거리** (= street)

The famous bakery is on 1st Avenue.
그 유명한 제과점은 1번가에 있다.

□□ **wage**
[weidʒ]

ⓜ **임금, 급료**

The company pays quite good wages.
그 회사는 꽤 괜찮은 임금을 지급한다.

□□ **value**
[vǽljuː]

ⓜ **가치**   ⊕ valuable ⓗ 귀중한, 가치 있는

They didn't know the value of the picture.
그들은 그 그림의 가치를 알지 못했다.

□□ **behave**
[bihéiv]

ⓢ **행동하다**   ⊕ behavior ⓜ 행동

You try to be polite and behave nicely.
공손하고 친절하게 행동하도록 노력해야 한다.

□□ **shocked**
[ʃakid]

ⓗ **충격을 받은**   ⊕ shock ⓜ 충격 ⓢ 충격을 주다

She was shocked by her father's death.
그녀는 그녀의 아버지의 죽음으로 충격을 받았다.

☐☐ **peel**	동 껍질을 벗기다	
[pi:l]	She **peeled** some potatoes. 그녀는 감자 껍질을 벗겼다.	

☐☐ **soil**	명 토양, 흙	
[sɔil]	This **soil** is too poor to grow fruit trees.	
	이 토양은 너무 척박해서 과일 나무를 재배할 수 없다.	

☐☐ **protect**	동 보호하다, 지키다　⊕ protective 형 보호하는	
[prətékt]	Unless we **protect** trees, birds will lose their homes.	
	우리가 나무를 보호하지 않으면, 새들이 둥지를 잃을 것이다.	

☐☐ **fire**	명 불, 화재　동 해고하다	
[fáiər]	Many books were burned in the **fire**.	
	많은 책들이 불 속에서 타버렸다.	

☐☐ **succeed**	동 성공하다　⊕ success 명 성공	
[səksí:d]	If you are diligent, you will **succeed**. 부지런하면 성공할 것이다.	

☐☐ **honor**	명 명예, 영예	
[ánər]	It's an **honor** for me to be invited here today.	
	오늘 이 자리에 초대되어 영광입니다.	

Today's Grammar 07　　　　부사절을 이끄는 접속사 – 조건

조건을 나타내는 접속사에는 if, unless가 있다.

if + 주어 + 동사	만약 ~ 한다면
unless + 주어 + 동사	만약 ~하지 않는다면 (= if + 주어 + 동사 + not)

Mini Check!　괄호 안에서 알맞은 것 고르기

(1) (If / Unless) you feel thirsty, drink some water.
　　(만약 네가 목이 마르면, 약간의 물을 마셔라.)

(2) (If / Unless) it rains, we will go hiking tomorrow.
　　(만약 비가 오지 않으면, 우리는 내일 하이킹을 갈 것이다.)　　**Answer** (1) If (2) Unless

정답 p.292

A 영어는 우리말로, 우리말은 영어로 쓰시오.

1 fold	16 국가의
2 fame	17 (날씨가) 습한
3 angle	18 불, 화재
4 peel	19 직사각형
5 succeed	20 얼다, 얼리다
6 wage	21 ~을 닮다
7 avenue	22 충격을 받은
8 honor	23 목욕시키다
9 distant	24 행동하다
10 public	25 필요한
11 scene	26 보호하다
12 language	27 교장, 회장
13 soil	28 만화(영화)
14 laundry	29 쌓아 놓은 것
15 value	30 흔들리다

B 의미가 통하도록 연결한 후 우리말 뜻을 쓰시오.

1 shake • • ⓐ holiday

2 protect • • ⓑ my mother

3 national • • ⓒ the Earth

4 resemble • • ⓓ hands

C 주어진 철자로 시작하는 영단어를 쓰시오.

1 l□□□□□□ : clothes that need to be washed

2 street = a□□□□□

3 sign l□□□□□□□ : 수화

4 close ↔ d□□□□□□

5 a h□□□□ climate : 습한 기후

☐☐ **circulate**
[sə́ːrkjulèit]

ⓢ **순환하다, 돌다** ◈ circulation ⓜ 순환

Blood circulates through the body. 혈액은 체내를 순환한다.

☐☐ **statue**
[stǽtʃuː]

ⓜ **조각상**

The statue is a symbol of freedom. 그 조각상은 자유의 상징이다.

☐☐ **measure**
[méʒər]

ⓢ **측정하다, 재다** ⓜ **조치**

Measure the length of the table. 탁자의 길이를 재라.

☐☐ **return**
[ritə́ːrn]

ⓢ **돌려주다** ⓜ **반환** ◈ in return 보답으로

You have to return my book. 너는 내 책을 돌려주어야 해.

☐☐ **fortune**
[fɔ́ːrtʃən]

ⓜ **운, 행운**(=luck) ◈ fortunate ⓔ 운 좋은

Chinese people think that red brings fortune.
중국 사람들은 빨간색이 행운을 가져다준다고 생각한다.

》❙❙❙◑ Voca Plus

중국의 행운의 색이 빨간색이라면 행운의 숫자는 8이라고 합니다. 그래서 중국에서는 888ml라는 독특한 용량의 음료가 판매된다고 해요. 반면 흰색은 죽음의 색이라고 하여 부정적으로 여기고 우리나라와 마찬가지로 4를 불운의 숫자로 여긴답니다.

☐☐ **welfare**
[wélfɛər]

ⓜ **복지, 후생**

Denmark has a good welfare system.
덴마크는 좋은 복지 체계를 갖고 있다.

☐☐ **focus**
[fóukəs]

ⓢ **집중하다** ⓜ **초점**

She focused on taking pictures. 그녀는 사진 찍는 데 집중했다.

☐☐ **swallow**
[swálou]

ⓢ **삼키다** ⓜ **제비**

The lion swallowed its prey whole.
그 사자는 먹이를 통째로 삼켰다.

Day 08

□□ **guess** [ges]
[동] **추측하다, 알아맞히다**
Look at the sky at night, and you can **guess** tomorrow's weather. 밤에 하늘을 보라. 그러면 내일의 날씨를 추측할 수 있다.

□□ **impression** [impréʃən]
[명] **인상, 감명** ⊕ impress [동] 감명을 주다
Blue walls create an **impression** of coldness.
파란색 벽은 차가운 인상을 만들어낸다.

□□ **harmony** [hάːrməni]
[명] **조화** ⊕ in harmony with ~와 조화를 이루어
They are not perfect, but they have great **harmony**.
그들은 완벽하지는 않지만, 대단한 조화를 이룬다.

□□ **crazy** [kréizi]
[형] **미친, 열광적인** ⊕ crazy about ~에 (푹) 빠져 있는
My brother is **crazy** about smartphone.
내 남동생은 스마트폰에 빠져 있다.

□□ **furniture** [fə́ːrnitʃər]
[명] **가구** ⊕ a piece of furniture 가구 한 점
People cut down trees to make **furniture**.
사람들은 가구를 만들기 위해 나무를 벤다.

□□ **pollute** [pəlúːt]
[동] **오염시키다** ⊕ pollution [명] 오염
They **polluted** both the air and the water.
그들은 대기와 물 둘 다 오염시켰다.

□□ **suppose** [səpóuz]
[동] **가정하다, 상상하다** ⊕ be supposed to ~하기로 되어 있다
You're **supposed** to take out the trash today.
네가 오늘 쓰레기를 버리기로 되어 있어.

□□ **polar** [póulər]
[형] **극지방의, 북극[남극]의**
The **polar** climate is the coldest climate region.
극지방의 기후는 가장 추운 기후대이다.

□□	**refuse**	图 **거절하다, 거부하다** ⊕ refusal 图 거절
	[rifjú:z]	I was **refused** admission to the gallery.
		나는 미술관 입장을 거부당했다.

□□	**bottom**	图 **맨 아래, 밑바닥**(↔ top 꼭대기, 맨 위)
	[bátəm]	There are small holes in the **bottom** of the bucket.
		양동이의 밑바닥에 작은 구멍들이 있다.

□□	**chore**	图 **허드렛일** ⊕ household chore 집안일
	[tʃɔːr]	He does some **chores** to get some money.
		그는 돈을 벌기 위해 허드렛일을 한다.

□□	**candidate**	图 **지원자, 후보자** ⊕ a presidential candidate 대통령 후보자
	[kǽndidèit]	**Candidates** took the exam for three hours.
		지원자들은 3시간 동안 시험을 봤다.

□□	**create**	图 **창조하다** ⊕ creative 图 창조적인
	[kriéit]	King Sejong **created** *hanguel* in the 15th century.
		세종대왕은 한글을 15세기에 창조하셨다.

□□	**besides**	图 **~ 외에는** 图 **게다가**
	[bisáidz]	No one can enter the room **besides** him.
		그 외에는 아무도 그 방에 들어갈 수 없다.

□□	**passion**	图 **열정** ⊕ passionate 图 열정적인
	[pǽʃən]	⊕ have a passion for ~에 대한 열정을 지니다
		Laura has a **passion** for acting.
		Laura는 연기에 대한 열정을 갖고 있다.

□□	**save**	图 **모으다; 절약하다; 구하다** 图 금고
	[seiv]	I'm **saving** my allowance to buy a tablet computer.
		나는 태블릿 컴퓨터를 구입하기 위해 용돈을 모으고 있다.

Day 08

□□ **extend** [ikstέnd]

[동] **넓히다, 연장하다** ⊕ extend one's life span 수명을 연장하다

We're planning to extend our garden.

우리는 정원을 넓힐 계획이다.

□□ **envy** [énvi]

[동] **부러워하다** [명] **부러움** ⊕ envious [형] 부러워하는

I don't envy her new car. 나는 그녀의 새 차를 부러워하지 않는다.

□□ **receive** [risíːv]

[동] **받다, 수용하다**

I receive my allowance every month. 나는 매달 용돈을 받는다.

□□ **relieve** [rilíːv]

[동] **안심시키다, 덜어주다** ⊕ relief [명] 안도, 안심

When he came back with a flashlight, I was relieved.

그가 손전등을 갖고 돌아왔을 때, 나는 안심이 되었다.

□□ **process** [prɑ́ses]

[명] **과정, 절차**

After the hard process, we can get good paper.

어려운 절차를 거친 후에, 우리는 좋은 종이를 얻을 수 있다.

□□ **machine** [məʃíːn]

[명] **기계** ⊕ start[stop] a machine 기계를 작동시키다[멈추다]

He pressed the button to start the machine.

그는 그 기계를 작동시키기 위해 버튼을 눌렀다.

Today's Grammar 08 부사절을 이끄는 접속사 - 시간

시간을 나타내는 접속사에는 when, while, until 등이 있다.

when: ~할 때	while: ~하는 동안	until: ~할 때까지
after: ~한 후에	before: ~하기 전에	since: ~한 이래로

- When I'm tired, I go to bed early. (나는 피곤할 때 일찍 잠자리에 든다.)
- While you are shopping, I'll wait here. (네가 쇼핑하는 동안 여기에서 기다릴게.)

Mini Check! **우리말에 맞게 문장 완성하기**

- 어두워지기 전에 우리는 출발해야 한다.

→ ________ it gets dark, we have to leave.

Answer Before

정답 p.292

A 영어는 우리말로, 우리말은 영어로 쓰시오.

1 harmony		16 극지방의	
2 create		17 부러워하다	
3 machine		18 추측하다	
4 fortune		19 받다	
5 swallow		20 과정, 절차	
6 pollute		21 넓히다	
7 crazy		22 안심시키다	
8 passion		23 측정하다	
9 statue		24 집중하다	
10 impression		25 거절하다	
11 besides		26 모으다	
12 furniture		27 순환하다	
13 suppose		28 지원자, 후보자	
14 welfare		29 돌려주다	
15 chore		30 맨 아래	

B 의미가 통하도록 연결한 후 우리말 뜻을 쓰시오.

1 measure · · ⓐ a length

2 a piece of · · ⓑ a road

3 extend · · ⓒ the air

4 pollute · · ⓓ furniture

C 주어진 철자로 시작하는 영단어를 쓰시오.

1 top ↔ b☐☐☐☐☐

2 s☐☐☐☐☐☐ a pill : 알약을 삼키다

3 in r☐☐☐☐☐ : 보답으로

4 a household c☐☐☐☐ : 집안일

5 luck = f☐☐☐☐☐☐

Day 09

발음 듣기

□□ **carve** [ka:rv]
[동] **조각하다, 새기다**
He **carved** a tiger out of wood. 그는 나무에 호랑이를 조각했다.

□□ **owe** [ou]
[동] **빚지고 있다**
She still **owes** me the $50. 그녀는 아직 나에게 50달러를 빚지고 있다.

□□ **criticize** [krítəsàiz]
[동] **비평하다, 비난하다**
The company was **criticised** in the press.
그 회사는 언론에서 비난받았다.

□□ **thoughtful** [θɔ́:tfəl]
[형] **배려심 있는, 사려 깊은** ⊕ thought [명] 생각
What a **thoughtful** man he is! 그는 정말 배려심이 있구나!

□□ **myth** [miθ]
[명] **신화, 미신**
In the Greek **myth**, the two fish were Aphrodite and her son, Eros. 그리스 신화에서, 두 물고기는 아프로디테와 그녀의 아들 에로스였다.

Voca Plus

myth는 주로 신들의 이야기이며 종교적인 의미가 있고, legend는 실존 인물이나 사건과 관련된 역사적 사실과 관계가 있는 이야기예요. folk tale은 할머니가 들려주는 이야기처럼 옛날부터 전해 내려온 이야기를 말합니다.

□□ **telescope** [téləskòup]
[명] **망원경**
I watched the stars using a **telescope**.
나는 망원경을 사용하여 별들을 관찰했다.

□□ **director** [diréktər]
[명] **감독** ⊕ direct [동] 감독하다
Do you want to be a movie **director**? 너는 영화감독이 되고 싶니?

□□ **political** [pəlítikəl]
[형] **정치의, 정치적인** ⊕ politics [명] 정치
Her **political** opinion is similar to mine.
그녀의 정치적인 의견은 나와 비슷하다.

□□ **copy** [kápi]

[명] **복사, 사본** [동] **복사하다**

You have to make a copy of your passport.

너는 여권을 복사해 두어야 한다.

□□ **square** [skwɛər]

[명] **정사각형, 광장**

We stood in the square and watched the rockets.

우리는 광장에 서서 로켓들을 지켜보았다.

□□ **unbelievable** [ʌ̀nbilíːvəbəl]

[형] **믿을 수 없는, 믿기 어려운**

The speed of the delivery was unbelievable.

배달 속도가 믿기 어려울 정도였다.

□□ **minister** [mínəstər]

[명] **장관, 성직자**

The minister refused to comment on the report.

그 장관은 보고서에 대한 언급을 거부했다.

□□ **inspire** [inspáiər]

[동] **고무하다, 영감을 주다**

He inspired me to help the poor.

그는 내가 가난한 사람들을 돕도록 고무시켰다.

□□ **upstairs** [ʌ̀pstέərz]

[부] **위층으로** [형] **위층의**

When she heard the telephone, she ran upstairs.

그녀는 전화 소리를 들었을 때 위층으로 달려갔다.

□□ **famine** [fǽmin]

[명] **굶주림, 기아**(= hunger)

Every year many people die of famine in Africa.

매년 아프리카에서 많은 사람들이 굶주림으로 죽는다.

□□ **outdoor** [áutdɔ̀ːr]

[형] **야외의, 옥외의**(↔ indoor 실내의)

You need sunlight and outdoor activities.

너는 햇빛과 야외 활동이 필요하다.

☐☐ **prison**
[prízn]

📝 **감옥, 교도소** *cf.* prisoner 📝 죄수

The police caught him and sent him to prison.

경찰은 그를 붙잡아서 감옥으로 보냈다.

☐☐ **tragedy**
[trǽdʒədi]

📝 **비극**

The story has elements of tragedy and comedy.

그 이야기는 비극과 희극의 요소들을 갖고 있다.

☐☐ **prove**
[pruːv]

🔵 **증명하다, 드러나다** ⊕ proof 📝 증명, 증거

The rumor proved to be false. 그 소문은 거짓임이 드러났다.

☐☐ **beg**
[beg]

🔵 **간청하다, 빌다**

I begged her not to go. 나는 그녀에게 가지 말라고 간청했다.

☐☐ **outgoing**
[áutgòuiŋ]

📝 **사교적인, 외향적인**

Mina is an outgoing and lively person.

미나는 사교적이고 쾌활한 사람이다.

〉〉〉ⅢⅢ▷ Voca Plus

사람의 성격을 나타내는 말

- generous: 관대한
- selfish: 이기적인
- introvert: 내성적인
- outgoing: 사교적인
- efficient: 유능한
- shy: 부끄럼 타는
- patient: 참을성 있는
- mean: 비열한

☐☐ **faucet**
[fɔ́ːsit]

📝 **수도꼭지**

Turn off the faucet when you brush your teeth.

양치질 할 때 수도꼭지를 잠가라.

☐☐ **bored**
[bɔːrd]

📝 **지루해 하는** ⊕ bore 🔵 지루하게 하다

She was very bored today. 그녀는 오늘 매우 지루했다.

☐☐ **access**
[ǽkses]

🔵 **접속하다, 접근하다** 📝 **접속, 접근**

She tried to access the address list.

그녀는 주소 목록에 접근하려고 애썼다.

□□ **string** [striŋ]

[명] **끈, 줄**

Tie the sticks together with **string**. 끈으로 막대기들을 함께 묶어라.

□□ **among** [əmʌ́ŋ]

[전] **~ 사이에, ~ 중에서**

The birds built their nests **among** the trees.

그 새들은 나무들 사이에 그들의 둥지를 지었다.

□□ **fit** [fit]

[동] **맞다** [형] **건강한, 적합한**

A good hobby should **fit** your interests.

좋은 취미는 자신의 관심사와 맞아야 한다.

□□ **pure** [pjuər]

[형] **순수한, 깨끗한** ⊕ pure orange juice 순수한 오렌지 주스

A **pure** substance is not mixed with anything else.

순수한 물질은 다른 어떤 것과도 섞여 있지 않다.

□□ **stomach** [stʌ́mək]

[명] **위, 배** *cf.* stomachache [명] 복통

Because my **stomach** hurts, I can't work.

나는 배가 아파서 일을 할 수 없다.

□□ **master** [mǽstər]

[명] **대가, 명인** [동] **숙달하다**

He is a **master** of cartoons. 그는 만화영화의 대가이다.

Today's Grammar 09 부사절을 이끄는 접속사 - 이유

because, as, since	~하기 때문에, ~하므로

- Because it was cold, I wore a coat. (날씨가 추워서 나는 외투를 입었다.)
- As they were late, they took a taxi. (그들은 늦어서 택시를 탔다.)

Mini Check! **괄호 안에서 알맞은 것 고르기**

- She was happy (but / because) she got a good score.
  (그녀는 좋은 성적을 받았기 때문에 행복했다.)

Answer because

A 영어는 우리말로, 우리말은 영어로 쓰시오.

1 stomach
2 string
3 prison
4 bored
5 pure
6 square
7 outdoor
8 myth
9 tragedy
10 owe
11 minister
12 faucet
13 telescope
14 famine
15 director

16 대가, 명인
17 복사, 사본
18 맞다; 건강한
19 간청하다
20 사교적인, 외향적인
21 위층으로
22 접속(하다)
23 고무하다
24 ~ 사이에
25 비평[비난]하다
26 정치의, 정치적인
27 증명하다
28 조각하다
29 배려심 있는
30 믿을 수 없는

B 의미가 통하도록 연결한 후 우리말 뜻을 쓰시오.

1 tie • • ⓐ the faucet
2 access • • ⓑ orange juice
3 pure • • ⓒ the website
4 turn off • • ⓓ a string

C 주어진 철자로 시작하는 영단어를 쓰시오.

1 a movie d□□□□□□□ : 영화감독
2 escape from p□□□□□ : 탈옥하다
3 indoor ↔ o□□□□□□
4 f□□□□□ : a very serious lack of food
5 an o□□□□□□□□ personality: 사교적인 성격

☐☐ **literature**
[lítərətʃər]

⊛ 문학　⊕ read literature 문학 작품을 읽다

I am studying literature. 나는 문학을 공부하고 있다.

☐☐ **depend**
[dipénd]

⊛ 의존하다, 의지하다　⊕ dependent ⊛ 의존하는

⊕ depend on ~에 달려 있다

All living things depend on the sun. 모든 생명체는 태양에 의존한다.

☐☐ **hatch**
[hætʃ]

⊛ 부화하다, 부화시키다

The eggs will hatch a few days later.
그 알들은 며칠 후에 부화할 것이다.

☐☐ **universe**
[júːnəvə̀ːrs]

⊛ 우주

The sun is the only star in the universe.
태양은 우주에서 유일한 별이다.

☐☐ **cost**
[kɔːst]

⊛ (비용이) ~ 들다 ⊛ 비용, 값　⊕ a cost of living 생활비

The book only costs one dollar.
그 책은 가격이 겨우 1달러이다.

〉❙❙▷ **Voca Plus**

가격을 묻는 다양한 표현

How much does it cost? = How much is it? = What's the price of it? (그것은 얼마입니까?)

☐☐ **medium**
[míːdiəm]

⊛ 중간의, 평균의

Daniel is of medium height. Daniel은 평균 키이다.

☐☐ **block**
[blak]

⊛ 블록, 구획 ⊛ 막다

Walk straight for two blocks. 두 블록 곧장 걸어가세요.

☐☐ **fear**
[fiər]

⊛ 공포, 두려움 ⊛ 두려워하다

Fear of the dark is common. 어둠에 대한 두려움은 흔한 일이다.

□□ **whisper**
[hwíspər]

동 속삭이다　명 속삭임

He whispered to me that he wanted to drink water.
그는 물을 마시고 싶다고 나에게 속삭였다.

□□ **leisure**
[líːʒər]

명 여가, 자유 시간

She likes to watch movies in her leisure time.
그녀는 여가 시간에 영화 보는 것을 좋아한다.

□□ **emotion**
[imóuʃən]

명 감정, 정서　⊕ emotional 형 감정적인

She tried to hide her sad emotions.
그녀는 슬픈 감정을 숨기려고 애썼다.

□□ **rural**
[rúərəl]

형 시골의, 전원의(↔ urban 도시의)

I prefer rural life to urban life.
나는 도시 생활보다 시골 생활이 더 좋다.

□□ **employ**
[implɔ́i]

동 고용하다　⊕ employee 명 고용인, 직원　cf. employer 명 고용주

They employed him as a gardener.
그들은 그를 정원사로 고용했다.

□□ **spill**
[spil]

동 쏟다, 흘리다(- spilled[spilt] - spilled[spilt])

He spilled her coffee on the computer keyboard.
그는 컴퓨터 키보드에 커피를 쏟았다.

□□ **track**
[træk]

명 트랙, 경주로; 선로

He ran around the track for twenty minutes.
그는 20분 동안 트랙을 달렸다.

□□ **spread**
[spred]

동 펼치다; 퍼뜨리다(- spread - spread)

I spread a white cloth on the table.
나는 식탁 위에 흰색 천을 펼쳤다.

□□	**capital**	몡 수도; 자본; 대문자
	[kǽpətl]	Madrid is the capital of Spain. 마드리드는 스페인의 수도이다.

□□	**admire**	통 존경하다, 감탄하다
	[ædmáiər]	He is admired as a good leader by everyone.
		그는 훌륭한 지도자로 모든 사람들에게 존경받는다.

□□	**total**	혱 총, 전체의 몡 합계
	[tóutl]	The school has a total students of 130.
		그 학교의 총 학생들의 수는 130명이다.

□□	**equal**	혱 같은, 평등한 통 같다 ⊕ equally 튀 평등하게
	[íːkwəl]	The two sticks are of equal length. 그 두 막대기는 길이가 같다.

□□	**steal**	통 훔치다, 도둑질하다 (-stole-stolen)
	[stiːl]	Who stole the necklace? 누가 목걸이를 훔쳤니?

□□	**rent**	통 임대하다, 임차하다 몡 임대, 임대료
	[rent]	He rented the sports car for three weeks.
		그는 그 스포츠카를 3주 동안 임차했다.

)〗◐▷ Voca Plus

rent / lend / borrow
rent는 사용료를 내거나 받고 일정 기간 동안 빌리거나 빌려주는 것을 의미해요. 요즘에는 우리말로 '렌트했다'라는 말로 많이 사용하죠. 반면에 lend와 borrow는 사용료와 상관없이 lend는 '빌려주다', borrow는 '빌리다'라는 뜻으로 사용한답니다.

□□	**border**	몡 국경, 경계
	[bɔ́ːrdər]	Many refugees crossed the border into Germany.
		많은 난민들이 독일로 가는 국경을 넘었다.

□□	**ceremony**	몡 의식, 식 ⊕ an awards ceremony 시상식
	[sérəmòuni]	I attended their wedding ceremony. 나는 그들의 결혼식에 참석했다.

Day 10

□□ **own**
[oun]
[형] **자신의** [동] **소유하다** *cf.* owner [명] 주인
He has his **own** bookstore. 그는 그 자신의 서점을 갖고 있다.

□□ **sincere**
[sinsíər]
[형] **진실한, 진심 어린** ⊕ sincerely [부] 진실로
She has a few **sincere** friends.
그녀에게는 몇몇 진실한 친구가 있다.

□□ **origin**
[ɔ́:rədʒin]
[명] **기원, 유래** ⊕ original [형] 독창적인, 원래의
Do you know the **origin** of potatoes? 너는 감자의 기원을 아니?

□□ **hire**
[haiər]
[동] **고용하다, 임차하다**
We will **hire** three workers next week.
우리는 다음 달에 3명의 일꾼을 고용할 것이다.

□□ **hardly**
[há:rdli]
[부] **거의 ~ 아니다**
I was so tired that I could **hardly** keep standing.
나는 너무 피곤해서 거의 계속 서 있을 수 없었다.

□□ **shore**
[ʃɔ:r]
[명] **해안, 해변**
They moved near the **shore** last month.
그들은 지난달에 해안 근처로 이사했다.

Today's Grammar 10 부사절을 이끄는 접속사 - 결과

so+형용사[부사]+that+주어+동사	매우 ~해서 …하다
so+형용사[부사]+that+주어+can't+동사	너무 ~해서 …할 수 없다

• The book is so easy that a child can read it.
(그 책은 매우 쉬워서 아이가 그것을 읽을 수 있다.)

Mini Check! **빈칸에 알맞은 단어 넣기**

• The jacket is ________ small that she can't wear it.
(그 재킷은 너무 작아서 그녀는 그것을 입을 수 없다.)

Answer so

A 영어는 우리말로, 우리말은 영어로 쓰시오.

1 emotion		16 국경, 경계	
2 hardly		17 훔치다	
3 ceremony		18 같은, 평등한	
4 shore		19 트랙, 경주로	
5 origin		20 총, 전체의	
6 sincere		21 고용하다	
7 admire		22 펼치다	
8 own		23 속삭이다	
9 literature		24 임대[임차]하다	
10 rural		25 공포, 두려움	
11 spill		26 (비용이) ~ 들다	
12 employ		27 블록, 구획	
13 depend		28 부화하다	
14 medium		29 여가, 자유 시간	
15 universe		30 수도; 대문자	

B 의미가 통하도록 연결한 후 우리말 뜻을 쓰시오.

1 an awards ·   · ⓐ living

2 employ ·   · ⓑ literature

3 a cost of ·   · ⓒ an engineer

4 read ·   · ⓓ ceremony

C 주어진 철자로 시작하는 영단어를 쓰시오.

1 s⬚⬚⬚⬚⬚⬚ : very honest and real, not false

2 the o⬚⬚⬚⬚⬚ of the universe : 우주의 기원

3 h⬚⬚⬚⬚ an egg : 알을 부화하다

4 urban ↔ r⬚⬚⬚⬚

5 same = e⬚⬚⬚⬚

☐☐ **digest**
[didʒést]

동 **소화하다, 소화시키다**
Babies can digest this soup easily, too.
아기들 또한 이 수프를 쉽게 소화시킬 수 있다.

☐☐ **provide**
[prəváid]

동 **제공하다, 공급하다** ✚ provide A with B A에게 B를 공급하다
We need to provide enough nutrients for our brain.
우리는 뇌에 충분한 영양분을 공급해야 한다.

☐☐ **wheel**
[hwiːl]

명 **바퀴**
Don't forget to change your car's wheels.
차 바퀴 바꾸는 것을 잊지 마세요.

☐☐ **reason**
[ríːzn]

명 **이유, 사유**(= cause)
There are two reasons for his absence.
그의 결석에는 2가지 이유가 있다.

☐☐ **novel**
[návəl]

명 **소설** ✚ novelist 명 소설가
His new novel became the best-selling
book of the week.
그의 새 소설이 그 주의 베스트셀러가 되었다.

☐☐ **install**
[instɔ́ːl]

동 **설치하다, 설비하다**
I installed a new program on my computer.
나는 컴퓨터에 새 프로그램을 설치했다.

☐☐ **faithful**
[féiθfəl]

형 **믿을 만한, 신의 있는** ✚ faith 명 믿음, 신뢰
He was a faithful friend. 그는 믿을 만한 친구이다.

☐☐ **modern**
[mádərn]

형 **현대의, 근대의** ✚ modern poetry 현대시
Can you go to the modern art exhibition with me?
나와 함께 현대 미술 전시회에 갈래?

| □□ | law | 명 법, 법률 ✦ lawyer 명 변호사 |
| | [lɔː] | We must all obey the law. 우리는 모두 법을 지켜야 한다. |

□□	past	명 과거 형 지난, 과거의
	[pæst]	In the past, people traveled on horseback.
		과거에 사람들은 말을 타고 여행을 다녔다.

□□	reuse	동 재사용하다 명 재사용
	동 [riːjúːz]	We reuse plastic bottles.
	명 [rìːjúːs]	우리는 플라스틱 병들을 재사용한다.

)))▶ **Voca Plus**

3R 운동 : 물자를 절약하고 재활용하자는 환경운동

reduce(절약) : 자원과 물자를 절약하여 오염 물질의 배출을 줄이지는 것 / reuse(재사용) : 헌가구, 헌옷, 헌책 등을 다시 사용하는 것 / recycle(재활용) : 병, 캔, 신문지 등을 자원화해서 다시 사용하자는 것

| □□ | loyal | 형 충실한, 충성스러운 |
| | [lɔ́iəl] | Dogs are very loyal to their owners. 개는 주인에게 매우 충성스럽다. |

□□	rainforest	명 열대 우림 ✦ rainforest climate 열대 우림 기후
	[réinfɔːrist]	The trees grow quickly in the rainforest climate.
		열대 우림 기후에서는 나무가 빨리 자란다.

| □□ | well-known | 형 유명한, 잘 알려진 (= famous) |
| | [welnoun] | The restaurant is well-known in Seoul. 그 식당은 서울에서 유명하다. |

| □□ | astronaut | 명 우주 비행사 |
| | [ǽstrənɔ̀ːt] | My dream is to be an astronaut. 내 꿈은 우주 비행사가 되는 것이다. |

□□	post	동 부치다, 게시하다
	[poust]	I'm going to take pictures and post them online.
		나는 사진을 찍어서 온라인에 게시할 것이다.

capture
[kǽptʃər]

(동) **붙잡다**(=catch), **포착하다**
The detective failed to capture the thief.
그 탐정은 도둑을 잡는 데 실패했다.

consist
[kənsíst]

(동) **이루어져 있다, 구성되다** ⊕ consist of ~로 구성되다
Water consists of oxygen and hydrogen.
물은 산소와 수소로 구성되어 있다.

text
[tekst]

(명) **본문, 원문**
The book has lots of pictures and little text.
그 책에는 그림이 많고 본문이 거의 없다.

coast
[koust]

(명) **해안(지방)**(=shore)
They forecast storms for the west coast.
그들은 서부 해안에 폭풍우가 있을 것으로 예보했다.

poverty
[pávərti]

(명) **가난, 빈곤** ⊕ poor (형) 가난한
He lost all his money and died in poverty.
그는 모든 돈을 잃고 가난으로 죽었다.

sew
[sou]

(동) **바느질하다, 꿰매다**
Can you sew a button on my shirt?
내 셔츠에 단추 좀 달아 줄래?

fix
[fiks]

(동) **수리하다**(=repair), **고정시키다**
Kevin cleaned and fixed the old toys.
Kevin은 오래된 장난감들을 닦고 수리했다.

flight
[flait]

(명) **비행, 항공편** ⊕ fly (동) 날다, 비행하다
I'm looking forward to his first flight.
나는 그의 첫 번째 비행을 고대하고 있다.

□□ **ashamed** [əʃéimd]

[형] **부끄러운, 창피한** ⊕ be ashamed of ~을 부끄러워하다

She was **ashamed** of her mistake.

그녀는 자신의 실수를 부끄러워했다.

□□ **ignore** [ignɔ́:r]

[동] **무시하다, 모르는 체하다**

He **ignored** the red light and drove straight through.

그는 빨간 신호등을 무시하고 계속 운전해 나갔다.

□□ **empire** [émpaiər]

[명] **제국**

The crown was the symbol of the **empire**.

왕관은 제국의 상징이었다.

□□ **hometown** [hóumtaun]

[명] **고향**

My **hometown** is Jeju-do. 나의 고향은 제주도이다.

□□ **ladder** [lǽdər]

[명] **사다리**

Dad is climbing up a **ladder**. 아버지는 사다리를 올라가고 있다.

□□ **usually** [jú:ʒuəli]

[부] **보통, 대개** (=generally)

He **usually** draws cartoons about history.

그는 보통 역사에 관한 만화를 그린다.

Today's Grammar ⑪ 빈도부사

빈도부사는 어떤 일이 얼마나 자주 일어나는지를 나타내는 부사로 위치에 주의한다.

종류	always > usually > often > sometimes > seldom > never	
위치	be동사/조동사 뒤	is always, can often ...
	일반동사 앞	usually go, never eat ...

Mini Check! **괄호 안의 단어 넣을 위치 찾기**

• I ① will ② forget ③ your ④ birthday ⑤. (never)
(나는 너의 생일을 절대 잊지 않을 것이다.)

Answer ②

A 영어는 우리말로, 우리말은 영어로 쓰시오.

1 astronaut		16 무시하다	
2 loyal		17 소화하다	
3 flight		18 현대의, 근대의	
4 poverty		19 소설	
5 ashamed		20 이루어져 있다	
6 faithful		21 보통, 대개	
7 reason		22 바느질하다	
8 past		23 재사용하다	
9 hometown		24 사다리	
10 coast		25 붙잡다, 포착하다	
11 text		26 설치[설비]하다	
12 post		27 잘 알려진	
13 provide		28 법, 법률	
14 fix		29 제국	
15 wheel		30 열대 우림	

B 의미가 통하도록 연결한 후 우리말 뜻을 쓰시오.

1 rainforest •   • ⓐ a ladder

2 climb up •   • ⓑ a bike

3 fix •   • ⓒ climate

4 reuse •   • ⓓ empty bottles

C 주어진 철자로 시작하는 영단어를 쓰시오.

1 m☐☐☐☐☐ poetry : 현대 시

2 h☐☐☐☐☐☐☐ : the town / city that a person is from

3 write a n☐☐☐☐ : 소설을 쓰다

4 p☐☐☐ a letter : 편지를 부치다

5 generally = u☐☐☐☐☐☐☐

☐☐ **company**
[kʌ́mpəni]

⤷ 명 회사; 동료

The company is planning to build an amusement park.
그 회사는 놀이공원을 세울 계획이다.

☐☐ **devote**
[divóut]

⤷ 동 바치다, 헌신하다　⊕ devote oneself to ~에 전념하다

He devoted his life to helping people in need.
그는 어려움에 처한 사람들을 돕는 데 일생을 바쳤다.

☐☐ **insist**
[insíst]

⤷ 동 주장하다, 고집하다

The boy insisted that he never broke the window.
그 소년은 결코 자신이 창문을 깨뜨리지 않았다고 주장했다.

☐☐ **argue**
[áːrgjuː]

⤷ 동 언쟁하다, 말다툼하다, 주장하다

I argued with the waiter about the bill.
나는 계산서 때문에 웨이터와 언쟁을 했다.

》⫷》 Voca Plus

• insist : (어떤 일이 있기를, 누군가가 동의하기를) 주장하다, 고집하다
• argue : (이론적으로 ~하다고) 언쟁하다, 말다툼하다, 주장하다

☐☐ **pill**
[pil]

⤷ 명 알약

Take two pills before breakfast. 아침 식사 전에 알약 2알을 먹어라.

☐☐ **virtual**
[və́ːrtʃuəl]

⤷ 형 가상의, 사실상의　⊕ virtual reality 가상 현실

The hardware is a virtual system. 하드웨어는 가상 시스템이다.

☐☐ **crosswalk**
[krɔ́ːswɔ̀ːk]

⤷ 명 횡단보도

I cross at the crosswalk. 나는 횡단보도를 건넌다.

☐☐ **sense**
[sens]

⤷ 명 감각　⊕ sense of smell 후각

Does he have a sense of humor? 그는 유머 감각이 있니?

Day 12

□□ **respond** [rispánd]
[동] **대답하다**(=answer), **반응하다**
She shouted at him, but he didn't **respond**.
그녀는 그에게 소리쳤지만 그는 대답하지 않았다.

□□ **achieve** [ətʃíːv]
[동] **이루다, 성취하다**(=accomplish)
If you work hard, you can **achieve** your goal.
네가 열심히 공부하면 목표를 이룰 수 있다.

□□ **waste** [weist]
[동] **낭비하다**(↔ save 절약하다) [명] **낭비, 쓰레기**
Don't **waste** time on unimportant problems.
중요하지 않은 문제에 시간을 낭비하지 마라.

□□ **dig** [dig]
[동] **(구멍 등을) 파다**(-dug-dug)
They are **digging** a new tunnel for cars.
그들은 차들이 지나갈 새로운 터널을 파고 있다.

□□ **deny** [dinái]
[동] **부인하다, 거절하다**
The man **denied** having stolen the watch.
그 남자는 시계 훔친 것을 부인했다.

□□ **poll** [pal]
[명] **여론 조사, 투표** ⊕ an opinion poll 여론 조사
They announced the results of the **poll**.
그들은 여론 조사 결과를 발표했다.

□□ **seem** [siːm]
[동] **~인 것 같다, ~해 보이다**
It **seems** that my sister is telling a lie.
내 여동생이 거짓말하고 있는 것 같다.

□□ **poem** [póuəm]
[명] **(한 편의) 시** *cf.* poet [명] 시인
This **poem** helps me think about myself.
이 시는 나 자신에 대해 생각하는 데 도움을 준다.

☐☐	**aim** [eim]	명 목표, 목적(= goal, plan) My aim is to do well at school. 나의 목표는 학교 생활을 잘 해내는 것이다.

☐☐ **aim**
[eim]

명 **목표, 목적**(= goal, plan)

My **aim** is to do well at school.
나의 목표는 학교 생활을 잘 해내는 것이다.

☐☐ **rule**
[ru:l]

명 **규칙; 통치** 동 **통치하다**
⊕ follow[obey] the rules 규칙을 따르다

The game's **rules** are quite difficult.
그 경기의 규칙은 꽤 어렵다.

☐☐ **effect**
[ifékt]

명 **효과, 영향, 결과** ⊕ effective 형 효과적인

The medicine had an immediate **effect** on her.
그 약은 그녀에게 즉각적인 효과가 있었다.

☐☐ **unique**
[ju:ní:k]

형 **독특한, 고유의**

He wants to know about the **unique** culture of Jeju.
그는 제주의 독특한 문화에 대해 알기를 원한다.

☐☐ **dizzy**
[dízi]

형 **어지러운**

She felt **dizzy** as soon as she stood upright.
그녀는 똑바로 일어나자마자 어지러움을 느꼈다.

☐☐ **gap**
[gæp]

명 **차이, 격차**

The **gap** between rich and poor is becoming greater.
빈부 사이의 차이가 더 커지고 있다.

☐☐ **explore**
[iksplɔ́:r]

동 **탐험하다, 조사하다**

The family **explored** three continents by camping car.
그 가족은 캠핑카를 타고 세 대륙을 탐험했다.

☐☐ **term**
[tə:rm]

명 **학기, 기간; 용어**

The fall **term** ends on December 10th.
가을 학기는 12월 10일에 끝난다.

☐☐ **positive**
[pάzətiv]

형 긍정적인, 낙관적인
Positive thinking reduces stress.
긍정적인 생각은 스트레스를 줄여준다.

☐☐ **form**
[fɔːrm]

명 형태; 문서의 양식, 서식 ✪ an application form 지원서, 신청서
Please show me how to fill in this form.
이 양식을 작성하는 방법을 보여주세요.

☐☐ **earn**
[əːrn]

동 (돈을) 벌다 ✪ earn money 돈을 벌다(=make money)
How much does he earn? 그는 돈을 얼마나 버나요?

☐☐ **debate**
[dibéit]

동 토론하다, 논쟁하다 명 토론, 논쟁
We debated what to do next. 우리는 다음에 무엇을 할지 토론했다.

☐☐ **volcano**
[valkéinou]

명 화산
Scientists think the volcano is no longer active.
과학자들은 그 화산이 더 이상 활동하지 않을 것으로 생각한다.

☐☐ **bloom**
[bluːm]

동 꽃이 피다 명 꽃
Some flowers bloom in fall. 어떤 꽃들은 가을에 꽃을 피운다.

Today's Grammar ⑫   의문사 + to부정사

문장에서 명사로 쓰여 주어, 보어, 목적어 역할을 하는데 주로 목적어로 쓰인다.

what + to부정사	무엇을 ~할지	who(m) + to부정사	누구를 ~할지
when + to부정사	언제 ~할지	where + to부정사	어디서[로] ~할지
which + to부정사	어느 것을 ~할지	how + to부정사	~하는 방법

• We debated what to do next. (우리는 다음에 무엇을 할지 토론했다.)

Mini Check! 우리말에 맞게 문장 완성하기

• 나는 어디에서 머물지 결정할 수 없다.

  → I can't decide _____ .   Answer where to stay

A 영어는 우리말로, 우리말은 영어로 쓰시오.

1 sense

2 earn

3 dizzy

4 volcano

5 virtual

6 waste

7 unique

8 company

9 pill

10 achieve

11 devote

12 poll

13 insist

14 crosswalk

15 aim

16 차이, 격차

17 탐험[조사]

18 꽃이 피다

19 토론[논쟁]하다

20 학기; 용어

21 긍정적인

22 형태; 서식

23 부인하다

24 언쟁하다, 다투다

25 대답[반응]하다

26 ~인 것 같다

27 규칙; 통치

28 (구멍 등을) 파다

29 효과, 영향

30 (한 편의) 시

B 의미가 통하도록 연결한 후 우리말 뜻을 쓰시오.

1 virtual ·   · ⓐ money

2 follow ·   · ⓑ the rules

3 earn ·   · ⓒ of smell

4 sense ·   · ⓓ reality

C 주어진 철자로 시작하는 영단어를 쓰시오.

1 save ↔ w□□□□

2 accomplish = a□□□□□□

3 a p□□□□□□□□ attitude : 긍정적인 태도

4 p□□□ : medicine in solid form

5 d□□□□□ oneself to : ~에 전념하다

Day 13

발음 듣기

□□ **clap** [klæp]

[동] **박수를 치다**

He **clapped** his hands together in delight.

그는 기뻐서 두 손을 모아 박수를 쳤다.

□□ **horror** [hɔ́ːrər]

[명] **공포, 전율** ⊕ a horror movie[film] 공포 영화

The woman shouted in **horror**. 그 여자는 공포로 소리를 질렀다.

□□ **wrap** [ræp]

[동] **싸다, 포장하다**

I **wrapped** the present for Mom in paper.

나는 엄마한테 드릴 선물을 종이로 포장했다.

□□ **skip** [skip]

[동] **거르다; 깡충깡충 뛰다** ⊕ skip breakfast 아침 식사를 거르다

He **skipped** soccer practice because of a cold.

그는 감기 때문에 축구 연습을 거르게 되었다.

□□ **tip** [tip]

[명] **조언**(=advice), **팁**

Could you give me some **tips**? 저에게 조언 좀 해 주시겠어요?

Voca Plus

tip / advice

둘 다 '조언'이라는 의미로 쓸 수 있지만 tip은 셀 수 있는 명사이므로 복수형으로 쓸 수 있고, advice는 셀 수 없는 명사여서 복수형으로 쓸 수 없어요. ***ex.*** some tips, some advice, a piece of advice ...

□□ **adventure** [ædvéntʃər]

[명] **모험, 모험심**

It will be a great **adventure**. 그것은 큰 모험이 될 것이다.

□□ **rise** [raiz]

[동] **(해 · 달이) 뜨다; 일어서다; 증가하다**(-rose-risen)

The sun always **rises** in the east. 해는 항상 동쪽에서 뜬다.

□□ **hear** [hiər]

[동] **듣다**(-heard-heard)

I **heard** an interesting story. 나는 재미있는 이야기를 들었다.

scholar
[skάlər]
명 학자

My grandfather has been a scholar for all his life.
나의 할아버지는 한평생 학자로 지내셨다.

coach
[koutʃ]
명 코치 동 지도하다

He became a coach of the Korean soccer team.
그는 한국 축구팀의 코치가 되었다.

retire
[ritάiər]
동 은퇴하다, 퇴직하다 ⊕ retirement 명 은퇴

She will retire next year. 그녀는 내년에 은퇴할 것이다.

rubber
[rʌ́bər]
명 고무, 지우개 (= eraser)

She tied her hair back with a rubber band.
그녀는 고무줄로 머리를 뒤로 묶었다.

remind
[rimάind]
동 생각나게 하다 ⊕ remind A of B A에게 B를 생각나게 하다

The bag reminded me of my grandmother.
그 가방은 나에게 할머니를 생각나게 했다.

structure
[strʌ́ktʃər]
명 구조, 건축물

Can you build those big structures in the desert?
사막에 저 큰 건축물들을 지을 수 있나요?

colony
[kάləni]
명 식민지

The colony achieved independence 10 years ago.
그 식민지는 10년 전에 독립을 이루어냈다.

praise
[preiz]
동 칭찬하다 명 칭찬

The mayor praised the firefighters for their efforts.
시장은 소방관들의 노고에 대해 칭찬했다.

Day 13

□□ **develop**
[divéləp]

[동] **개발하다, 발달시키다** ⊕ development [명] 발달
It isn't easy to **develop** good habits.
좋은 습관을 개발하는 것은 쉽지 않다.

□□ **order**
[ɔ́:rdər]

[동] **주문하다, 명령하다** [명] **주문, 순서, 명령**
⊕ in alphabetical order 알파벳 순서로
I've **ordered** a new computer for the office.
나는 사무실에서 사용할 새 컴퓨터를 주문했다.

□□ **powder**
[páudər]

[명] **가루, 분말**
This machine grinds coffee beans to **powder**.
이 기계는 커피 원두를 가루로 갈아준다.

□□ **sneeze**
[sni:z]

[명] **재채기** [동] **재채기하다**
Coughs and **sneezes** spread diseases.
기침과 재채기는 질병을 퍼뜨린다.

□□ **occupy**
[ɑ́kjupài]

[동] **차지하다, 점령하다**
The piano **occupied** most of the room.
피아노가 그 방의 대부분을 차지했다.

□□ **shelter**
[ʃéltər]

[명] **주거지, 대피소, 보호소**
They provide a **shelter** for homeless people.
그들은 노숙자들에게 주거지를 제공한다.

□□ **grown-up**
[명][gróunʌp]
[형][gròunʌ́p]

[명] **성인, 어른** [형] **어른의**
The **grown-ups** knew it wasn't a tiger.
어른들은 그것이 호랑이가 아니라는 것을 알았다.

□□ **chew**
[tʃu:]

[동] **씹다, 깨물다**
The dog was **chewing** a bone on the sofa.
그 개는 소파 위에서 뼈다귀를 씹고 있었다.

	carpenter	몡 목수
	[káːrpəntər]	A carpenter is a person who works with wood. 목수는 나무로 작업하는 사람이다.

	legal	혱 법률의, 합법의(= lawful)
	[líːgəl]	It's legal to drive at 20 years old in Korea. 한국에서 20세에 운전하는 것은 합법적이다.

	quarter	몡 4분의 1, 15분
	[kwɔ́ːrtər]	Mom cut the pear into quarters. 엄마는 배를 4분의 1 조각들로 자르셨다.

	wonder	똥 궁금하다, 놀라다 몡 놀라움
	[wʌ́ndər]	I wonder what his name is. 나는 그의 이름이 무엇인지 궁금하다.

	matter	몡 문제 똥 중요하다
	[mǽtər]	What's the matter? – I have a headache. 무슨 문제가 있니? – 머리가 아파.

	tough	혱 힘든, 거친
	[tʌf]	To make movies is a very tough job. 영화를 만드는 것은 매우 힘든 일이다.

 **Today's Grammar ⑬**   **to부정사 – 명사적 용법 (주어)**

to부정사(to + 동사원형)가 명사처럼 주어, 보어, 목적어로 쓰일 수 있으며 '~하는 것'으로 해석한다.
to부정사 주어는 단수 취급한다.

• To get up early isn't easy. (일찍 일어나는 것은 쉽지 않다.)
  = It isn't easy to get up early.
    가주어   진주어

Mini Check! 괄호 안에서 알맞은 것 고르기

• (Make / To make) movies is a very tough job.
  (영화를 만드는 것은 매우 힘든 일이다.)   Answer To make

A 영어는 우리말로, 우리말은 영어로 쓰시오.

1 chew		16 차지[점령]하다	
2 structure		17 은퇴[퇴직]하다	
3 scholar		18 고무, 지우개	
4 tough		19 궁금하다, 놀라다	
5 carpenter		20 문제; 중요하다	
6 legal		21 4분의 1, 15분	
7 adventure		22 코치; 지도하다	
8 horror		23 주문[명령]하다	
9 grown-up		24 (해 · 달이) 뜨다	
10 sneeze		25 칭찬(하다)	
11 tip		26 개발하다	
12 colony		27 주거지, 대피소	
13 powder		28 상기시키다	
14 hear		29 거르다	
15 wrap		30 박수를 치다	

B 의미가 통하도록 연결한 후 우리말 뜻을 쓰시오.

1 skip	•	• ⓐ pizza	
2 order	•	• ⓑ a gift	
3 a horror	•	• ⓒ movie	
4 wrap	•	• ⓓ breakfast	

C 주어진 철자로 시작하는 영단어를 쓰시오.

1 eraser = r☐☐☐☐☐

2 advice = t☐☐

3 c☐☐☐ : to beat your hands together

4 c☐☐☐ gum : 껌을 씹다

5 cough and s☐☐☐☐☐ : 기침과 재채기

□□ **trash**
[træʃ]

명 쓰레기

Please put your trash in the trash can.
쓰레기를 쓰레기통에 넣어 주세요.

□□ **neighbor**
[néibər]

명 이웃, 이웃 사람

Tom is Jerry's new neighbor. Tom은 Jerry의 새 이웃이다.

□□ **clinic**
[klínik]

명 진료소, 병원

I went to a medical clinic for a flu shot.
나는 독감주사를 맞기 위해 병원에 갔다.

□□ **critic**
[krítik]

명 비평가, 평론가 ✪ criticize 동 비판하다, 비난하다

All the critics praised the film. 모든 평론가들이 그 영화를 칭찬했다.

□□ **pot**
[pat]

명 냄비, 항아리

Pour hot water into the pot and wait for 2 minutes.
냄비에 뜨거운 물을 붓고 2분을 기다려라.

▶▶▶ Voca Plus

pot은 둥글고 속이 깊은 냄비, 항아리 등을 가리키는 말로, 손잡이가 달린 속이 얕은 pan과 구분됩니다. 둥글고 깊은 모양을 갖고 있어서 '화분'을 flowerpot이라고 합니다.

□□ **silly**
[síli]

형 어리석은, 바보 같은(= stupid, ↔ clever 영리한)

She asked a lot of silly questions. 그녀는 많은 어리석은 질문을 했다.

□□ **beyond**
[biánd]

전 ~ 너머, ~ 저편에

The post office is beyond the bank. 우체국은 은행 너머에 있다.

□□ **economy**
[ikánəmi]

명 경제, 경기

The national economy is slowly improving.
국가 경제가 서서히 좋아지고 있다.

☐☐ **false**
[fɔːls]

(형) **거짓의**(↔ true 사실의), **가짜의**

Did you know the news was **false**?
너는 그 소식이 거짓이라는 것을 알았니?

☐☐ **instead**
[instéd]

(부) **그 대신에** ⊕ instead of ~ 대신에

You can have a cup of tea **instead**.
너는 대신에 차를 한 잔 마실 수 있다.

☐☐ **history**
[hístəri]

(명) **역사** ⊕ ancient history 고대 역사

This comic book is about Korean **history**.
이 만화책은 한국 역사에 관한 것이다.

☐☐ **trial**
[tráiəl]

(명) **시험, 실험; 재판** ⊕ try (동) 시도하다 ⊕ a fair trial 공정한 재판

Everybody learns by **trial** and error.
누구나 시행착오를 겪으면서 배운다.

☐☐ **method**
[méθəd]

(명) **방법; 수단**

Freezing is a good **method** of preserving
meat.
냉동은 육류를 보관하는 좋은 방법이다.

☐☐ **dynasty**
[dáinəsti]

(명) **왕조, 왕가** ⊕ the Joseon Dynasty 조선 왕조

Cheomseongdae was built in the Silla **Dynasty**.
첨성대는 신라 왕조 때 세워졌다.

☐☐ **lead**
[liːd]

(동) **이끌다, 인도하다**(-led-led) *cf.* leader (명) 지도자

One kindness **leads** to another kindness.
하나의 친절은 또 다른 친절로 이끈다.

☐☐ **guard**
[gaːrd]

(명) **경비원** (동) **지키다**

The **guards** stood at the entrance of the palace.
경비원들이 궁전 입구에 서 있었다.

□□ **project**
[prɑ́dʒekt]

(명) 과제, 프로젝트

Let's talk about the topic of our group project.

우리 모둠 과제의 주제에 대해 이야기해 보자.

□□ **defeat**
[difíːt]

(동) 패배시키다, 이기다 (명) 패배

Our team has not been defeated so far.

우리 팀은 지금까지 이겨본 적이 없다.

□□ **discover**
[diskʌ́vər]

(동) 발견하다, 알다 ⊕ discovery (명) 발견

He discovered the answer about the question.

그는 그 질문에 대한 답을 알아냈다.

□□ **float**
[flout]

(동) 뜨다, 떠오르다 (↔ sink 가라앉다)

Dead fish were floating in the river.

죽은 물고기들이 강에 떠 있었다.

□□ **biography**
[baiɑ́grəfi]

(명) 전기, 일대기

I am reading a biography about Kim Gu.

나는 김구 선생님에 대한 전기를 읽고 있다.

□□ **delete**
[dilíːt]

(동) 지우다, 삭제하다 ⊕ delete spam 스팸메일을 지우다

Click *Remove* to delete this program.

이 프로그램을 삭제하려면 '제거'를 누르시오.

□□ **imitate**
[ímətèit]

(동) 모방하다, 흉내 내다 ⊕ imitation (명) 모조품

He's good at imitating the sounds of animals.

그는 동물 소리 흉내를 잘 낸다.

□□ **state**
[steit]

(동) 말하다, 진술하다 (명) 국가, 주

Please state your name and address.

이름과 주소를 말씀해 주세요.

☐☐ **private**
[práivət]

형 개인적인, 사적인 ⊕ privacy 명 사생활
Private school fees are very high.
사립 학교의 수업료는 매우 비싸다.

☐☐ **doubt**
[daut]

동 의심하다 명 의심
I don't doubt her honesty. 나는 그녀의 정직함을 의심하지 않는다.

☐☐ **resource**
[ríːsɔːrs]

명 자원, 물자
The country has a lot of natural resources.
그 나라에는 천연 자원이 많이 있다.

☐☐ **genius**
[dʒíːnjəs]

명 천재, 재능
My brother is a computer genius. 나의 형은 컴퓨터 천재이다.

☐☐ **conquer**
[káŋkər]

동 정복하다, 극복하다
My dream is to conquer the world. 내 꿈은 세계를 정복하는 것이다.

☐☐ **exhibition**
[èksəbíʃən]

명 전시, 전시회 ⊕ exhibit 동 전시하다
How about going to the modern art exhibition with me?
나와 함께 현대미술 전시회에 가는 게 어떠니?

Today's Grammar ⑭   **to부정사 - 명사적 용법 (보어)**

to부정사(to + 동사원형)가 보어로 쓰일 때는 주로 be동사 뒤에 오며, '~하는 것'으로 해석한다.
• My dream is to conquer the world. (내 꿈은 세계를 정복하는 것이다.)
• His hobby is to fly drones. (그의 취미는 드론을 날리는 것이다.)

Mini Check! 괄호 안에서 알맞은 것 고르기
• His job is (take / to take) care of monkeys at the zoo.
  (그의 일은 동물원에서 원숭이를 돌보는 것이다.)   Answer to take

A 영어는 우리말로, 우리말은 영어로 쓰시오.

1 biography
2 false
3 project
4 genius
5 exhibition
6 lead
7 method
8 clinic
9 economy
10 dynasty
11 silly
12 trash
13 critic
14 beyond
15 discover

16 지우다, 삭제하다
17 개인적인, 사적인
18 패배시키다, 이기다
19 말하다; 국가, 주
20 자원, 물자
21 정복[극복]하다
22 뜨다, 떠오르다
23 시험; 재판
24 역사
25 의심(하다)
26 모방하다, 흉내 내다
27 냄비, 항아리
28 그 대신에
29 경비원; 지키다
30 이웃, 이웃 사람

B 의미가 통하도록 연결한 후 우리말 뜻을 쓰시오.

1 a fair   •   • ⓐ spam
2 ancient •   • ⓑ trial
3 delete   •   • ⓒ exhibition
4 a photo •   • ⓓ history

C 주어진 철자로 시작하는 영단어를 쓰시오.

1 true ↔ f☐☐☐☐
2 t☐☐☐☐ can : 쓰레기통
3 sink ↔ f☐☐☐☐
4 d☐☐☐☐☐☐☐☐ a deserted island : 무인도를 발견하다
5 stupid ↔ s☐☐☐☐

□□ **suspect**
동[səspékt]
명[sʌ́spekt]

동 **의심하다** 명 **용의자** ✚ a murder suspect 살인 용의자

I suspect the truth of her statement.

나는 그녀가 한 진술의 진실성을 의심한다.

□□ **insect**
[ínsekt]

명 **곤충** ✚ insect collecting 곤충 채집

Insects ate the leaves of the cabbages.

곤충들이 양배추 잎을 먹었다.

□□ **extinct**
[ikstíŋkt]

형 **멸종된, 사라진** ✚ extinction 명 멸종

These birds are in danger of becoming extinct.

이 새들은 멸종 위험에 처해 있다.

□□ **produce**
[prədjúːs]

동 **제작하다, 생산하다** ✚ product 명 생산물, 상품

He produced many creative artworks during his life.

그는 일생 동안 많은 창조적인 예술품들을 생산했다.

□□ **construct**
[kənstrʌ́kt]

동 **건설하다** (= build)

The airport was constructed in 1998.

그 공항은 1998년에 건설되었다.

□□ **lift**
[lift]

동 **들어 올리다, 올리다**

He can lift a heavy car with his ear.

그는 무거운 차를 귀로 들어 올릴 수 있다.

□□ **spirit**
[spírit]

명 **정신, 태도**

His spirit will remain with us forever.

그의 정신은 우리와 함께 영원히 남을 것이다.

□□ **elegant**
[éligənt]

형 **우아한, 품격 있는**

The hotel building is classic, simple and elegant.

그 호텔 건물은 고전적이고 소박하며 우아하다.

☐☐ **row**
[rou]

명 줄, 열

He has a row of carrots in the garden.
그는 정원에 당근 한 줄을 갖고 있다.

☐☐ **century**
[séntʃəri]

명 세기, 100년

King Sejong created Hanguel in the 15th century.
세종대왕은 15세기에 한글을 창제했다.

☐☐ **invent**
[invént]

통 발명하다 ⊕ invention 명 발명, 발명품

They invented Crayons. 그들은 크레용을 발명했다.

〉〉〉 Voca Plus

toothbrush(칫솔)는 인류 역사상 최고의 발명품 중 하나인데 칫솔이 발명되고 인류의 수명이 30년 연장되었다고 합니다. 현재 칫솔은 영국의 William Addis가 1770년에 발명한 것으로 알려져 있어요.

☐☐ **reply**
[riplái]

명 대답, 답장 통 대답하다

Thank you for your quick reply. 빠른 답장에 감사드립니다.

☐☐ **audience**
[ɔ́:diəns]

명 관중, 청중

His speech delighted the audience. 그의 연설은 청중을 기쁘게 했다.

☐☐ **ancient**
[éinʃənt]

형 고대의, 먼 옛날의(↔ modern 현대의)

This ancient gold coin is priceless.
이 고대 금화는 값을 매길 수 없을 만큼 귀중하다.

☐☐ **environment**
[inváiərənmənt]

명 환경

Many people are worried about the environment.
많은 사람들이 환경에 대해 걱정한다.

☐☐ **calm**
[ka:m]

형 침착한, 평온한 통 가라앉히다

Keep calm, everything will be OK. 침착해, 모든 게 잘 될 거야.

□□ **department** 명 부서, 매장, 학과 ⊕ department store 백화점
[dipá:rtmənt]
She's the manager of the shoe **department**.
그녀는 신발 매장의 매니저이다.

□□ **present** 명 선물(= gift) 형 참석한
[préznt]
Give your birthday **presents** to children in need.
네 생일 선물들을 어려운 아이들에게 주어라.

□□ **second** 명 (시간 단위) 초 형 두 번째의
[sékənd]
Every five **seconds**, one child dies of hunger.
5초마다 아이 한 명이 굶어 죽는다.

□□ **generous** 형 관대한, 너그러운
[dʒénərəs]
My grandmother was a kind and **generous**.
나의 할머니는 친절하고 너그러우셨다.

□□ **front** 명 앞, 정면 ⊕ in front of ~의 앞에
[frʌnt]
She came up to the **front** and started to sing.
그녀는 앞으로 나가서 노래를 부르기 시작했다.

□□ **plot** 명 줄거리, 구성
[plat]
I won't tell you the **plot** of the film.
나는 그 영화의 줄거리를 네게 말하지 않을 거야.

□□ **display** 동 전시하다, 진열하다 명 전시, 진열
[displéi]
She **displayed** the wedding gifts in a cupboard.
그녀는 결혼 선물을 장식장 안에 진열했다.

□□ **account** 명 계좌, 계정 동 설명하다
[əkáunt]
He put some money into his savings **account** every week.
그는 매주 그의 예금 계좌에 약간의 돈을 넣었다.

□□	**equipment**	몡 장비, 용품, 설비
	[ikwípmənt]	Do you need all this equipment for a hiking?
		너는 하이킹하는 데 이 모든 장비가 필요하니?

□□	**attempt**	동 시도하다 명 시도
	[ətémpt]	She attempted to lift the box onto the table.
		그녀는 그 상자를 탁자 위로 올리려는 시도를 했다.

□□	**result**	명 결과, 결말 동 결과로서 생기다
	[rizʌ́lt]	I hope the exam results are good. 나는 시험 결과가 좋기를 바란다.

□□	**separate**	형 분리된, 따로 떨어진 동 분리하다
	형 [sépərət]	They are in separate rooms.
	동 [sépərèit]	그들은 따로 떨어진 방에 있다.

□□	**policy**	명 정책, 방침
	[pɑ́ləsi]	The president announced a new economic policy.
		대통령은 새로운 경제 정책을 발표했다.

□□	**expert**	명 전문가 형 능숙한
	[ékspəːrt]	The woman is an expert about coffee.
		그 여자는 커피에 관해서는 전문가이다.

Today's Grammar ⑮   to부정사 – 명사적 용법(목적어)

to부정사(to + 동사원형)가 목적어로 쓰일 때는 동사 뒤에 온다.
• I like to read comic books. (나는 만화책 읽는 것을 좋아한다.)
• She promised to eat breakfast. (그녀는 아침을 먹기로 약속했다.)

Mini Check!   괄호 안에서 알맞은 것 고르기
• She attempted (lift / to lift) the box onto the table.
  (그녀는 탁자 위에 그 상자를 올리려고 시도했다.)   Answer to lift

A 영어는 우리말로, 우리말은 영어로 쓰시오.

1 front	16 환경
2 row	17 계좌, 계정
3 elegant	18 초; 두 번째의
4 policy	19 전문가; 능숙한
5 plot	20 장비, 용품, 설비
6 audience	21 분리된, 따로 떨어진
7 invent	22 결과, 결말
8 generous	23 세기, 100년
9 spirit	24 전시(하다), 진열(하다)
10 construct	25 침착한, 평온한
11 extinct	26 대답(하다), 답장
12 ancient	27 선물; 참석한
13 insect	28 들어 올리다
14 suspect	29 제작[생산]하다
15 attempt	30 부서, 매장

B 의미가 통하도록 연결한 후 우리말 뜻을 쓰시오.

1 protect	•	• ⓐ row
2 the front	•	• ⓑ the environment
3 a murder	•	• ⓒ suspect
4 department	•	• ⓓ store

C 주어진 철자로 시작하는 영단어를 쓰시오.

1 build = c☐☐☐☐☐☐☐☐

2 i☐☐☐☐☐ : a small animal with six legs and a body in three parts

3 modern ↔ a☐☐☐☐☐☐

4 gift = p☐☐☐☐☐☐

5 a new economic p☐☐☐☐☐ : 새로운 경제 정책

Day 16

발음 듣기

□□ **demand** [dimǽnd]

[동] **요구하다** [명] **요구, 수요** ⊕ supply and demand 수요와 공급

He demanded 2,000 dollars from the company.

그는 회사로부터 2,000달러를 요구했다.

□□ **valley** [vǽli]

[명] **계곡, 골짜기**

There is a valley with giant trees and tall grass.

큰 나무들과 큰 풀들이 있는 계곡이 있다.

□□ **mean** [miːn]

[동] **의미하다, 뜻하다** (-meant-meant)

Some people think tears mean weakness.

어떤 사람들은 눈물이 나약함을 의미한다고 생각한다.

□□ **custom** [kʌ́stəm]

[명] **관습, 풍습** *cf.* customs [명] 세관

She told us about the local customs.

그녀는 우리에게 지역의 관습에 대해 이야기했다.

□□ **surface** [sə́ːrfis]

[명] **표면, 겉**

The road has a smooth, even surface.

그 도로는 매끄럽고 평평한 표면을 갖고 있다.

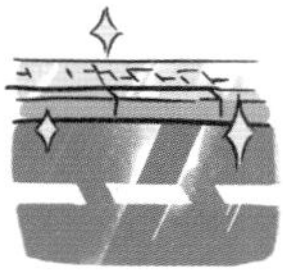

□□ **heavily** [hévili]

[부] **심하게, 아주 많이, 세게** ⊕ heavy [형] 무거운, 심한

As soon as I got home, it started to rain heavily.

내가 집에 도착하자마자, 비가 아주 많이 오기 시작했다.

□□ **shy** [ʃai]

[형] **수줍은, 부끄럼 타는**

She is so shy that she didn't speak to anyone.

그녀는 너무 수줍어서 아무에게도 말하지 않았다.

□□ **mission** [míʃən]

[명] **임무, 사명**

Our mission was to destroy the building.

우리의 임무는 그 건물을 파괴하는 것이었다.

Day 16

□□ **journey** [dʒə́ːrni]
[명] **여행, 여정**
It's always fun to plan a **journey**. 여행을 계획하는 것은 항상 즐겁다.

□□ **scared** [skɛərd]
[형] **무서워하는, 겁먹은** ⊕ scare [동] 겁주다
The thieves got **scared** and ran away.
그 도둑들은 겁을 먹고 달아났다.

□□ **frightened** [fráitnd]
[형] **겁먹은, 무서워하는** ⊕ frighten [동] 겁먹게 만들다
Don't be **frightened** of the dog. 그 개에게 겁먹지 마라.

Voca Plus
'겁내는', '무서워하는'의 뜻을 갖는 단어들 : scared, afraid, frightened
a frightened child(겁먹은 아이), a scared girl(무서워하는 소녀), afraid of snakes(뱀을 무서워하는) *cf*. afraid는 명사 앞에 쓸 수 없다.

□□ **imagine** [imǽdʒin]
[동] **상상하다, (마음속으로) 그리다** ⊕ imaginary [형] 상상의
I sometimes **imagine** that I travel to the Mars.
나는 가끔 화성으로 여행 가는 것을 상상한다.

□□ **anniversary** [ænəvə́ːrsəri]
[명] **기념일** ⊕ wedding anniversary 결혼기념일
This Friday is our school's **anniversary** celebration.
이번 주 금요일은 우리 학교 개교기념일 행사가 있다.

□□ **tool** [tuːl]
[명] **도구, 연장**
I don't know how to use **tools**. 나는 도구 사용법을 모른다.

□□ **heritage** [héritidʒ]
[명] **유산** ⊕ a cultural heritage 문화 유산
They try to preserve the town's **heritage**.
그들은 그 마을의 유산을 보존하려고 노력한다.

□□ **either** [íːðər]
[형] **(둘 중) 어느 하나의** [대] **(둘 중) 어느 하나**
He wants to buy **either** in-line skates or bike.
그는 인라인스케이트나 자전거 둘 중 하나를 사고 싶어 한다.

	portrait	몡 **초상화** ⊕ self-portrait 자화상
	[pɔ́ːrtrit]	He has painted a **portrait** of the Queen.
		그는 여왕의 초상화를 그렸다.

	experiment	몡 **실험**
	[ikspérəmənt]	During the **experiment**, he noticed something strange.
		실험하는 동안, 그는 이상한 것을 발견했다.

	exist	동 **존재하다, 실존하다**
	[igzíst]	When I was a child, cell phones didn't **exist**.
		내가 어렸을 때, 휴대전화가 존재하지 않았다.

	absorb	동 **흡수하다; (주의를) 빼앗다** ⊕ be absorbed in ~에 열중하다
	[æbsɔ́ːrb]	Salt **absorbs** moisture from the air.
		소금은 공기로부터 수분을 흡수한다.

	notice	동 **알아차리다** 몡 **주의, 통지**
	[nóutis]	Tom **noticed** that someone was following him.
		Tom은 누군가가 자기를 따라오고 있다는 것을 알아차렸다.

	within	전 **~ 이내에, ~ 안에**
	[wiðín]	We will deliver the sofa **within** a week.
		저희는 1주일 이내에 소파를 배달해 드리겠습니다.

	loose	형 **헐렁한**
	[luːs]	Wear **loose** pants and a T-shirt. 헐렁한 바지와 티셔츠를 입어라.

	remove	동 **제거하다, 없애다**
	[rimúːv]	You should **remove** the tatoo. 너는 그 문신을 제거해야 한다.

	edit	동 **편집하다, 교정하다** *cf*. editor 몡 편집자
	[édit]	Can you **edit** this essay for me? 이 과제물 교정 좀 봐주시겠어요?

□□ **supply**
[səplái]

명 공급 동 공급하다 ⊕ in short supply 공급이 부족한
The brain needs a continuous **supply** of blood.
두뇌는 계속적인 혈액 공급을 필요로 한다.

□□ **research**
[risə́:rtʃ]

명 연구, 조사 동 연구하다, 조사하다
My job is to do market **research**.
나의 일은 시장 조사를 하는 것이다.

□□ **orphanage**
[ɔ́:rfənidʒ]

명 고아원 *cf.* orphan 명 고아
I go to the **orphanage** to do volunteer work.
나는 자원봉사 활동을 하기 위해 고아원에 간다.

□□ **injure**
[índʒər]

동 부상을 입다, 다치게 하다 ⊕ injury 명 부상
He **injured** his arm playing tennis.
그는 테니스를 치다가 팔에 부상을 입었다.

□□ **donate**
[dóuneit]

동 기부하다, 기증하다 ⊕ donation 명 기부
He **donated** a lot of money to the orphanage.
그는 고아원에 많은 돈을 기부했다.

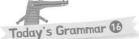

Today's Grammar 16   to부정사의 부사적 용법

to부정사(to + 동사원형)가 부사처럼 동사, 형용사, 부사를 수식해 준다.

목적(~하기 위해)	I go to the shop to buy milk. (우유를 사기 위해)
감정의 원인(~해서)	I am glad to see you again. (너를 다시 만나서)
결과(~해서 …하다)	He grew up to be a singer. (자라서 가수가 되었다)
형용사 수식(~하기에)	The riddle is difficult to solve. (풀기에 어려운)

Mini Check! 밑줄 친 부분의 의미 고르기

(1) Chinese is hard to learn. (감정의 원인 / 형용사 수식)
　　(중국어는 배우기 어렵다.)

(2) I turned on the TV to watch the game. (목적 / 결과)
　　(나는 그 게임을 보기 위해 TV를 켰다.)   Answer (1) 형용사 수식 (2) 목적

정답 p.295

A 영어는 우리말로, 우리말은 영어로 쓰시오.

1 anniversary
2 remove
3 tool
4 heritage
5 custom
6 frightened
7 orphanage
8 within
9 mission
10 scared
11 mean
12 supply
13 surface
14 portrait
15 journey

16 실험(하다)
17 헐렁한
18 부상을 입다
19 흡수하다
20 심하게, 세게
21 (둘 중) 어느 하나의
22 연구, 조사
23 편집[교정]하다
24 기부[기증]하다
25 요구하다; 수요
26 존재[실존]하다
27 알아차리다; 주의
28 수줍은
29 상상하다
30 계곡, 골짜기

B 의미가 통하도록 연결한 후 우리말 뜻을 쓰시오.

1 a cultural   •   • ⓐ anniversary
2 wedding   •   • ⓑ sweater
3 paint   •   • ⓒ heritage
4 a loose   •   • ⓓ a portrait

C 주어진 철자로 시작하는 영단어를 쓰시오.

1 an old c☐☐☐☐☐ : 오래된 관습
2 s☐☐☐☐☐☐ : the top part of something
3 supply and d☐☐☐☐☐ : 공급과 수요
4 e☐☐☐ a book: 책을 편집하다
5 d☐☐☐☐☐ blood: 헌혈하다

Day 17

발음 듣기

□□ **powerful** [páuərfəl]

[형] **강한, 영향력 있는** ⊕ power [명] 힘

Superman is strong and **powerful**. 슈퍼맨은 힘 세고 강하다.

□□ **activity** [æktívəti]

[명] **활동** ⊕ active [형] 활동적인

What's your favorite outdoor **activity**?
네가 가장 좋아하는 야외 활동은 무엇이니?

□□ **nearly** [níərli]

[부] **거의** (= almost)

My daughter is **nearly** as tall as I. 나의 딸은 나와 키가 거의 같다.

□□ **chemistry** [kéməstri]

[명] **화학**

My sister is studying **chemistry** at university.
나의 언니는 대학교에서 화학을 공부하고 있다.

□□ **raw** [rɔː]

[형] **날것의, 가공되지 않은** ⊕ raw meat 생고기

You shouldn't eat **raw** potatoes! 감자를 날것으로 먹어서는 안 된다!

□□ **tax** [tæks]

[명] **세금**

We must pay your **tax** on the correct date.
우리는 제 날짜에 세금을 내야 한다.

□□ **duty** [djúːti]

[명] **의무, 세금**

Each member has his or her **duty**. 각 회원은 각자의 의무가 있다.

Voca Plus

'세금'을 뜻하는 단어들
- tax : 일반적인 국내 세금 *ex.* income tax(소득세), tax increase[cuts](세금 인상[인하])
- duty : 특히 국내로 들여오는 물품에 대한 세금 *ex.* duty-free 면세의, customs duty 관세

□□ **insert** [insə́ːrt]

[동] **끼우다, 넣다**

I **inserted** the photos into an envelope.
나는 봉투 안에 사진들을 넣었다.

□□ **scratch** [skrætʃ]
[동] **긁다, 할퀴다** [명] **할퀸 자국**
The man **scratched** his head with a pen.
그 남자는 펜으로 머리를 긁었다.

□□ **tomb** [tu:m]
[명] **무덤**
Why do you pour a drink over the **tomb**?
너는 왜 무덤에 술을 붓니?

□□ **community** [kəmjú:nəti]
[명] **지역 사회, 공동체**
I work at the **community** center on weekends.
나는 주말마다 지역 문화 센터에서 일한다.

□□ **charity** [tʃǽrəti]
[명] **자선 단체, 자선**
We sent clothes to a **charity** for the homeless.
우리는 노숙자를 위한 자선 단체에 옷을 보냈다.

□□ **regard** [rigɑ́:rd]
[동] **~으로 여기다, 간주하다** ⊕ regard A as B A를 B로 여기다
You **regard** Janet as your best friend.
너는 Janet을 가장 친한 친구로 여긴다.

□□ **university** [jù:nəvə́:rsəti]
[명] **대학교**
What do you study at **university**?
너는 대학교에서 무엇을 공부하니?

□□ **prevent** [privént]
[동] **예방하다, 막다** ⊕ prevent fire 화재를 예방하다
It is possible to **prevent** traffic accident.
교통사고를 예방하는 것은 가능한 일이다.

□□ **liberty** [líbərti]
[명] **자유**(=freedom)
Give me **liberty**, or give me death!
나에게 자유가 아니면 죽음을 달라!

□□ **consider**
[kənsídər]

ⓢ **고려하다, ~라고 여기다**
I consider health more important than money.
나는 돈보다 건강을 더 중요하게 여긴다.

□□ **settle**
[sétl]

ⓢ **해결하다, 정착하다**
His family has settled down in Australia.
그의 가족은 호주에 정착했다.

□□ **serious**
[síəriəs]

ⓗ **심각한, 진지한** ⊕ seriously ⓑ 심하게, 진지하게
He is suffering from a serious illness.
그는 심각한 질병으로 고통 받고 있다.

□□ **electric**
[iléktrik]

ⓗ **전기의** ⊕ electricity ⓜ 전기, 전력
⊕ an electric guitar 전기 기타
My father works for an electric company.
나의 아버지는 전기 회사에 다니신다.

□□ **desert**
ⓜ[dézərt]
ⓢ[dizə́:rt]

ⓜ **사막** ⓢ **버리다** ⊕ dessert ⓜ 후식, 디저트
Sun cream is necessary in the desert.
선크림은 사막에서 필수적이다.

□□ **indeed**
[indí:d]

ⓑ **정말, 실제로**
A friend in need is a friend indeed.
어려울 때 친구가 정말 친구이다.

□□ **liquid**
[líkwid]

ⓜ **액체** *cf.* solid 고체, gas 기체
She was pouring liquid into a pot.
그녀는 냄비 안에 액체를 붓고 있었다.

□□ **vacuum**
[vǽkjuəm]

ⓢ **진공청소기로 청소하다** ⓜ **진공**
Mom vacuumed and mopped the floor.
엄마는 바닥을 진공청소기로 청소하고 대걸레로 닦았다.

□□ **bald** [bɔːld]	혱 **대머리의, 머리가 벗겨진**	

His grandfather is quite bald. 그의 할아버지는 심한 대머리이다.

□□ **region** [ríːdʒən]

몡 **지역, 지방**

Ulsan is the main industrial region in Korea.
울산은 한국의 주요 산업 지역이다.

□□ **credit** [krédit]

몡 **신용 거래** ⊕ credit card 신용 카드

Many people use credit cards these days.
요즈음 많은 사람들이 신용 카드를 사용한다.

□□ **refund** 동[rifʌ́nd] 몡[ríːfʌnd]

동 **환불하다** 몡 **환불**

Would you like an exchange or a refund?
교환해 드릴까요 아니면 환불해 드릴까요?

□□ **predict** [pridíkt]

동 **예측하다, 예보하다** ⊕ predict the weather 날씨를 예보하다

There is no way to predict earthquakes.
지진을 예측하는 방법은 없다.

□□ **toward** [tɔːrd]

젠 **~를 향하여, ~쪽으로**

He ran toward the hospital. 그는 병원을 향해 달려갔다.

Today's Grammar ⑰ **to부정사 - 형용사적 용법**

to부정사(to + 동사원형)가 형용사처럼 (대)명사를 뒤에서 수식해 준다.

(대)명사 + to부정사	This is the way to predict earthquakes. (이것이 지진을 예측하는 방법이다.)
(대)명사 + to부정사 + 전치사	She needs a chair to sit on.(그녀는 앉을 의자가 필요하다.)

Mini Check! 밑줄 친 부분이 수식하는 말 찾기

• Do you have a pen to write with?
(너는 쓸 펜을 가지고 있니?)

Answer a pen

A 영어는 우리말로, 우리말은 영어로 쓰시오.

1 serious

2 insert

3 tax

4 region

5 liberty

6 predict

7 desert

8 activity

9 powerful

10 charity

11 refund

12 regard

13 nearly

14 university

15 duty

16 액체

17 대머리의

18 화학

19 전기의

20 신용 거래

21 지역 사회

22 정말, 실제로

23 해결[정착]하다

24 무덤

25 날것의

26 ~를 향하여

27 긁다, 할퀴다

28 예방하다, 막다

29 고려하다

30 진공청소기로 청소하다

B 의미가 통하도록 연결한 후 우리말 뜻을 쓰시오.

1 predict ·   · ⓐ meat

2 raw ·   · ⓑ fire

3 prevent ·   · ⓒ the weather

4 outdoor ·   · ⓓ activity

C 주어진 철자로 시작하는 영단어를 쓰시오.

1 almost = n☐☐☐☐☐

2 freedom = l☐☐☐☐☐☐

3 l☐☐☐☐☐ : a substance such as water

4 c☐☐☐☐☐ card 신용 카드

5 ask for a r☐☐☐☐☐ : 환불을 요청하다

□□ **arrow**
[ǽrou]

🅟 화살 ◆ shoot an arrow 활을 쏘다
The players shot **arrows** at targets.
선수들이 과녁을 향해 화살을 쏘았다.

□□ **instant**
[ínstənt]

🅗 즉각적인, 인스턴트의
He gave up smoking and the effect was **instant**.
그가 담배를 끊자 효과가 즉시 나타났다.

□□ **situation**
[sìtʃuéiʃən]

🅟 상황, 처지 ◆ dangerous situations 위험한 상황
Shirley explained the **situation** to the police officer.
Shirley는 그 상황을 경찰관에게 설명했다.

□□ **responsible**
[rispánsəbl]

🅗 책임이 있는 ◆ be responsible for ~에 책임이 있다
You were equally **responsible** for the mistake.
너희들은 그 실수에 대해 똑같이 책임이 있다.

□□ **divide**
[diváid]

🅓 나누다 (= separate) ◆ division 🅟 분배, 나눗셈
She **divided** the pizza into six pieces.
그녀는 피자를 6조각으로 나누었다.

□□ **degree**
[digríː]

🅟 (온도, 각도의) 도; 정도; 학위 ◆ a doctor degree 박사 학위
Bend your knees and move your body to 45 **degrees**.
무릎을 구부리고 몸을 45도 이동하시오.

□□ **pack**
[pæk]

🅓 (짐을) 싸다, 꾸리다 ◆ package 🅟 꾸러미, 소포
Did you finish **packing** for the trip? 여행 짐은 다 쌌니?

□□ **trouble**
[trʌ́bl]

🅟 문제, 곤란, 골칫거리 ◆ have trouble 어려움이 있다
My dog makes **trouble** all the time.
나의 개는 항상 문제를 일으킨다.

□□ **damage**
[dǽmidʒ]

(명) **손상, 피해** (동) **손해를 입히다**
The storm caused serious damage.
폭풍우가 심각한 피해를 일으켰다.

□□ **spray**
[sprei]

(동) **뿌리다** (명) **스프레이, 분무**
He sprayed water the garden. 그는 정원에 물을 뿌렸다.

□□ **invade**
[invéid]

(동) **침략하다, 침입하다** ⊕ invasion (명) 침략, 침입
Hitler invaded Poland in 1939. 히틀러는 1939년에 폴란드를 침략했다.

□□ **battle**
[bǽtl]

(명) **전투, 투쟁**
Many soldiers died in the first battle of the war.
많은 병사들이 그 전쟁의 첫 번째 전투에서 죽었다.

)))) **Voca Plus**

무력을 이용한 war(전쟁)와 battle(전투)
두 세력이 '전쟁(war)'을 일으키면 여러 '전투(battle)'를 치르게 되지요. 즉, 전투는 전쟁의 일부로 볼
수 있어요. 또한 war와 battle은 다른 의미의 싸움을 의미하기도 합니다.
ex. a trade war(무역 전쟁), a battle for survival(생존을 위한 투쟁)

□□ **reduce**
[ridjúːs]

(동) **줄이다, 낮추다**(↔ increase 증가하다)
Positive thinking reduce stress. 긍정적인 생각은 스트레스를 줄여준다.

□□ **slave**
[sleiv]

(명) **노예**
He worked like a slave. 그는 노예처럼 일했다.

□□ **background**
[bǽkɡraund]

(명) **배경** ⊕ historical background 역사적 배경
Soft music was playing in the background.
부드러운 음악이 배경으로 흘러나오고 있었다.

□□ **continent**
[kántənənt]

(명) **대륙, 육지**
Asia is the biggest continent in the world.
아시아는 세계에서 가장 큰 대륙이다.

☐☐ **blame**	동 **나무라다, ~을 탓하다** 명 **책임, 탓**	
[bleim]	❖ blame A on[for] B A를 B 탓으로 돌리다	
	A bad workman always blames his tool.	
	솜씨 없는 일꾼이 항상 연장 탓한다.	

☐☐ **except**
[iksépt]

전 **~을 제외하고**

Everybody except Mom has already gone to bed.
엄마를 제외한 모든 사람이 이미 잠자리에 들었다.

☐☐ **vertical**
[vɔ́:rtikəl]

형 **수직의, 세로의** *cf.* horizontal 형 수평의, 가로의
❖ draw a vertical line 세로로 줄을 긋다

He drew a few vertical lines to show trees.
그는 나무를 보여주기 위해 세로 줄을 몇 개 그렸다.

☐☐ **compare**
[kəmpέər]

동 **비교하다, 비유하다**
❖ compare A with[to] B A를 B와 비교하다

Compare the front with the back. 앞과 뒤를 비교하시오.

☐☐ **stare**
[stɛər]

동 **빤히 쳐다보다, 응시하다**

She stared sadly out of the window. 그녀는 창밖을 슬프게 응시했다.

☐☐ **path**
[pæθ]

명 **작은 길, 오솔길; 통로**

I walked down the path to meet her.
나는 그녀를 만나기 위해 오솔길을 걸어내려갔다.

☐☐ **effort**
[éfərt]

명 **수고, 노력**

You need much effort to be a singer.
너는 가수가 되기 위해서 많은 노력이 필요하다.

☐☐ **mystery**
[místəri]

명 **미스테리, 수수께끼** ❖ mystery novel[story] 추리 소설

The detective finally cleared up the mystery.
그 탐정은 드디어 미스테리를 해결했다.

Day 18

□□ **attack** [ətǽk]

[명] **공격** [동] **공격하다**

Suddenly, a masked man **attacked** me.

갑자기 복면을 한 남자가 나를 공격했다.

□□ **medical** [médikəl]

[형] **의학의, 의료의**

He opened a free **medical** center last week.

그는 지난주에 무료 의료 센터를 오픈했다.

□□ **control** [kəntróul]

[동] **지배하다, 통제하다** [명] **지배, 통제**

They couldn't **control** the sheep. 그들은 양들을 통제할 수 없었다.

□□ **harm** [ha:rm]

[명] **해, 피해** [동] **해를 끼치다** ⊕ harmful [형] 해로운

Smoking does **harm** to your health. 흡연은 건강에 해가 된다.

□□ **quit** [kwit]

[동] **그만두다, 중지하다** (-quit-quit) (=stop)

Please **quit** bothering your brother!

네 동생 좀 그만 좀 괴롭히렴.

□□ **react** [riǽkt]

[동] **반응하다** ⊕ reaction [명] 반응

How did she **react** to your suggestion?

네 제안에 그녀는 어떻게 반응했니?

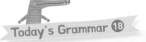

Today's Grammar 18 동명사

동명사(동사원형 + -ing)는 명사처럼 쓰여 문장에서 주어, 보어, 목적어 역할을 한다.

주어	Playing soccer is exciting. (축구를 하는 것은) – 단수 취급
보어	My hobby is playing soccer. (축구를 하는 것이다)
목적어	I enjoy playing soccer. (축구 하는 것을)

Mini Check! **괄호 안에서 알맞은 것 고르기**

• His job is (drive / driving) a bus.
(그의 직업은 버스를 운전하는 것이다.)

Answer driving

정답 p.295

A 영어는 우리말로, 우리말은 영어로 쓰시오.

1 battle		16 노예	
2 continent		17 비교[비유]하다	
3 vertical		18 (짐을) 싸다	
4 reduce		19 뿌리다; 분무	
5 invade		20 문제, 곤란	
6 mystery		21 응시하다	
7 background		22 공격(하다)	
8 responsible		23 해, 피해	
9 react		24 작은 길, 오솔길	
10 quit		25 도; 정도; 학위	
11 situation		26 지배[통제]하다	
12 divide		27 화살	
13 except		28 즉각적인	
14 effort		29 손상, 피해	
15 medical		30 나무라다, ~을 탓하다	

B 의미가 통하도록 연결한 후 우리말 뜻을 쓰시오.

1 mystery · · ⓐ degree

2 historical · · ⓑ an arrow

3 shoot · · ⓒ novel

4 a doctor · · ⓓ background

C 주어진 철자로 시작하는 영단어를 쓰시오.

1 increase ↔ r □□□□□

2 v □□□□□□□ : standing or rising straight up

3 have t □□□□□□ : 어려움이 있다

4 stop = q □□□

5 separate = d □□□□□

□□ **greedy**
[grí:di]

형 **탐욕스러운, 욕심 많은** (↔ generous 인심 좋은) ⊕ greed 탐욕

The man is very greedy for money.
그 남자는 돈에 매우 탐욕스럽다.

□□ **contain**
[kəntéin]

동 **포함하다, 함유하다**

It contains a lot of sugar. 그것은 많은 당분을 함유하고 있다.

□□ **cabin**
[kǽbin]

명 **오두막집; 선실**

There is a cabin by a lake. 호숫가에 오두막집이 한 채 있다.

□□ **energy**
[énərdʒi]

명 **에너지, 힘** ⊕ solar energy 태양 에너지

We should save energy for the Earth.
우리는 지구를 위해 에너지를 절약해야 한다.

□□ **trick**
[trik]

명 **속임수, 마술**

Color is important in eye tricks. 색은 눈속임수에 있어서 중요하다.

□□ **grain**
[grein]

명 **곡물, (곡식의) 낟알**

My favorite grain is wheat. 내가 가장 좋아하는 곡물은 밀이다.

)))▶ Voca Plus

식생활에서 접할 수 있는 곡물(grain)의 종류
rice(쌀), wheat(밀), rye(호밀), barley(보리), corn(옥수수), oats(율무), millet(기장) 등

□□ **population**
[pὰpjuléiʃən]

명 **인구** ⊕ an increase in population 인구 증가

The town's population is decreasing slowly.
그 마을의 인구는 서서히 감소하고 있다.

□□ **gallery**
[gǽləri]

명 **미술관, 화랑**

She is too sick to go to the art gallery.
그녀는 너무 아파서 미술관에 갈 수 없다.

☐☐ **maximum** 　ⓗ 최고의, 최대의 　ⓜ 최고
[mǽksəməm] 　You shouldn't drive at the maximum speed at night.
밤에는 최고 속도로 달리면 안 된다.

☐☐ **messy** 　ⓗ 지저분한, 엉망인 　⊕ mess ⓜ 엉망인 상태
[mési] 　You room are too messy! Clean up right now.
네 방이 너무 지저분하구나! 당장 치우렴.

☐☐ **military** 　ⓗ 군대의, 군사의 　ⓜ 군대
[mílitèri] 　The military band played cheerful music.
군악대가 흥겨운 음악을 연주했다.

☐☐ **musician** 　ⓜ 음악가, 뮤지션 　⊕ music ⓜ 음악
[mjuːzíʃən] 　She was a gifted musician and played the
cello. 그녀는 재능있는 음악가였고 첼로를 연주했다.

☐☐ **complain** 　ⓥ 불평하다, 항의하다 　⊕ complaint ⓜ 불평
[kəmpléin] 　Many people complain about the food.
많은 사람들이 음식에 대해서 불평한다.

☐☐ **main** 　ⓗ 주된, 주요한
[mein] 　Carbon dioxide is a main cause of global warming.
이산화탄소가 지구온난화의 주된 원인이다.

☐☐ **educate** 　ⓥ 교육하다, 가르치다 　⊕ education ⓜ 교육
[édʒukèit] 　They educated about the dangers of alcohol.
그들은 술의 위험성에 대해 교육했다.

☐☐ **represent** 　ⓥ 대표하다, 표현하다
[rèprizént] 　This music represents the four seasons.
이 음악은 4계절을 표현한다.

Day 19

□□ **calculate** [kǽlkjulèit]

[동] **계산하다, 산출하다**

You can **calculate** the volume of the box.

너는 그 상자의 부피를 계산할 수 있다.

□□ **cave** [keiv]

[명] **동굴** [동] **동굴을 파다**

Ali Baba didn't use a key to open the **cave**.

알리바바는 동굴을 여는 데 열쇠를 사용하지 않았다.

□□ **chance** [tʃæns]

[명] **기회, 가능성** ⊕ by chance 우연히

Find the **chance** in difficulties. 어려움 속에서 기회를 찾아라.

□□ **occupation** [ɑ̀kjupéiʃən]

[명] **직업** (= career, job)

Please state your name, age, and **occupation**.

성명, 연령, 직업을 말씀해 주세요.

□□ **compete** [kəmpíːt]

[동] **경쟁하다, 겨루다** ⊕ competition [명] 경쟁

Two runners are **competing** for the gold medal.

두 경주자가 금메달을 놓고 겨루고 있다.

□□ **bite** [bait]

[동] **물다, 물어뜯다** (-bit-bitten)

Don't tease the dog, or it will **bite** you.

그 개를 놀리지 마, 그렇지 않으면 그 개가 널 물 거야.

□□ **publish** [pʌ́bliʃ]

[동] **출판하다, 발행하다** ⊕ publication [명] 출판, 발행

My sister wants to **publish** a poetry book.

나의 언니는 시집을 출판하기를 원한다.

□□ **opposite** [ɑ́pəzit]

[형] **반대의, 맞은편의** ⊕ oppose [동] 반대하다

⊕ in the opposite direction 반대 방향으로

There is a park on the **opposite** side of the street.

길의 맞은편에 공원이 하나 있다.

□□ **vote** [vout]

[동] **투표하다** [명] **투표**

The students **voted** for or against homework.

학생들은 숙제에 대한 찬반 투표를 했다.

□□ **urban** [ə́:rbən]

[형] **도시의**(↔ rural 시골의)

I'm tired of an **urban** lifestyle. 나는 도시 생활에 싫증이 났다.

□□ **lightning** [láitniŋ]

[명] **번개** ⊕ thunder and lightning 천둥과 번개

The storm approached with thunder and **lightning**.

폭풍우가 천둥 번개와 함께 다가왔다.

□□ **pardon** [pá:rdn]

[명] **용서** [동] **용서하다, 인정하다**

She went to ask for **pardon**. 그녀는 용서를 구하러 갔다.

□□ **slim** [slim]

[형] **날씬한, 호리호리한**(= thin, slender)

She looks **slim** in the dress. 그녀는 그 드레스를 입어 날씬해 보인다.

□□ **view** [vju:]

[명] **관점, 견해; 경치**

She has a romantic **view** of life. 그녀는 낭만적인 인생관을 갖고 있다.

Today's Grammar 19 감각동사(2형식)

감각을 나타내는 동사 look, smell, feel, sound, taste 등은 보어로 형용사를 쓴다. 우리말 해석 때문에 보어로 부사를 쓰지 않도록 주의한다.

감각동사 + 형용사	She looks slim. (그녀는 날씬해 보인다.) The pasta smells good. (그 파스타는 좋은 냄새가 난다.)
감각동사 + like + 명사	She looks like an actress. (그녀는 배우처럼 보인다.)

Mini Check! **괄호 안에서 알맞은 것 고르기**

• Sujin looks (happy / happily) today.
(수진은 오늘 행복해 보인다.)

Answer happy

Ⓐ 영어는 우리말로, 우리말은 영어로 쓰시오.

1 musician
2 vote
3 lightning
4 slim
5 population
6 occupation
7 opposite
8 bite
9 compete
10 trick
11 gallery
12 messy
13 represent
14 energy
15 chance

16 주된, 주요한
17 동굴
18 교육하다
19 출판[발행]하다
20 용서(하다)
21 군대의, 군사의
22 도시의
23 탐욕스러운
24 포함[함유]하다
25 곡물, 낟알
26 오두막집; 선실
27 불평[항의]하다
28 관점, 견해
29 최고의, 최대의
30 계산[산출]하다

Ⓑ 의미가 통하도록 연결한 후 우리말 뜻을 쓰시오.

1 a messy   •   • ⓐ room
2 solar   •   • ⓑ energy
3 a greedy   •   • ⓒ lightning
4 thunder and   •   • ⓓ king

Ⓒ 주어진 철자로 시작하는 영단어를 쓰시오.

1 generous ↔ g☐☐☐☐☐
2 by c☐☐☐☐☐ : 우연히
3 thin = s☐☐☐
4 an increase in p☐☐☐☐☐☐☐☐☐☐ : 인구 증가
5 career = o☐☐☐☐☐☐☐☐☐

중학 2 Voca Day 20

발음 듣기

□□ **overcome** [òuvərkʌ́m]
[동] **극복하다, 이겨내다** (-overcame-overcome)
I tried to overcome my fear of flying.
나는 비행 공포증을 극복하려고 노력했다.

□□ **interact** [ìntərǽkt]
[동] **소통하다, 상호 작용하다**
I interact with him every day. 나는 매일 그와 소통한다.

□□ **fiction** [fíkʃən]
[명] **소설, 꾸며낸 이야기** (↔ nonfiction 실화)
⊕ science fiction 공상 과학 소설
She's interested in detective fiction. 그녀는 탐정 소설에 관심 있다.

□□ **courage** [kə́ːridʒ]
[명] **용기** (= bravery) ⊕ courageous [형] 용감한
I didn't have the courage to tell her.
나는 그녀에게 말을 걸 용기가 없었다.

□□ **crop** [krap]
[명] **농작물, 수확물**
Rice is the most important crop in Korea.
벼는 한국에서 가장 중요한 농작물이다.

□□ **warn** [wɔːrn]
[동] **경고하다, 주의를 주다** ⊕ warn of danger 위험을 경고하다
The weather forecast warned of storms.
일기예보는 폭풍우를 경고했다.

□□ **concern** [kənsə́ːrn]
[명] **걱정, 배려, 관심** [동] **걱정하다**
Thank you very much for your careful concerns.
여러분의 세심한 배려에 대해 정말 감사드립니다.

□□ **pattern** [pǽtərn]
[명] **양식, 패턴**
The world is full of interesting patterns.
세계는 흥미로운 패턴들로 가득 차 있다.

☐☐ **tap** [tæp]	동 **톡톡 두드리다** 명 **수도꼭지** She tapped him on the knee with her finger. 그녀는 손가락으로 그의 무릎을 톡톡 두드렸다.	

☐☐ **receipt** [risíːt]	명 **영수증** ⊕ receive 동 받다 Can I have a receipt, please? 영수증을 주시겠어요?	

☐☐ **pregnant** [prégnənt]	형 **임신한** She is pregnant with her first child. 그녀는 첫 아기를 임신 중이다.

☐☐ **dot** [dat]	명 **점** 동 **점을 찍다** He is wearing a blue tie with white dots. 그는 흰색 점이 있는 파란색 넥타이를 하고 있다.

☐☐ **spot** [spat]	명 **장소; 점, 반점** ⊕ a tourist spot 관광지 We played in our favorite spot. 우리는 우리가 가장 좋아하는 장소에서 놀았다.

〉〉〉 Voca Plus

'점'을 나타내는 단어들 : dot, spot, mark
- dot : 특히 인쇄된 형태의 작고 동그란 점
- spot : 주위 표면과는 색깔이나 촉감이 다른 작은 점, 반점
- mark : 사람이나 동물의 몸에 있는 점, 반점

☐☐ **violent** [váiələnt]	형 **폭력적인, 난폭한** The online game is too violent. 그 온라인 게임은 너무 폭력적이다.

☐☐ **insult** [insʌ́lt]	동 **모욕하다** Don't insult me and my parents. 나와 내 부모님을 모욕하지 마시오.

☐☐ **monster** [mɑ́nstər]	명 **괴물** If I saw a monster, I would hide in a basement. 내가 괴물을 본다면 지하실에 숨을 텐데.

□□ **selfish**
[sélfiʃ]

형 **이기적인** (↔ unselfish 이기적이 아닌)
⊕ selfish behavior 이기적인 행동
I can't stand her selfish attitude.
나는 그녀의 이기적인 태도를 참을 수 없다.

□□ **possible**
[pásəbl]

형 **가능한** (↔ impossible 불가능한)
Is it possible for you to run a marathon?
네가 마라톤을 뛰는 것이 가능하니?

□□ **recycle**
[riːsáikl]

동 **재활용하다**
You can recycle all your waste paper.
너는 모든 폐지를 재활용할 수 있다.

□□ **rainfall**
[réinfɔːl]

명 **강우, 강우량**
Do you know how to measure the rainfall?
너는 강우량을 측정하는 방법을 아니?

□□ **amount**
[əmáunt]

명 **양; 액수, 총액**
Recycling helps to reduce the amount of carbon dioxide.
재활용은 이산화탄소의 양을 줄여주는 데 도움을 준다.

□□ **search**
[səːrtʃ]

동 **검색하다, 찾다** 명 **검색**
I search the Internet for cheaper things.
나는 더 싼 물건들을 인터넷에서 검색한다.

□□ **collect**
[kəlékt]

동 **모으다, 수집하다** ⊕ collection 명 수집품, 소장품
Bees collect honey from the flowers.
벌들이 꽃들로부터 꿀을 모은다.

□□ **truth**
[truːθ]

명 **진실, 사실** (=fact) ⊕ true 형 사실인
I think you should tell your brother a truth.
나는 네가 형에게 진실을 말해야 한다고 생각해.

□□ **accept**
[æksépt]

동 **받아들이다, 수락하다** ⊕ acceptance 명 수락

Will you accept my apology? 내 사과를 받아주겠니?

□□ **curious**
[kjúəriəs]

형 **궁금한, 호기심이 많은** ⊕ curiosity 명 호기심

I'm curious about who drew it. 나는 그것을 누가 그렸는지 궁금하다.

□□ **flash**
[flæʃ]

명 **플래시, 섬광** 동 **번쩍이다**

How can I turn on the flash to my camera?

제 카메라의 플래시를 어떻게 켜나요?

□□ **reserve**
[rizə́:rv]

동 **예약하다**(=book) ⊕ reservation 명 예약

I would like to reserve a ticket for Jeju.

제주행 표를 예약하고 싶습니다.

□□ **colleague**
[káli:g]

명 **(직장) 동료**

Her colleagues gave her a wedding present.

그녀의 동료들은 그녀에게 결혼 선물을 주었다.

□□ **risk**
[risk]

명 **위험**(=danger) 동 **모험하다**

A seat belt reduces the risk of injury.

안전벨트는 부상의 위험을 줄여준다.

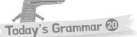
Today's Grammar 20 **수여동사 (4형식)**

수여동사(4형식) : 2개의 목적어, 즉 간접목적어(~에게)와 직접목적어(…을)를 취하는 동사이다. 4형식 문장은 다음과 같이 3형식으로 바꿔 쓸 수 있다.

4형식	주어 + 동사 + 간접목적어 + 직접목적어 (I sent him a letter.)
3형식	주어 + 동사 + 직접목적어 + 전치사 + 간접목적어 (I sent a letter to him.)

Mini Check! 두 문장의 뜻이 같도록 문장 완성하기

• They gave her a wedding present. (그들은 그녀에게 결혼 선물을 주었다.)

= They gave a wedding present ....   Answer to her

정답 p.296

A 영어는 우리말로, 우리말은 영어로 쓰시오.

1 monster		16 궁금한	
2 reserve		17 가능한	
3 recycle		18 극복하다	
4 selfish		19 모욕(하다), 무례	
5 rainfall		20 플래시, 섬광	
6 colleague		21 폭력적인, 난폭한	
7 truth		22 검색하다, 찾다	
8 risk		23 장소; 점	
9 amount		24 수락하다	
10 crop		25 영수증	
11 dot		26 경고하다	
12 fiction		27 걱정, 배려, 관심	
13 courage		28 소통하다	
14 collect		29 톡톡 두드리다	
15 pattern		30 임신한	

B 의미가 통하도록 연결한 후 우리말 뜻을 쓰시오.

1 a tourist ·   · ⓐ danger
2 warn of ·   · ⓑ the rainfall
3 selfish ·   · ⓒ spot
4 measure ·   · ⓓ behavior

C 주어진 철자로 시작하는 영단어를 쓰시오.

1 bravery = c☐☐☐☐☐☐
2 book = r☐☐☐☐☐☐
3 r☐☐☐☐☐☐ waste paper : 폐지를 재활용하다
4 c☐☐☐ : plants such as vegetables or cereals grown for food
5 fact = t☐☐☐☐

중학 3

영단어 총정리

☐☐ **oppose**
[əpóuz]

동 **반대하다**(↔ support 지지하다) ⊕ opposition 명 반대

She is opposing him in the election.

그녀는 선거에서 그를 반대하고 있다.

☐☐ **suburb**
[sʌ́bəːrb]

명 **교외, 근교**

They live in the suburbs of Seoul. 그들은 서울 근교에서 산다.

☐☐ **enthusiastic**
[inθùːziǽstik]

형 **열광적인, 열렬한** ⊕ enthusiasm 명 열광

⊕ an enthusiastic welcome 열광적인 환영

People were very enthusiastic about his novel.

사람들은 그의 소설에 대해 매우 열광했다.

☐☐ **load**
[loud]

동 **(짐을) 싣다** 명 **짐, 적재 하물**

They loaded the furniture into the truck.

그들은 트럭에 가구를 실었다.

☐☐ **abroad**
[əbrɔ́ːd]

부 **해외에, 해외로** ⊕ stay abroad 외국에 머물다

I hope I can go abroad to help others.

나는 다른 사람들을 돕기 위해 해외로 갈 수 있기를 희망한다.

☐☐ **odd**
[ad]

형 **이상한; 홀수의**(↔ even 짝수의) ⊕ odd numbers 홀수

It is odd but the child doesn't like chocolate.

이상하지만 그 아이는 초콜릿을 좋아하지 않는다.

☐☐ **needle**
[níːdl]

명 **바늘** ⊕ a needle and thread 실을 꿴 바늘

She stuck a needle into her finger.

그녀는 바늘에 손가락을 찔렸다.

☐☐ **social**
[sóuʃəl]

형 **사회의, 사회적인** ⊕ society 명 사회

Social customs vary from country to country.

사회적인 관습은 나라마다 다르다.

□□ **delay**
[diléi]

동 지연시키다 명 지연, 지체

The KTX was delayed for an hour by an accident.
KTX가 사고로 1시간 지연되었다.

□□ **former**
[fɔ́:rmər]

형 예전의, 이전의

She saw her former boyfriend at the party.
그녀는 예전 남자친구를 파티에서 보았다.

□□ **participate**
[pɑːrtísəpèit]

동 참가하다, 참여하다 ✢ participate in ~에 참가하다(=take part in)

Did he participate in the concert? 그는 콘서트에 참가했니?

□□ **quote**
[kwout]

동 인용하다, 예로 들다

She quoted passages from Martin Luther King.
그녀는 마틴 루터 킹의 말을 인용했다.

□□ **mind**
[maind]

동 꺼리다, 신경 쓰다 명 마음, 정신

✢ change one's mind 마음을 바꾸다 ✢ keep in mind 명심하다

Do you mind if I borrow your ketchup?
제가 케첩 좀 빌려도 될까요?

□□ **alive**
[əláiv]

형 살아 있는(↔ dead 죽은)

We hope that the children will be found alive.
우리는 아이들이 살아서 발견되기를 소망한다.

□□ **fund**
[fʌnd]

명 기금, 자금 ✢ a disaster relief fund 재난 구호 기금

Do you have enough funds to open a new shop?
너는 새 가게를 열 충분한 자금이 있니?

□□ **despair**
[dispɛ́ər]

명 절망 동 절망하다

When he lost his job, he was filled with despair.
그는 일자리를 잃었을 때 절망으로 가득 차 있었다.

Day 01

□□ **period** [píːəriəd]

[명] **시기, 기간** ⊕ within the period 기간 내에

It was an unhappy **period** in her life.

그것은 그녀의 삶에서 불행한 시기였다.

□□ **weird** [wiərd]

[형] **기이한, 이상한**(=odd, strange) ⊕ a weird dream 기이한 꿈

My brother sometimes asks very **weird** questions.

내 남동생은 가끔 매우 이상한 질문들을 한다.

□□ **immediately** [imíːdiətli]

[부] **즉시, 곧**(=at once)

You can't **immediately** change your lifestyle.

너는 생활 방식을 즉시 바꿀 수 없다.

□□ **afford** [əfɔ́ːrd]

[동] **여유가 되다, 형편이 되다** ⊕ can afford to ~할 여유가 있다

His parents can't **afford** to send him to school.

그의 부모님은 그를 학교에 보낼 여유가 안 된다.

□□ **slice** [slais]

[명] **조각** [동] **얇게 썰다**

⊕ a slice of bread 빵 한 조각 ⊕ slice an apple 사과를 얇게 썰다

Would you like another **slice** of chicken?

치킨 한 조각 더 드시겠어요?

□□ **upper** [ʌ́pər]

[형] **더 위의**(↔ lower 더 아래의)

Cut off the **upper** part of your old T-shirt.

낡은 티셔츠의 윗부분을 잘라내라.

□□ **encounter** [inkáuntər]

[동] **마주치다, 맞닥뜨리다** ⊕ encounter a storm 폭풍을 만나다

I **encountered** a childhood friend by chance.

나는 우연히 어릴 적 친구와 마주쳤다.

□□ **semester** [siméstər]

[명] **학기** ⊕ first[second] semester 1[2]학기

This **semester**, I'm taking math, chemistry, and world history.

이번 학기에, 나는 수학, 화학, 세계사를 듣고 있다.

☐☐ **pray**
[prei]

동 **기원하다, 기도하다** ✚ pray for peace 평화를 기원하다

Farmers are **praying** for rain. 농부들이 비를 기원하고 있다.

☐☐ **underground**
부[ʌ̀ndərgráund]
형[ʌ́ndərgraund]

부 **지하에** 형 **지하의**

Worms live all their life **underground**.
지렁이들은 평생을 지하에서 산다.

☐☐ **symptom**
[símptəm]

명 **증상, 징후** ✚ a symptom of cold 감기 증상

He knows the **symptoms** of all the common diseases.
그는 모든 흔한 질병의 증상들을 알고 있다.

☐☐ **labor**
[léibər]

명 **노동, 근로**

The farmers have to stop child **labor** in Africa.
아프리카에서 농부들은 아동 노동을 금지해야 한다.

☐☐ **official**
[əfíʃəl]

명 **공무원, 관리** 형 **공무상의**

He had a city **official** solve the problem.
그는 시 공무원이 그 문제를 해결하게 했다.

☐☐ **balance**
[bǽləns]

명 **균형** 동 **균형을 잡다**

She lost her **balance** and fell forwards.
그녀는 균형을 잃고 앞으로 넘어졌다.

Today's Grammar 01   사역동사 (5형식)

5형식 문장은 「주어 + 동사 + 목적어 + 목적격보어」의 구조이며, 사역동사 have, make, let의 경우 목적격보어로 동사원형을 쓴다.

He had them *solve* the problem. (그는 그들에게 그 문제를 풀게 했다.)

cf. want, ask, tell, advise 등의 동사는 목적격보어로 to부정사를 취한다.

Mom told me *to clean* my room. (엄마는 나에게 방을 청소하라고 말했다.)

Mini Check!   괄호 안에서 알맞은 것 고르기

• She made him (carry / to carry) the box.
(그녀는 그가 상자를 나르게 했다.)

Answer   carry

A 영어는 우리말로, 우리말은 영어로 쓰시오.

1 semester		16 균형	
2 former		17 인용하다	
3 labor		18 지하에; 지하의	
4 period		19 지연, 지체	
5 symptom		20 공무원, 관리	
6 upper		21 기원[기도]하다	
7 weird		22 여유가 되다	
8 abroad		23 마주치다	
9 fund		24 조각; 얇게 썰다	
10 social		25 꺼리다; 마음, 정신	
11 alive		26 이상한; 홀수의	
12 oppose		27 즉시, 곧	
13 suburb		28 절망(하다)	
14 needle		29 (짐을) 싣다	
15 participate		30 열광적인, 열렬한	

B 의미가 통하도록 연결한 후 우리말 뜻을 쓰시오.

1 a weird • • ⓐ an apple
2 pray for • • ⓑ dream
3 encounter • • ⓒ a storm
4 slice • • ⓓ peace

C 주어진 철자로 시작하는 영단어를 쓰시오.

1 dead ↔ a☐☐☐☐
2 n☐☐☐☐☐ : a long thin sharp object with a hole at one end, used for sewing
3 support ↔ o☐☐☐☐☐
4 o☐☐ numbers : 홀수들
5 at once = i☐☐☐☐☐☐☐☐☐

☐☐ **theme**
[θiːm]

몧 **주제, 테마**(= subject)　⊕ the theme of the movie 영화의 주제

The theme of the book is how to keep pets.

그 책의 주제는 애완동물을 키우는 방법이다.

☐☐ **depressed**
[diprést]

몧 **우울한, 의기소침한**　⊕ depress 몧 우울하게 만들다

He has been feeling depressed since the accident.

그는 그 사고 때문에 우울해 하고 있다.

☐☐ **decade**
[dékeid]

몧 **10년**

They took a decade to build the bridge.

그들은 그 다리를 건설하는 데 10년 걸렸다.

☐☐ **footprint**
[fútprìnt]

몧 **(사람, 동물의) 발자국**　⊕ leave a footprint 발자국을 남기다

They followed the footprints in the snow to the cave.

그들은 동굴 쪽으로 나 있는 눈 속의 발자국들을 따라갔다.

☐☐ **countless**
[káuntlis]

몧 **무수한, 셀 수 없이 많은**　cf. uncountable 몧 셀 수 없는

Countless people don't have enough water to drink.

무수한 사람들이 마시기에 충분한 물이 없다.

☐☐ **suicide**
[sjúːəsàid]

몧 **자살**　⊕ commit suicide 자살하다

The famous painter attempted suicide in his room.

그 유명한 화가는 자신의 방에서 자살을 시도했다.

☐☐ **steam**
[stiːm]

몧 **김, 수증기**　몧 **찌다**

Water turns into steam when it is heated.

물은 가열하면 수증기로 변한다.

☐☐ **constantly**
[kánstəntli]

틴 **끊임없이, 계속**　⊕ constant 몧 끊임없는

It is important to exercise constantly.

끊임없이 운동하는 것은 중요하다.

□□ **barrier**　　圈 **장벽, 장애(물)** ⊕ a language barrier 언어 장벽
[bǽriər]　　He built a **barrier** around his house. 그는 집 주변에 장벽을 쌓았다.

□□ **allow**　　동 **허락하다, 용납하다**(=permit) ⊕ allowance 圈 용돈
[əláu]　　Mom didn't **allow** me to go to rock concert.
　　엄마는 내가 록 콘서트에 가는 것을 허락하지 않으셨다.

□□ **awful**　　圈 **끔찍한, 지독한**
[ɔ́:fəl]　　I had an **awful** time on holiday. 나는 휴일에 끔찍한 시간을 보냈다.

□□ **worldwide**　　圈 **전 세계적인**
[wɔ́:rldwaid]　　Soccer is a **worldwide** sport. 축구는 전 세계적인 스포츠이다.

□□ **scream**　　동 **비명을 지르다, 소리치다** 圈 **비명, 절규**
[skri:m]　　Most people **scream** as the ride falls.
　　대부분의 사람들은 놀이기구가 떨어질 때 비명을 지른다.

》⊪》 Voca Plus

'소리치다'를 뜻하는 단어들 : scream, shout, cry, yell
이 중에서 scream은 아주 높은 소리를 나타냅니다. cry가 가장 격식적인 단어라면, yell이 가장 비격식적으로 사용되는 단어이지요. 독일 화가 뭉크(Edvard Munch)의 작품 중 "the Scream(절규)"을 감상해 보세요.

□□ **salary**　　圈 **급여, 봉급, 월급**
[sǽləri]　　The boss increased my **salary**. 사장은 나의 급여를 올려주었다.

□□ **ocean**　　圈 **대양, 바다** ⊕ the Pacific Ocean 태평양
[óuʃən]　　The river flows into the **ocean**. 그 강은 바다로 흘러들어간다.

□□ **aptitude**　　圈 **소질, 적성** ⊕ take an aptitude test 적성검사를 받다
[ǽptətjùːd]　　He has an **aptitude** for math and science.
　　그는 수학과 과학에 적성이 맞다.

☐☐ **bark**
[ba:rk]

동 (개가) 짖다　명 나무껍질　⊕ bark at ~에게 짖다

Hanji is strong as we make it from tough bark.

한지는 질긴 나무껍질로 만들어져서 강하다.

☐☐ **benefit**
[bénəfit]

명 이익, 혜택(=advantage)　동 이익이 되다

⊕ beneficial 형 이익이 되는　⊕ be of benefit 이익이 되다

These books were of much benefit to me.

이 책들은 나에게 매우 이익이 되었다.

☐☐ **shortage**
[ʃɔ́:rtidʒ]

명 부족, 결핍　⊕ a job shortage 일자리 부족

During the war, there were food shortages.

전쟁 동안, 식량이 부족했다.

☐☐ **ache**
[eik]

동 아프다(=hurt)　명 아픔(=pain)　⊕ muscle ache 근육통

After my dinner, my stomach ached.

저녁 식사 후에, 나는 배가 아팠다.

☐☐ **convenient**
[kənví:njənt]

형 편리한, 간편한　⊕ convenience 명 편의

This new printer is convenient and easy to use.

이 새로운 프린터는 사용하기 편리하고 쉽다.

☐☐ **will**
[wəl]

명 의지; 유언　⊕ leave a will 유언을 남기다

The soccer player has a very strong will.

그 축구선수는 매우 강한 의지를 가졌다.

☐☐ **religious**
[rilídʒəs]

형 종교의　⊕ a religious war 종교 전쟁

They wear hijabs for religious reasons.

그들은 종교적인 이유로 히잡을 쓴다.

☐☐ **sensitive**
[sénsətiv]

형 민감한, 예민한, 섬세한　⊕ sense 명 감각

She got sensitive about gaining weight.

그녀는 체중이 늘어나는 것에 민감해졌다.

☐☐ **appetite**
[金pətàit]

웽 **식욕**

She lost her **appetite** because of a bad cold.
그녀는 심한 감기 때문에 식욕을 잃었다.

☐☐ **element**
[éləmənt]

웽 **요소, 성분**

Every culture is made up of some **elements**.
모든 문화는 여러 요소들로 구성되어 있다.

☐☐ **lecture**
[léktʃər]

웽 **강의, 강연** 통 **강의하다** ⊕ an open lecture 공개 강의

She gave a **lecture** on Chinese history.
그녀는 중국 역사에 관한 강의를 했다.

☐☐ **erase**
[iréis]

통 **지우다, 없애다**(= delete)

I tried to **erase** the memory of the accident.
나는 그 사고의 기억을 지우려고 애썼다.

☐☐ **roll**
[roul]

통 **구르다, 굴러가다; 말다**

A coin has **rolled** under the piano. 동전이 피아노 아래로 굴러갔다.

☐☐ **advertise**
[金dvərtàiz]

통 **광고하다** ⊕ advertisement 웽 광고

They **advertised** their drones in the magazine.
그들은 잡지에 드론을 광고했다.

 **Today's Grammar 02** 　　　**현재완료 시제**

현재완료는 「have[has] + p.p.」의 형태로, 과거의 일이 현재에 영향을 미칠 때 사용하는 시제이다.
• A coin has rolled under the piano. (동전이 피아노 아래로 굴러갔다.)
　– 현재 동전이 피아노 아래에 있음

Mini Check! **주어진 단어 이용하여 현재완료로 문장 완성하기**
• I .... her for two years. (know)
　(나는 그녀를 2년 동안 알아 왔다.)　　　　　　　　　　　　　　　Answer　have known

정답 p.296

A 영어는 우리말로, 우리말은 영어로 쓰시오.

1 religious		16 발자국	
2 decade		17 이익, 혜택	
3 erase		18. (개가) 짖다	
4 shortage		19 광고하다	
5 worldwide		20 대양, 바다	
6 will		21 김, 수증기	
7 appetite		22 허락[용납]하다	
8 barrier		23 우울한	
9 element		24 강의, 강연	
10 awful		25 자살	
11 theme		26 급여, 봉급	
12 aptitude		27 셀 수 없이 많은	
13 constantly		28 비명을 지르다; 절규	
14 ache		29 구르다, 굴러가다	
15 convenient		30 민감한, 예민한	

B 의미가 통하도록 연결한 후 우리말 뜻을 쓰시오.

1 an open · · ⓐ a will

2 leave · · ⓑ test

3 a religious · · ⓒ lecture

4 an aptitude · · ⓓ war

C 주어진 철자로 시작하는 영단어를 쓰시오.

1 delete = e☐☐☐☐

2 muscle a☐☐☐ : 근육통

3 commit s☐☐☐☐☐☐ : 자살하다

4 d☐☐☐☐☐ : a period of ten years

5 a☐☐☐☐☐☐☐☐ : a need or wish to eat

☐☐ **surgery**
[sə́ːrdʒəri]

(명) **수술** ⊕ have surgery 수술 받다 ⊕ plastic surgery 성형 수술
He was able to see again after eye surgery.
그는 눈 수술 후에 다시 볼 수 있게 되었다.

☐☐ **license**
[láisəns]

(명) **면허, 면허증** ⊕ renew a license 면허를 갱신하다
Do you have the driver's license? 운전면허증 있으세요?

☐☐ **relax**
[riléks]

(동) **긴장을 풀다, 휴식을 취하다**
Relax and breathe in and then out slowly.
긴장을 풀고 숨을 들이쉬고, 그리고 나서 천천히 숨을 내쉬세요.

☐☐ **citizen**
[sítəzən]

(명) **시민**
The number of Seoul citizens is about 10 million now.
현재 서울 시민들의 수는 약 1,000만 명이다.

☐☐ **moment**
[móumənt]

(명) **잠깐, 잠시; 순간** ⊕ for a moment 잠시 동안
It was the best moment in my life.
그것은 내 인생 최고의 순간이었다.

▶▶▶ Voca Plus

'잠시 동안'을 나타내는 다양한 표현
for a moment, for a second, for a while, for a space, for a bit 등

☐☐ **invest**
[invést]

(동) **투자하다** ⊕ investment (명) 투자
He invested all his money. 그는 모든 돈을 투자했다.

☐☐ **delicate**
[délikət]

(형) **연약한, 깨지기 쉬운; 정교한**
Little babies are very delicate. 어린 아기들은 매우 연약하다.

☐☐ **pause**
[pɔːz]

(동) **잠시 멈추다** (명) **정지, 멈춤**
I paused to look at my watch. 나는 시계를 보려고 잠시 멈추었다.

☐☐ **currency** [kə́:rənsi]	몧 **통화, 화폐(대용물)**(=money) ⊕ paper currency 지폐	

He has a lot of foreign currency. 그는 외국 화폐를 많이 갖고 있다.

☐☐ **assistance**
[əsístəns]

몧 **도움, 원조** ⊕ assist 통 원조하다 ⊕ assistant 몧 보조

Let me know if I can be of assistance.
도움이 필요하시면 알려주세요.

☐☐ **dense**
[dens]

혱 **빽빽한, 밀집한; 짙은**(=thick)

They tried to find their way through dense forest.
그들은 빽빽한 숲을 통과하는 길을 찾으려고 애썼다.

☐☐ **deal**
[di:l]

통 **처리하다, 다루다**(-dealt-dealt) 몧 **거래**
⊕ deal with ~을 다루다, 처리하다

We will deal with your order as soon as possible.
저희는 손님의 주문을 가능한 한 빨리 처리할 것입니다.

☐☐ **grind**
[graind]

통 **갈다, 빻다**(-ground-ground) ⊕ grind coffee 커피를 갈다

She wants to grind grains at home.
그녀는 집에서 곡물을 빻기를 원한다.

☐☐ **amuse**
[əmjú:z]

통 **즐겁게 하다, 웃기다** ⊕ amusement 몧 재미

We amused ourselves by playing games.
우리는 게임을 하며 즐겁게 지냈다.

☐☐ **specific**
[spisífik]

혱 **구체적인, 명확한** ⊕ a specific plan 구체적인 계획

I don't like him without any specific reason.
나는 명확한 이유없이 그가 싫다.

☐☐ **ban**
[bæn]

통 **금지하다** 몧 **금지** ⊕ a ban on smoking 흡연 금지

The man was banned from driving for a year.
그 남자는 1년 동안 운전을 금지 당했다.

□□ **dedicate** [dédikèit]
[동] **바치다, 헌신하다, 전념하다** (=devote)
⊕ dedicate one's life to ~에 일생을 바치다
She dedicated her life to helping the poor.
그녀는 가난한 사람들을 돕는 데 일생을 바쳤다.

□□ **accommodate** [əkámədèit]
[동] **수용하다, 숙박시키다**
The guest house can accommodate up to 30 guests.
그 게스트하우스는 손님을 30명까지 수용할 수 있다.

□□ **proper** [prápər]
[형] **적절한, 적당한** ⊕ properly [부] 적절히
Proper nutrition is very important for health.
적절한 영양 섭취는 건강에 매우 중요하다.

□□ **rob** [rab]
[동] **약탈하다, 훔치다** (=steal) ⊕ rob A of B A에게서 B를 훔치다
The masked man robbed her of the purse.
그 복면 쓴 남자는 그녀에게서 지갑을 훔쳤다.

□□ **slender** [sléndər]
[형] **날씬한, 가느다란** (=slim, thin) ⊕ slender fingers 가느다란 손가락
Linda is very tall and slender. Linda는 키가 아주 크고 날씬하다.

□□ **concentrate** [kánsəntrèit]
[동] **집중하다** (=focus on) ⊕ concentration [명] 집중
⊕ concentration on studying 공부에 집중하다
You have to concentrate while you drive.
너는 운전하는 동안 집중해야 한다.

□□ **leather** [léðər]
[명] **가죽** ⊕ a leather purse 가죽 지갑
My uncle always wears a leather jacket.
나의 삼촌은 항상 가죽 재킷을 입는다.

□□ **standard** [stǽndərd]
[명] **수준, 기준, 표준** (=level) [형] **표준의** ⊕ a standard form 표준 서식
The standard of service in the restaurant is very high.
그 식당의 서비스 수준은 매우 높다.

□□ **local** [lóukəl]

[형] **지역의, 현지의** ⊕ a local farmer 지역 농부

She works as a nurse in the local hospital.

그녀는 지역 병원에서 간호사로 일한다.

□□ **fable** [féibl]

[명] **우화, 꾸며낸 이야기** ⊕ Aesop's Fables 이솝 우화

My grandmother told fables about different animals.

할머니는 여러 동물들에 관한 우화를 말씀해 주셨다.

□□ **funeral** [fjúːnərəl]

[명] **장례식** ⊕ have[hold] a funeral 장례식을 치르다

At the funeral, the whole family stood by the grave.

장례식에서, 모든 가족이 무덤 옆에 서 있었다.

□□ **steep** [stiːp]

[형] **가파른, 비탈진**

The car climbed the steep hill with difficulty.

그 차는 힘겹게 가파른 언덕을 올라갔다.

□□ **found** [faund]

[동] **설립하다** ⊕ foundation [명] 설립; 재단

The college was founded in 1897. 그 대학교는 1897년에 설립됐다.

□□ **fluent** [flúːənt]

[형] **유창한, 능숙한** ⊕ fluently [부] 유창하게

She is fluent in three languages. 그녀는 3개 국어에 유창하다.

Today's Grammar 03 수동태

수동태는 주어가 행위를 당하는 입장일 때 쓰며, 능동태의 목적어가 수동태의 주어가 된다. 동사는 「be동사 + p.p.(+ by + 행위자)」의 형태이다.

- 능동태 : The boy broke the window.
- 수동태 : The window was broken by the boy.

Mini Check! **괄호 안에서 알맞은 것 고르기**

- Internet (uses / is used) all around the world.
  (인터넷은 전 세계적으로 이용된다.)

Answer is used

A 영어는 우리말로, 우리말은 영어로 쓰시오.

1 funeral

2 ban

3 local

4 concentrate

5 steep

6 proper

7 fluent

8 grind

9 license

10 amuse

11 rob

12 citizen

13 slender

14 assistance

15 invest

16 우화

17 가죽

18 빽빽한, 밀집한

19 수술

20 설립하다

21 구체적인, 명확한

22 잠시 멈추다; 멈춤

23 잠깐, 잠시

24 수준, 기준, 표준

25 수용하다

26 통화, 화폐

27 바치다, 헌신하다

28 긴장을 풀다

29 깨지기 쉬운

30 처리하다, 다루다

B 의미가 통하도록 연결한 후 우리말 뜻을 쓰시오.

1 a leather   ·   · ⓐ purse

2 grind   ·   · ⓑ on studying

3 concentration   ·   · ⓒ surgery

4 have   ·   · ⓓ coffee

C 주어진 철자로 시작하는 영단어를 쓰시오.

1 steal = r ☐☐

2 thick = d ☐☐☐☐

3 renew a l ☐☐☐☐☐☐ : 면허를 갱신하다

4 s ☐☐☐☐☐☐ : long and thin, or tall and slim

5 p ☐☐☐☐ : a short stop during a period of activity such as work

Day 04

□□ **downtown** [dàuntáun]

[부] **시내에, 시내로**(↔ uptown 시 외곽으로)

There will be an outdoor concert **downtown** tomorrow.

내일 시내에서 야외 음악회가 있을 것이다.

□□ **major** [méidʒər]

[형] **주요한, 중대한** [명] **전공** [동] **전공하다**

⊕ major in history 역사를 전공하다

Ethiopia's **major** export is coffee. 에티오피아의 주요 수출품은 커피다.

□□ **independent** [ìndipéndənt]

[형] **독립된, 독립적인** ⊕ independence [명] 독립

⊕ an independent nation 독립 국가

She's wants to be **independent** of her parents.

그녀는 그녀의 부모에게서 독립하기를 원한다.

□□ **pupil** [pjú:pl]

[명] **학생**(=student)

There are twenty-five **pupils** in the class.

그 반에는 25명의 학생들이 있다.

□□ **scold** [skould]

[동] **야단치다, 꾸짖다** ⊕ scold severely 호되게 꾸짖다

I was **scolded** by his father because of my grade.

나는 성적 때문에 아버지께 야단맞았다.

□□ **moral** [mɔ́:rəl]

[형] **도덕의, 윤리의**(↔ immoral 비도덕적인)

We have a **moral** duty to vote.

우리에게는 투표를 할 도적적인 의무가 있다.

□□ **detail** [dí:teil]

[명] **세부 사항** ⊕ in detail 상세하게

We discussed the **details** of our wedding.

우리는 우리 결혼식의 세부 사항에 대해 논의했다.

□□ **essential** [isénʃəl]

[형] **필수적인, 없어서는 안 될** ⊕ essence [명] 본질

Water is **essential** in our lives. 물은 우리의 삶에서 필수적이다.

☐☐ **generation**
[dʒènəréiʃən]

명 **세대**

These inventions will be helpful for the next generation.
이 발명품들은 다음 세대에 도움이 될 것이다.

☐☐ **wig**
[wig]

명 **가발** ⊕ wear[put on] a wig 가발을 쓰다

She often wore a blonde wig. 그녀는 종종 금발 가발을 썼다.

☐☐ **deceive**
[disíːv]

동 **속이다, 기만하다**(= cheat)

They have tried to deceive me. 그들은 나를 속이려고 애썼다.

☐☐ **laboratory**
[lǽbərətɔ̀ːri]

명 **실험실, 연구실** 형 **실험용의**

All our products are tested in our laboratories.
우리의 모든 제품들은 우리 연구실에서 테스트 받는다.

☐☐ **rarely**
[rɛ́ərli]

부 **좀처럼 ~ 않는**(= seldom) ⊕ rare 형 드문

He doesn't rarely stay at home on weekends.
그는 주말에는 좀처럼 집에 머물지 않는다.

🐟▶ Voca Plus

빈도부사는 일어나는 빈도에 따라 다음과 같은 단어들을 사용해요.
always(100%) > usually > often > sometimes > rarely[seldom] > never(0%)
항상　　　　　대개　　자주　　때때로　　좀처럼 ~ 않는　결코 ~ 않는

☐☐ **species**
[spíːʃiːz]

명 **(생물 분류의) 종(種)** ⊕ an extinct species 멸종된 종

Several species of butterfly are likely to become extinct.
나비의 몇몇 종은 멸종되기 쉽다.

☐☐ **technique**
[tekníːk]

명 **기술, 기법** ⊕ technical 형 과학 기술의

They developed a new technique for processing steel.
그들은 강철을 가공하는 새로운 기술을 개발했다.

☐☐ **fossil**
[fásəl]

명 **화석** ⊕ fossil fuels 화석 연료

This fossil was found in Jeju. 이 화석은 제주에서 발견되었다.

innocent
[ínəsənt]

형 무죄인(↔ guilty 유죄의); 순진한　⊕ innocence 명 무죄

She was found to be innocent of the crime.
그녀는 그 범죄에 대해 무죄임이 밝혀졌다.

---

location
[loukéiʃən]

명 장소, 곳(= place)

The flower shop moved to another location.
그 꽃가게는 다른 장소로 이사했다.

---

servant
[sə́:rvənt]

명 하인, 부하(↔ master 주인)

They employed two servants in their villa.
그들은 그들의 별장에 하인을 두 명 고용했다.

---

identity
[aidéntəti]

명 신분, 정체(성)　⊕ identify 동 (신원 등을) 확인하다

⊕ an identity card 신분증

There is no clue to the identity of the murderer.
살인자의 정체에 대한 단서가 하나도 없다.

---

loss
[lɔːs]

명 분실, 손실, 손해　⊕ lose 동 잃어버리다

He was very unhappy at the loss of his house.
그는 집을 잃고 매우 슬펐다.

---

hardworking
[háːrdwə̀ːrkiŋ]

형 근면한, 열심히 일하는　⊕ a hardworking man 근면한 사람

He is not only hardworking but also very creative.
그는 근면할 뿐만 아니라 매우 창의적이다.

---

opponent
[əpóunənt]

명 상대, 적수, 반대자(= enemy)　⊕ oppose 동 반대하다

He beat his last two opponents.
그는 마지막 두 명의 상대를 물리쳤다.

---

suspicious
[səspíʃəs]

형 의심하는, 수상한　⊕ suspect 동 의심하다

The police found a suspicious package at the station.
경찰은 역에서 수상한 짐을 발견했다.

☐☐ **frequently** ㉖ **자주, 종종** (= often) ⊕ frequent ㉗ 잦은, 빈번한
[frí:kwəntli]
She frequently walks her dog in the park.
그녀는 자주 공원에서 개를 산책시킨다.

☐☐ **bush** ㉗ **관목, 덤불**
[buʃ]
The cave is hidden by bushes. 그 동굴은 관목들로 숨겨져 있다.

☐☐ **soul** ㉗ **영혼; 정신** (↔ body 신체)
[soul]
Do you believe your soul lives on when your body dies?
너는 신체가 죽었을 때 영혼은 살아 있다고 믿니?

☐☐ **shade** ㉗ **그늘, 응달**
[ʃeid]
I'll sit here in the shade. 이곳 그늘에 앉아 있을게.

☐☐ **underneath** ㉗ **~의 밑에, ~ 아래에**
[ʌndərní:θ]
Can you see if my pen is underneath the sofa?
소파 밑에 내 펜이 있는지 봐줄래?

☐☐ **extreme** ㉗ **극도의, 극심한** ⊕ extremely ㉖ 극도로
[ikstrí:m]
The device is made to endure extreme cold.
그 장치는 극도의 추위를 견디도록 만들어졌다.

Today's Grammar 04 **(의문사 없는) 간접의문문**

의문문이 다른 문장의 일부(주로 목적어)로 쓰이는 것을 간접의문문이라고 하고, 의문사 없는 의문문은 「if[whether] + 주어 + 동사」의 형태로 쓴다.
• I don't know. + Is he from China?
→ I don't know if[whether] he is from China. (나는 그가 중국 출신인지 모른다.)
• Can you see? + Is my pen underneath the sofa?
→ Can you see if[whether] my pen is underneath the sofa?

Mini Check! **괄호 안의 말 바르게 배열하기**
• Do you know (likes, she, Italian food, if)?
(너는 그녀가 이탈리아 음식을 좋아하는지 아니?)   **Answer** if she likes Italian food

정답 p.297

A 영어는 우리말로, 우리말은 영어로 쓰시오.

1 identity
2 extreme
3 suspicious
4 frequently
5 soul
6 generation
7 moral
8 servant
9 pupil
10 location
11 opponent
12 downtown
13 rarely
14 underneath
15 deceive

16 그늘, 응달
17 기술, 기법
18 가발
19 관목, 덤불
20 독립된, 독립적인
21 세부 사항
22 화석
23 실험실, 연구실
24 야단치다, 꾸짖다
25 열심히 일하는
26. (생물 분류의) 종
27 분실, 손실
28 주요한; 전공
29 필수적인
30 무죄인; 순진한

B 의미가 통하도록 연결한 후 우리말 뜻을 쓰시오.

1 scold •   • ⓐ in history

2 an extinct •   • ⓑ card

3 major •   • ⓒ severely

4 an identity •   • ⓓ species

C 주어진 철자로 시작하는 영단어를 쓰시오.

1 seldom = r☐☐☐☐☐
2 guilty ↔ i☐☐☐☐☐☐☐
3 in d☐☐☐☐☐ : 상세하게
4 p☐☐☐☐ : a child at a school
5 w☐☐ : false hair worn on the head

□□ **promote**
[prəmóut]

동 **승진시키다; 홍보하다** ⊕ promotion 명 승진; 홍보

He was promoted to a more important position.

그는 더 중요한 자리로 승진되었다.

□□ **nail**
[neil]

명 **손톱**(= fingernail), **발톱**(= toenail)

She has the habit of biting her nails.

그녀는 손톱을 물어뜯는 습관이 있다.

BITE

□□ **maze**
[meiz]

명 **미로**

The rat was trained to go through a maze.

그 쥐는 미로를 빠져나가도록 훈련 받았다.

□□ **sum**
[sʌm]

명 **액수; 총합, 합계** ⊕ a vast sum 대단한 금액

She tried to do the sum in her head.

그녀는 머리로 합계를 내려고 애썼다.

□□ **grave**
[greiv]

명 **무덤, 묘**(= tomb) ⊕ dig a grave 무덤을 파다

They found a mass grave on the hillside.

그들은 산비탈에서 공동 묘지를 발견했다.

□□ **sail**
[seil]

동 **항해하다** 명 **돛**

We are planning to sail round the world.

우리는 전 세계를 항해할 계획이다.

□□ **dye**
[dai]

동 **염색하다** 명 **염료** ⊕ dye cloth 옷감을 염색하다

She wanted to dye her hair green.

그녀는 머리카락을 초록색으로 염색하기를 원했다.

□□ **oxygen**
[ɑ́ksidʒen]

명 **산소**

The blood carries oxygen to your brain.

혈액은 산소를 당신의 뇌로 나른다.

□□ **bury** [béri]

[동] **묻다, 매장하다** ⊕ burial [명] 매장

Squirrels often **bury** nuts in fall.
다람쥐들은 가을에 종종 견과를 묻어둔다.

□□ **involve** [inválv]

[동] **수반하다, 포함하다**

His work **involves** much travelling. 그의 일은 많은 여행을 수반한다.

□□ **tissue** [tíʃuː]

[명] **조직; 화장지** ⊕ muscle tissue 근육 조직

There is a box of **tissues** beside the bed.
침대 옆에 화장지 한 상자가 있다.

□□ **ingredient** [ingríːdiənt]

[명] **재료, 성분**

Mix all **ingredients** in a bowl. 그릇에 모든 재료를 섞으시오.

□□ **tag** [tæg]

[명] **꼬리표** [동] **꼬리표를 붙이다**

The cat had a name **tag** around its neck.
그 고양이는 목에 이름표를 달고 있었다.

Voca Plus

tag / label
둘 다 어떤 표시를 하기 위해 종이나 천 조각 등에 붙인 표를 말해요. tag는 이름표나 가격표 등에 쓰이고, label은 주로 의류 등에 끼워진 상표 등을 말할 때 사용하지요.

□□ **ceiling** [síːliŋ]

[명] **천장**

I noticed a fly on the **ceiling**. 나는 천장에서 파리를 발견했다.

□□ **recognize** [rékəgnàiz]

[동] **인지하다, 알아보다**

He changed so much, so I hardly **recognised** him.
그는 너무 많이 변해서 나는 그를 거의 알아보지 못했다.

□□ **native** [néitiv]

[형] **태어난 곳의, 모국의** [명] **원주민**

English is not my **native** tongue. 영어는 나의 모국어가 아니다.

□□ **industry**
[índəstri]

명 **산업, 근면** ⊕ the tourist industry 관광 산업
This used to be the center of the car industry.
이곳은 자동차 산업의 중심지였다.

□□ **devil**
[dévl]

명 **악마, 마귀**
Talk of the devil, and he will appear.
악마 얘기를 하면 악마가 나타난다. ((속담) 호랑이도 제 말 하면 온다.)

□□ **multiple**
[mʌ́ltəpl]

형 **다수의, 많은**(= many)
This table can be used for multiple uses.
이 탁자는 많은 용도로 사용될 수 있다.

□□ **disgusting**
[disgʌ́stiŋ]

형 **역겨운, 구역질 나는** ⊕ disgust 동 역겹게 만들다
What a disgusting smell! Take out that garbage.
정말 냄새가 역겹군! 저 쓰레기를 치워라.

□□ **rush**
[rʌʃ]

동 **급히 서두르다** 명 **돌진, 혼잡** ⊕ rush hour 혼잡한 시간
The ambulance rushed to the accident.
그 구급차는 사고 현장으로 급히 서둘러갔다.

□□ **claim**
[kleim]

동 **주장하다, 요구하다** 명 **요구**
He claims he never received the letter.
그는 그 편지를 결코 받지 않았다고 주장한다.

□□ **thigh**
[θai]

명 **허벅지, 넓적다리**
Place your right foot against your left thigh.
오른쪽 발을 왼쪽 허벅지에 대시오.

□□ **income**
[ínkʌm]

명 **수입, 소득** ⊕ a tax on an income 소득세
Our monthly income is not enough to live on.
우리의 월 수입은 사는 데 충분하지 않다.

☐☐ **rough** [rʌf]	휑 **거친**(↔ smooth 매끄러운); **개략적인** The table has **rough** edges. 그 탁자는 모서리가 거칠다.	

☐☐ **release** [rilíːs]	동 **풀어주다; 개봉하다, 발매하다** ⊕ release a new song 신곡을 발표하다 I **released** birds from my cage. 나는 새들을 새장에서 풀어주었다.

☐☐ **soak** [souk]	동 **담그다, 적시다** **Soak** dry beans in cold water for 10 hours. 마른 콩을 10시간 동안 찬물에 담가 두어라.

☐☐ **attach** [ətǽtʃ]	동 **첨부하다, 붙이다**(↔ detach 떼어내다) How can I **attach** this on the shirt? 이걸 어떻게 셔츠에 붙이지?

☐☐ **paragraph** [pǽrəgræf]	명 **단락, 절** Do you know what the title of this **paragraph** is? 이 단락의 제목이 무엇인지 아니?

☐☐ **lack** [læk]	명 **부족, 결핍** 동 **~이 없다** Many children are suffering from a **lack** of food. 많은 아이들이 식량 부족으로 고통 받고 있다.

Today's Grammar 05　　(의문사 있는) 간접의문문

의문문가 있는 의문문이 다른 문장의 일부로 쓰일 때는 「의문사 + 주어 + 동사」의 어순으로 쓴다.
- I want to know. + Why is she upset?
  → I want to know why she is upset. (나는 그녀가 왜 화가 났는지 알고 싶다.)
- Do you know? What is the title of this paragraph?
  → Do you know what the title of this paragraph is?

Mini Check!　**괄호 안의 말 바르게 배열하기**
- I wonder (bought, she, the bag, where).
  (나는 그녀가 그 가방을 어디서 샀는지 궁금하다.)　　**Answer**　where she bought the bag

A 영어는 우리말로, 우리말은 영어로 쓰시오.

1 income		16 허벅지	
2 attach		17 무덤, 묘	
3 industry		18 염색하다	
4 tissue		19 천장	
5 paragraph		20 거친; 개략적인	
6 sail		21 산소	
7 soak		22 미로	
8 bury		23 승진시키다	
9 nail		24 부족, 결핍	
10 devil		25 풀어주다, 개봉하다	
11 multiple		26 주장[요구]하다	
12 recognize		27 급히 서두르다; 돌진	
13 sum		28 모국의; 원주민	
14 ingredient		29 꼬리표(를 붙이다)	
15 disgusting		30 수반[포함]하다	

B 의미가 통하도록 연결한 후 우리말 뜻을 쓰시오.

1 rush •　　　　　• ⓐ industry

2 the tourist •　　　　　• ⓑ tissue

3 dye •　　　　　• ⓒ hour

4 muscle •　　　　　• ⓓ cloth

C 주어진 철자로 시작하는 영단어를 쓰시오.

1 detach ↔ a☐☐☐☐☐

2 smooth ↔ r☐☐☐☐

3 r☐☐☐☐☐☐ a new song : 신곡을 발표하다

4 n☐☐☐☐☐ : a person born in a place

5 b☐☐☐ : to put someone or something into the ground

☐☐ **upward**
[ʌ́pwərd]

(부) **위쪽으로**(↔ downward 아래쪽으로)
⊕ upward and downward 위아래로
Turn your head with the sore ear facing upward.
아픈 귀를 위로 향한 채 머리를 돌리시오.

☐☐ **wealth**
[welθ]

(명) **부(富), 재산** ⊕ gain sudden wealth 벼락부자가 되다
Health is better than wealth. 건강이 부보다 낫다.

☐☐ **aid**
[eid]

(명) **원조, 도움** (동) **돕다**(=help) ⊕ first aid 응급 치료
The UN's aid program was small in scale.
유엔의 원조 계획은 규모가 작았다.

☐☐ **extra**
[ékstrə]

(형) **여분의, 추가의** (명) **여분의 것** ⊕ extra cost 추가 요금
Homework gives students extra stress.
숙제는 학생들에게 추가의 스트레스를 준다.

☐☐ **bulb**
[bʌlb]

(명) **전구; 구근**
I need to change the bulb in the lamp.
나는 램프의 전구를 갈아야 한다.

☐☐ **comment**
[kάment]

(명) **논평, 언급** (동) **논평하다** ⊕ No comment. 할 말이 없다.
He left some comments about the article.
그는 그 기사에 대한 논평을 남겼다.

☐☐ **influence**
[ínfluəns]

(동) **영향을 주다**(=affect) (명) **영향**
Colors can influence people's feelings.
색깔이 사람들의 감정에 영향을 줄 수 있다.

☐☐ **souvenir**
[sùːvəníər]

(명) **기념품** ⊕ a souvenir shop 기념품 가게
She bought some souvenirs for her family.
그녀는 가족들에게 줄 기념품을 몇 개 샀다.

□□ **cruel**
[krúːəl]

형 **잔인한, 잔혹한** ⊕ cruelty 명 잔혹함
You must not be cruel to your dogs.
네 개들에게 잔인하게 해서는 안 된다.

□□ **domestic**
[dəméstik]

형 **국내의; 가정의**
These cars are for the domestic market.
이 자동차들은 국내 시장용이다.

□□ **orbit**
[ɔ́ːrbit]

동 **궤도를 돌다** 명 **궤도**
The satellite orbits the earth every five hours.
그 위성은 5시간마다 지구의 궤도를 돈다.

□□ **rate**
[reit]

명 **비율; 요금; 속도** ⊕ birth[death] rate 출생[사망]률
The rate is 100 dollars a day. 요금은 하루에 100달러입니다.

□□ **complete**
[kəmplíːt]

동 **완성하다**(= finish) 형 **완전한, 완벽한**
We finally completed our report. 우리는 마침내 보고서를 완성했다.

□□ **moreover**
[mɔːróuvər]

부 **게다가, 더욱이**(= in addition)
Moreover, you're too young to go out in the dark.
게다가, 너는 어두울 때 외출하기에는 너무 어리다.

〉〉〉 **Voca Plus**

'게다가, 더욱이'라는 뜻으로 '첨가'를 나타내는 접속부사
moreover, besides, in addition, furthermore 등

□□ **canal**
[kənǽl]

명 **운하, 수로** ⊕ build a canal 운하를 건설하다
They built canals to supply water to the desert.
사막에 물을 공급하기 위해 그들은 수로를 건설했다.

□□ **witness**
[wítnis]

명 **목격자** 동 **목격하다**
⊕ witness a crime scene 범죄 현장을 목격하다
There is no witness to the accident. 그 사건의 목격자가 없다.

household
[háushòuld]

® 가정, 가족(=family) ® 가정의

Many people live in low-income households.

많은 사람들이 저소득 가정에서 살고 있다.

satellite
[sǽtəlàit]

® 위성, 인공위성 ⊕ launch a satellite 인공위성을 띄우다

The Moon is the only satellite of the Earth.

달은 지구의 유일한 위성이다.

potential
[pəténʃəl]

® 잠재적인 ® 잠재력

⊕ develop one's potential 잠재력을 개발하다

We interviewed a group of potential customers.

우리는 한 무리의 잠재적인 고객을 인터뷰했다.

mood
[muːd]

® 기분, 분위기 ⊕ a gloomy mood 우울한 기분

Wait until she's in a good mood.

그녀가 기분이 좋을 때까지 기다려라.

gravity
[grǽvəti]

® 중력, 인력

In free fall, gravity pulls your body toward the earth.

자유 낙하 시, 중력은 당신의 몸을 지구 쪽으로 끌어당긴다.

remote
[rimóut]

® 외딴, 외진, 먼(=distant, ↔ nearby 가까운)

They supplies the remote village with electricity.

그들은 멀리 외딴 마을에 전기를 공급한다.

yield
[jiːld]

® 생산하다; 양보하다

My uncle yielded a lot of crops this year.

나의 삼촌은 올해 많은 농작물을 생산했다.

merry
[méri]

® 즐거운, 명랑한(=cheerful)

Did you have a merry time at the party?

파티에서 즐거운 시간을 가졌니?

□□ **appeal** [əpíːl]
[동] **호소하다, 간청하다** [명] **호소, 간청**
The police appealed for witnesses. 경찰은 목격자들에게 호소했다.

□□ **continue** [kəntínjuː]
[동] **계속하다, 지속되다**(↔ stop 멈추다)
Let's stop for a while and then continue to walk.
잠시 멈추었다가 계속 걷자.

□□ **parcel** [pɑ́ːrsəl]
[명] **소포, 꾸러미**
She stuck a label on the parcel. 그녀는 소포에 라벨을 붙였다.

□□ **progress** [명][prɑ́gres] [동][prəgés]
[명] **진전, 진행** [동] **나아가다** ⊕ in progress (현재) 진행 중인
We still have a lot of work in progress.
우리는 여전히 많은 일을 진행 중이다.

□□ **fasten** [fǽsn]
[동] **매다, 묶다** ⊕ fasten a button 단추를 잠그다
Don't forget to fasten your seatbelt.
안전벨트 매는 것을 잊지 마라.

□□ **security** [sikjúərəti]
[명] **안전, 안보** ⊕ secure [형] 안전한
The terrorist is described as a danger to national security.
테러리스트는 국가 안보에 대한 위험으로 묘사된다.

Today's Grammar 06 동명사와 to부정사

동명사와 to부정사를 모두 목적어로 취할 수 있는 동사의 의미 차이를 알아둔다.
- I forgot meeting Kate at the park. (나는 공원에서 Kate를 만난 것을 잊었다.)
- I forgot to meet Kate at the park. (나는 공원에서 Kate를 만날 것을 잊었다.)

Mini Check! **괄호 안에서 알맞은 것 고르기**
- He remembers (seeing / to see) her last year.
  (그는 지난해 그녀를 본 것을 기억한다.)

Answer seeing

정답 p.298

A 영어는 우리말로, 우리말은 영어로 쓰시오.

1 gravity

2 influence

3 cruel

4 parcel

5 security

6 remote

7 merry

8 continue

9 rate

10 wealth

11 domestic

12 fasten

13 moreover

14 household

15 mood

16 위성, 인공위성

17 목격자

18 생산[양보]하다

19 기념품

20 잠재적인

21 진전; 나아가다

22 운하, 수로

23 호소[간청]하다

24 전구; 구근

25 궤도를 돌다

26 완성하다; 완전한

27 여분의, 추가의

28 원조, 도움

29 논평, 언급

30 위쪽으로

B 의미가 통하도록 연결한 후 우리말 뜻을 쓰시오.

1 build •   • ⓐ a button

2 a gloomy •   • ⓑ rate

3 fasten •   • ⓒ a canal

4 birth •   • ⓓ mood

C 주어진 철자로 시작하는 영단어를 쓰시오.

1 stop ↔ c☐☐☐☐☐☐☐

2 distant = r☐☐☐☐☐☐

3 w☐☐☐☐☐☐ a crime scene 범죄 현장을 목격하다

4 u☐☐☐☐☐ : towards the top

5 h☐☐☐☐☐☐☐☐☐ : the people living together in a house

Day 07

발음 듣기

□□ **literal** [lítərəl]

㊋ **문자 그대로의** ⊕ a literal translation 직역

The **literal** meaning of a word is its original meaning.

어떤 단어의 문자 그대로의 의미는 그것의 원래의 의미이다.

□□ **remark** [rimɑ́:rk]

㊈ **말하다** ㊐ **의견, 말**(=comment)

Mom **remarked** on how dirty my room was.

엄마는 내 방이 얼마나 더러운지에 대해 말했다.

□□ **tropical** [trɑ́pikəl]

㊋ **열대의, 열대 지방의** ⊕ tropical fruit 열대 과일

We opened a shop selling **tropical** fish.

우리는 열대어를 파는 가게를 오픈했다.

□□ **heal** [hi:l]

㊈ **치유되다, 낫다** ⊕ heal disease 병을 낫게 하다

It helps your wound **heal** quickly.

그것은 네 상처가 빨리 치유되도록 도와준다.

□□ **horizon** [həráizn]

㊐ **수평선, 지평선** ⊕ horizontal ㊋ 수평선의, 가로의

The town appeared on the **horizon**.

수평선 위로 그 마을이 나타났다.

□□ **material** [mətíəriəl]

㊐ **재료, 물질** ⊕ building materials 건축 재료

He bought all the **materials** in the DIY shop.

그는 디아이와이 가게에서 모든 재료를 샀다.

□□ **dawn** [dɔ:n]

㊐ **새벽, 동틀녘**

The enemy's attack stopped at **dawn**.

적의 공격은 새벽에 멈추었다.

□□ **territory** [térətɔ̀:ri]

㊐ **영토; 영역** ⊕ invade one's territory 영토를 침범하다

Animals often fight to defend their **territories**.

동물들은 종종 자신들의 영역을 지키기 위해 싸운다.

☐☐	**appropriate** [əpróupriət]	휑 **적절한, 알맞은** ⊕ an appropriate act 적절한 행동 This skirt is not appropriate for gardening. 이 치마는 정원 가꾸는 일에 적절하지 않다.
☐☐	**pat** [pæt]	동 **쓰다듬다** 명 **쓰다듬기** She was patting her cat. 그녀는 그녀의 고양이를 쓰다듬고 있었다.
☐☐	**financial** [finǽnʃəl]	휑 **금융의, 재정의** ⊕ financial services 금융 서비스 We had financial support from the bank. 우리는 은행으로부터 금융 지원을 받았다.
☐☐	**folk** [fouk]	휑 **민중의, 민속의** ⊕ folk culture 민속 문화 Minhwa is a Korean folk painting. 민화는 한국의 민중 그림이다.
☐☐	**despite** [dispáit]	전 **~에도 불구하고** (= in spite of) Despite the fire, they went on working. 화재에도 불구하고 그들은 계속 일했다.

))))) Voca Plus

'~에도 불구하고'의 의미를 갖는 전치사(구)와 접속사
• 전치사(구) : despite, in spite of + 명사(구) ※전치사(구) 뒤에는 명사(구)가 옵니다.
• 접속사 : though, although, even though + 절 ※접속사 뒤에는 절이 옵니다.

☐☐	**weed** [wi:d]	동 **잡초를 뽑다** 명 **잡초** ⊕ weed a field 밭의 잡초를 뽑다 I sometimes weed the garden. 나는 가끔 정원의 잡초를 뽑는다.
☐☐	**unusual** [ʌnjúːʒuəl]	휑 **특이한, 드문** (= rare) She found an unusual flower. 그녀는 특이한 꽃을 발견했다.
☐☐	**rival** [ráivəl]	명 **경쟁자, 경쟁 상대** I keep our prices low to compete with my rivals. 나는 나의 경쟁자들과 경쟁하기 위해 가격을 낮게 유지한다.

□□ **mental** [méntl]
[형] **정신의, 마음의**(↔ physical 육체의) ⊕ mental health 정신 건강
He is suffering from mental illness.
그는 정신 질환으로 고통 받고 있다.

□□ **court** [kɔːrt]
[명] **법정, 법원; 경기장** ⊕ a tennis court 테니스 경기장
Please tell the court what you saw that day.
당신이 그날 본 것을 법원에서 진술하시오.

□□ **disaster** [dizǽstər]
[명] **재해, 재난, 참사** ⊕ a natural disaster 자연 재해
Dozens of people died in the air disaster.
수십 명의 사람들이 항공기 참사로 죽었다.

□□ **level** [lévəl]
[명] **수준, 정도; 높이** ⊕ a high pollution level 높은 수준의 공해
Hold the camera at the person's eye level.
카메라를 사람의 눈 높이에 두어라.

□□ **government** [gʌ́vərnmənt]
[명] **정부** ⊕ govern [동] 통치하다
⊕ democratic government 민주 정부
I agree to the government's policy on education.
나는 정부의 교육 정책에 찬성한다.

□□ **civil** [sívəl]
[형] **시민의, 민간의** ⊕ civil life 시민 생활
He left the air force and became a civil airline pilot.
그는 공군을 떠나 민간 항공기의 조종사가 되었다.

□□ **waterfall** [wɔ́ːtərfɔːl]
[명] **폭포** ⊕ an artificial waterfall 인공 폭포
I experienced the thrill of sailing near to a waterfall.
나는 폭포 근처에서 항해하는 스릴을 경험했다.

□□ **yell** [jel]
[동] **소리치다, 외치다**(=scream, shout)
The police officer yelled to her to stop.
경찰관이 그녀에게 멈추라고 소리쳤다.

| | **negative**
[négətiv] | 휑 부정적인, 반대의 ⊕ a negative vote 반대 투표
The game may have a **negative** impact on kids.
그 게임은 아이들에게 부정적인 영향을 줄 수 있다. |

| | **guilty**
[gílti] | 휑 유죄의, 죄책감이 드는(↔ innocent 무죄의)
I am sure that he is **guilty**. 나는 그가 유죄라고 확신한다. |

| | **junior**
[dʒúːnjər] | 휑 손 아래의(↔ senior 손 위의) 명 연소자, 후배
My sister is my junior by two years. 내 여동생은 나보다 두 살 어리다. |

| | **approach**
[əpróutʃ] | 동 접근하다, 다가오다 명 접근
The river is **approaching** flood stage.
그 강은 홍수 단계에 접근하고 있다. |

| | **quantity**
[kwántəti] | 명 양, 수량 cf. quality 명 품질
Quality of sleep is more important than its **quantity**.
수면의 질이 그것의 양보다 더 중요하다. |

| | **glance**
[glæns] | 동 흘끗 보다 명 흘끗 봄 ⊕ steal a glance 몰래 보다
I **glanced** nervously at my watch. 나는 초조하게 시계를 흘끗 보았다. |

Today's Grammar 07　　　비교급 비교

둘을 비교하여 둘 중 하나가 '더 ～하다'라고 말할 때 '비교급 + than'을 사용한다.

- Quality of sleep is more important than its quantity.
- She is *much* taller than her mom. (그녀는 그녀의 엄마보다 훨씬 키가 더 크다.)

cf. 비교급 강조: much[far / still / even / a lot] + 비교급(훨씬 더 ～한[하게])

Mini Check!　괄호 안의 단어 알맞은 형태로 빈칸에 쓰기

- This box is ＿＿＿＿＿ than that box. (heavy)
  (이 상자는 저 상자보다 무겁다.)

Answer　heavier

A 영어는 우리말로, 우리말은 영어로 쓰시오.

1 territory		16 유죄의	
2 material		17 폭포	
3 disaster		18 정부	
4 despite		19 잡초를 뽑다	
5 civil		20 흘끗 보다	
6 remark		21 법정; 경기장	
7 financial		22 쓰다듬다	
8 yell		23 접근(하다)	
9 heal		24 경쟁자	
10 horizon		25 문자 그대로의	
11 tropical		26 손 아래의; 연소자	
12 dawn		27 부정적인, 반대의	
13 mental		28 양, 수량	
14 unusual		29 수준; 높이	
15 appropriate		30 민중의, 민속의	

B 의미가 통하도록 연결한 후 우리말 뜻을 쓰시오.

1 democratic •　　　• ⓐ vote

2 a natural •　　　• ⓑ disaster

3 a negative •　　　• ⓒ materials

4 building •　　　• ⓓ government

C 주어진 철자로 시작하는 영단어를 쓰시오.

1 in spite of = d□□□□□□

2 innocent ↔ g□□□□□

3 m□□□□□ health : 정신 건강

4 p□□ : a gentle touch with the hand

5 d□□□ : the beginning of a day, when the sun rises

Day 08

발음 듣기

☐☐ **roast**
[roust]

ⓢ 굽다, 볶다 ⊕ roast coffee beans 커피 콩을 볶다

We roasted two turkeys in our garden.
우리는 정원에서 칠면조 두 마리를 구웠다.

☐☐ **direction**
[dirékʃən]

ⓜ 방향; 지시, 명령 ⊕ direct ⓢ 지시하다 ⊕ lose direction 방향을 잃다

The post office is in the opposite direction.
우체국은 반대 방향에 있다.

☐☐ **germ**
[dʒəːrm]

ⓜ 세균, 병원균 ⊕ spread germs 세균을 퍼뜨리다

Our body can overcome most bad germs.
우리의 신체는 대부분의 나쁜 세균들을 이겨낼 수 있다.

☐☐ **remain**
[riméin]

ⓢ 남다, 머무르다

His spirit will remain with us forever.
그의 정신은 영원히 우리와 함께 남아 있을 것이다.

☐☐ **graduate**
ⓢ[grǽdʒuèit]
ⓜ[grǽdʒət]

ⓢ 졸업하다 ⓜ 졸업생 ⊕ graduation ⓜ 졸업

After I graduated from high school, I wanted to be a baker.
나는 고등학교를 졸업한 후에 제빵사가 되기를 원했다.

☐☐ **entertain**
[èntərtéin]

ⓢ 즐겁게 하다, 대접하다 ⊕ entertainment ⓜ 오락

The magician entertained the children at
the party. 마술사는 파티에서 아이들을 즐겁게 해주었다.

☐☐ **worth**
[wəːrθ]

ⓐ 가치가 있는 ⓜ 가치

I think the frame is worth more than the painting.
나는 액자가 그림 이상의 가치가 있다고 생각한다.

☐☐ **competition**
[kàmpətíʃən]

ⓜ 경쟁, 시합, 대회 ⊕ compete ⓢ 경쟁하다

She won first prize in the piano competition.
그녀는 피아노 대회에서 우승을 했다.

☐☐ **combination** 　명 **조합, 결합** ⊕ combine 동 결합하다
[kàmbənéiʃən]　The houses are made with a **combination** of Chinese and Korean styles. 그 집들은 중국과 한국 스타일의 결합으로 만들어졌다.

☐☐ **illusion** 　명 **환상, 착각**
[ilúːʒən]　She has the **illusion** that everyone likes her.
그녀는 모든 사람이 자신을 좋아한다는 착각을 하고 있다.

☐☐ **otherwise** 　부 **그렇지 않으면**
[ʌ́ðərwaiz]　Tell the truth **otherwise** your nose will grow.
진실을 말해라, 그렇지 않으면 네 코가 자랄 것이다.

☐☐ **wander** 　동 **돌아다니다, 헤매다**
[wándər]　We **wandered** round the town. 우리는 마을을 돌아다녔다.

☐☐ **especially** 　부 **특히, 주로**(=specially) ⊕ special 형 특별한
[ispéʃəli]　She loves K-pop bands a lot, **especially** the boy groups.
그녀는 케이팝 밴드, 특히 소년 그룹을 좋아한다.

》 **Voca Plus**

especially / specially
둘 다 '특히'라는 뜻으로 사용되며 형용사형 또한 같은 special입니다. especially는 문두에는 쓰지 않으며, specially는 보통 과거분사 앞에 씁니다.
• I especially like action movies. (○)　　• Especially I like action movies. (×)

☐☐ **nap** 　명 **낮잠** 동 **낮잠을 자다** ⊕ take[have] a nap 낮잠을 자다
[næp]　I took a **nap** at lunch time. 나는 점심 시간에 낮잠을 잤다.

☐☐ **even** 　부 **~조차, 훨씬** 형 **평평한** ⊕ even ground 평평한 땅(평지)
[íːvən]　She didn't **even** apologize. 그녀는 사과조차 하지 않았다.

☐☐ **decline** 　동 **감소하다, 하락하다**(=decrease) 명 **감소**
[dikláin]　The population is **declining** slowly. 인구가 천천히 감소하고 있다.

northern
[nɔ́ːrðərn]

형 북쪽의, 북부의 ⊕ north 명 북쪽
⊕ eastern(동쪽의), western(서쪽의), southern(남쪽의)

They live in the northern part of the country.
그들은 그 나라의 북부 지역에서 산다.

feature
[fíːtʃər]

명 특징, 특색; 용모

The main feature of the building is its wall painting.
그 건물의 주요 특징은 벽화이다.

clone
[kloun]

동 복제하다 명 복제 (생물)

Do you want to clone your pet dog?
너는 네 애완견을 복제하고 싶니?

frown
[fraun]

동 눈살을 찌푸리다 명 찡그림

The teacher frowned at the noisy boys.
선생님은 떠드는 남자아이들에게 눈살을 찌푸렸다.

edge
[edʒ]

명 끝, 모서리 ⊕ the edge of a table 탁자의 모서리

Can you stand this coin on its edge?
너는 이 동전을 모서리로 세울 수 있니?

hardship
[háːrdʃip]

명 어려움, 곤란(= difficulty)

The family is suffering economic hardship.
그 가족은 경제적인 어려움을 겪고 있다.

surround
[səráund]

동 둘러싸다 ⊕ surrounding 형 주변의 명 환경

The actor was surrounded by his fans.
그 배우는 팬들로 둘러싸여 있었다.

require
[rikwáiər]

동 필요로 하다, 요구하다 ⊕ requirement 명 필요조건

Writing the program requires a computer expert.
그 프로그램 작성은 컴퓨터 전문가를 필요로 한다.

□□ **sticky**
[stíki]

(형) **끈적거리는, 달라붙는**

My fingers are all sticky due to jam.

잼 때문에 손가락이 모두 끈적거린다.

□□ **cliff**
[klif]

(명) **절벽, 낭떠러지**

We walked along a high cliff. 우리는 높은 절벽을 따라 걸었다.

□□ **cancel**
[kǽnsəl]

(동) **취소하다**(= call off) ⊕ cancel a ticket 표를 취소하다

All the afternoon classes are canceled.

모든 오후 수업이 취소되었다.

□□ **nuclear**
[njúːkliər]

(형) **원자력의, 핵의** ⊕ a nuclear weapon 핵무기

The future of the nuclear industry isn't bright.

원자력 산업의 미래는 밝지 않다.

□□ **precious**
[préʃəs]

(형) **귀중한, 값비싼**(= valuable)

You gave me the most precious gift in my life.

너는 나에게 내 인생에서 가장 소중한 선물을 주었다.

□□ **crash**
[kræʃ]

(명) **추락, 충돌 (사고)** (동) **충돌하다, 추락하다**

He was killed in the plane crash. 그는 비행기 추락으로 죽었다.

Today's Grammar 08   **최상급 비교**

셋 이상을 비교하여 '가장 ~하다'라고 말할 때 최상급 비교를 사용한다.

the + 최상급 + of + 복수명사	~ 중에서 가장 …한[하게]
the + 최상급 + in + 단수명사	~에서 가장 …한[하게]

• Jerry is the tallest *of* the four. (Jerry가 넷 중에서 키가 가장 크다.)

Mini Check! 괄호 안의 단어 알맞은 형태로 빈칸에 쓰기

• Bora is the _____ student in her class. (small)

(보라는 그녀의 학급에서 가장 작은 학생이다.)   Answer smallest

A 영어는 우리말로, 우리말은 영어로 쓰시오.

1 cliff		16 눈살을 찌푸리다	
2 remain		17 졸업하다	
3 illusion		18 추락, 충돌	
4 nuclear		19 취소하다	
5 edge		20 ~조차, 훨씬	
6 decline		21 둘러싸다	
7 precious		22 끈적거리는	
8 worth		23 필요로 하다	
9 especially		24 돌아다니다	
10 otherwise		25 어려움, 곤란	
11 roast		26 세균, 병원균	
12 competition		27 복제하다	
13 feature		28 북쪽의, 북부의	
14 combination		29 낮잠(을 자다)	
15 entertain		30 방향; 지시, 명령	

B 의미가 통하도록 연결한 후 우리말 뜻을 쓰시오.

1 cancel ・　　　・ ⓐ a nap

2 take ・　　　・ ⓑ direction

3 the edge ・　　　・ ⓒ a ticket

4 lose ・　　　・ ⓓ of a table

C 주어진 철자로 시작하는 영단어를 쓰시오.

1 valuable = p☐☐☐☐☐☐☐

2 decrease = d☐☐☐☐☐☐

3 a n☐☐☐☐☐☐ weapon : 핵무기

4 g☐☐☐ : an organism which causes disease

5 w☐☐☐☐☐ : to walk around without any particular aim

□□ **addict**
[ədíkt]

(동) **중독되게 하다**
She was addicted to computer games.
그녀는 컴퓨터 게임에 중독되었다.

□□ **slip**
[slip]

(동) **미끄러지다**
I almost slipped on the floor. 나는 바닥에서 거의 미끄러질 뻔했다.

□□ **purpose**
[pə́ːrpəs]

(명) **목적, 의도** ⊕ on purpose 고의로
What's the purpose of your visit? 방문한 목적이 무엇입니까?

□□ **route**
[ruːt]

(명) **길, 노선** ⊕ an air route 항공 노선
I told the taxi driver there was a shorter route.
나는 택시운전사에게 더 짧은 길이 있다고 말했다.

□□ **multiply**
[mʌ́ltəplài]

(동) **곱하다; 증가시키다**
I am learning to multiply. 나는 곱하기를 배우고 있다.

▶▶▶ Voca Plus

'곱셈'의 다양한 표현(예 : 3×5) : 3 multiplied by 5 is[equals / makes / gives] 15.
= Multiply 3 by 5 and the result is 15. = Three times five is fifteen.
= Multiply 3 and 5 together and you get 15. (3 곱하기 5는 15이다.)

□□ **incredible**
[inkrédəbl]

(형) **믿기 어려운, 놀라운**(↔ credible 믿을 수 있는)
It was a really incredible news. 그것은 정말 믿기 어려운 소식이었다.

□□ **talkative**
[tɔ́ːkətiv]

(형) **수다스러운** ⊕ talk (동) 말하다
My sister is very active and talkative.
내 여동생은 매우 활동적이고 수다스럽다.

□□ **grammar**
[grǽmər]

(명) **문법**
It isn't easy to master English grammar.
영어 문법을 마스터하는 것은 쉽지 않다.

□□	**cancer** [kǽnsər]	몡 **암** ✚ die of cancer 암으로 죽다 Smoking is a major cause of lung cancer. 흡연은 폐암의 주요 원인이다.

□□	**struggle** [strʌ́gl]	동 **투쟁하다, 분투하다** 몡 **투쟁, 분투** ✚ struggle against a disease 병마와 싸우다 She's struggling with her math homework. 그녀는 수학 숙제를 하느라 분투하고 있다.

$$\sqrt{3} + 1 = x$$
$$a^2 + b$$

□□	**drug** [drʌg]	몡 **약, 의약품**(= medicine)**; 마약** Most drugs have some bad side effects. 대부분의 약들은 부작용이 좀 있다.

□□	**reflect** [riflékt]	동 **반사하다, 비추다; 반영하다** ✚ reflection 몡 반사, 반영 The light reflected on the top of the car. 빛이 차 지붕에 반사되었다.

□□	**murder** [mə́:rdər]	몡 **살인, 살인 사건** ✚ a murder suspect 살인 혐의자 The police tried to find a motive for the murder. 경찰은 살인 동기를 알아내려고 애썼다.

□□	**antique** [æntíːk]	혭 **골동품의** 몡 **골동품** There are a few pieces of antique furniture in his room. 그의 방에는 골동품 가구 몇 점이 있다.

□□	**eager** [íːgər]	혭 **열망하는, 간절히 바라는** ✚ be eager to ~을 열망하다 She's eager to enter the university. 그녀는 그 대학교에 들어가기를 열망한다.

□□	**pretend** [priténd]	동 **~인 체하다, 가장하다** ✚ pretend to be sick 꾀병을 부리다 He pretended to be asleep. 그는 잠든 체했다.

□□ **temperature** ᴔ **온도, 기온, 체온** ❶ a rise in temperature 기온 상승
[témpərətʃər]   The baby's **temperature** went up suddenly.
아기의 체온이 갑자기 올라갔다.

□□ **preserve** ᴕ **보존하다, 지키다** ❶ preserve the ecosystem 생태계를 보존하다
[prizə́:rv]   Our aims are to **preserve** the wildlife in our area.
우리의 목표는 우리 지역의 야생동물을 보호하는 것이다.

□□ **transfer** ᴕ **이동하다, 옮기다; 갈아타다**
[trænsfə́:r]   ❶ transfer to another school 다른 학교로 옮기다(전학가다)
Get off here and **transfer** to number 2 line.
여기에서 내리셔서 2호선으로 갈아타세요.

□□ **teenage** ᴓ **십대의** ᴔ **십대** ❶ teenage girls[boys] 십대 소녀들[소년들]
[tí:neidʒ]   Parents often don't understand their **teenage** children.
부모들은 종종 그들의 십대 자녀들을 이해하지 못한다.

□□ **firework** ᴔ **폭죽, (-s) 불꽃놀이**
[fáiərwə:rk]   The kids were absorbed in the **fireworks**.
아이들은 불꽃놀이에 빠져 있었다.

□□ **factor** ᴔ **요인, 요소**
[fǽktər]   The first **factor** is the number of abandoned dogs.
첫 번째 요인은 유기견들의 숫자이다.

□□ **unless** ᴅ **만약 ~하지 않으면** (= if ~ not)
[ənlés]   **Unless** you work hard, you can't achieve your goal.
만약 네가 열심히 공부하지 않으면 목표를 달성할 수 없다.

□□ **politics** ᴔ **정치, 정치학**
[pálətiks]   She studied **politics** and economics at university.
그녀는 대학교에서 정치학과 경제학을 공부했다.

□□ **obtain** [əbtéin]

[동] **얻다, 획득하다** (= get)

He **obtained** a copy of the will. 그는 유언장 사본을 획득했다.

□□ **translate** [trænsléit]

[동] **번역하다, 통역하다** ⊕ translation [명] 번역, 통역

Can you **translate** what he said? 그가 한 말을 번역해 주시겠어요?

□□ **occur** [əkə́ːr]

[동] **일어나다, 발생하다** (= happen)

When did the accident **occur**? 그 사건은 언제 일어났나요?

□□ **assign** [əsáin]

[동] **할당하다; 임명하다**

My boss **assigned** the task to me. 나의 상사는 그 일을 내게 할당했다.

□□ **bump** [bʌmp]

[동] **부딪치다, 충돌하다** [명] **충돌**

⊕ bump into a chair 의자에 부딪치다

I **bumped** into a waitress who was carrying a tray.

나는 쟁반을 나르고 있던 종업원과 충돌했다.

□□ **chemical** [kémikəl]

[명] **화학 물질** [형] **화학의**

The **chemicals** kill the insects that eat the plants.

화학 물질이 그 식물을 먹는 곤충들을 죽인다.

Today's Grammar 09 관계대명사 (주격)

관계대명사는 두 문장을 연결하는 접속사와 대명사 역할을 동시에 하는 말이다.

I like the girl. + She is from Canada.

→ I like the girl who[that] is from Canada. (난 캐나다 출신인 그 소녀를 좋아해.)

선행사 / 관계대명사절

주격 관계대명사	선행사가 사람일 때	who, that
	선행사가 사물일 때	which, that

Mini Check! **괄호 안에서 알맞은 단어 고르기**

• The boy (who / which) is listening to music is Tom.
(음악을 듣고 있는 소년은 Tom이다.)

Answer who

A 영어는 우리말로, 우리말은 영어로 쓰시오.

1 cancer		16 정치, 정치학
2 obtain		17 십대(의)
3 route		18 할당(임명)하다
4 purpose		19 화학 물질
5 grammar		20 중독자
6 murder		21 열망하는
7 unless		22 부딪치다, 충돌하다
8 occur		23 ~인 체하다
9 incredible		24 폭죽
10 translate		25 곱하다
11 factor		26 골동품(의)
12 preserve		27 반사하다, 비추다
13 slip		28 수다스러운
14 drug		29 이동하다; 갈아타다
15 temperature		30 투쟁하다, 분투하다

B 의미가 통하도록 연결한 후 우리말 뜻을 쓰시오.

1 a murder   •   • ⓐ of cancer

2 die   •   • ⓑ the ecosystem

3 preserve   •   • ⓒ in temperature

4 a rise   •   • ⓓ suspect

C 주어진 철자로 시작하는 영단어를 쓰시오.

1 happen = o☐☐☐☐

2 on p☐☐☐☐☐☐ : 고의로

3 e☐☐☐☐ : wanting to do something very much

4 s☐☐☐☐☐☐☐ : to try hard to do something difficult

5 r☐☐☐☐☐☐ : to send back light, heat or an image of something

Day 10

발음 듣기

□□ **possess** [pəzés]

[동] **소유하다, 보유하다** (=own, have)

He lost all he possessed in the fire.

그는 자신이 소유한 모든 것을 화재로 잃었다.

□□ **cooperate** [kouάpərèit]

[동] **협력하다, 협동하다**

⊕ cooperate on ~에 대해 협력하다

Wolves cooperate with each other in hunting. 늑대들은 사냥할 때 서로 협력한다.

□□ **issue** [íʃuː]

[명] **쟁점, 사안, 문제**

She's very worried about green issues.

그녀는 친환경 쟁점들에 대해 매우 걱정하고 있다.

□□ **unite** [juːnáit]

[동] **연합하다, 합치다** ⊕ unite in ~하는 데 협력하다

The two companies plan to unite soon.

그 두 회사는 곧 연합할 예정이다.

□□ **site** [sait]

[명] **부지, 현장; (컴퓨터) 사이트**

This is the site for the new park. 이곳은 새 공원을 지을 부지이다.

□□ **plain** [plein]

[형] **소박한, 무늬가 없는** [명] **평원**

We put plain wallpaper in the living room.

우리는 거실에 무늬가 없는 벽지를 붙였다.

□□ **chase** [tʃeis]

[동] **뒤쫓다, 추적하다** [명] **추적** ⊕ chase a thief 도둑을 쫓다

I dreamed that I was chased by a tiger.

나는 호랑이에게 쫓기는 꿈을 꾸었다.

□□ **worship** [wə́ːrʃip]

[동] **예배하다, 숭배하다** [명] **예배, 숭배**

⊕ worship the ancestor 조상을 숭배하다

My grandmother goes to a temple to worship.

나의 할머니는 절에 예배하러 가신다.

□□ **international** [ìntərnǽʃənəl]
[형] **국제의, 국제적인** (= global) ⊕ international trade 국제 무역
International marriages are becoming more common.
국제 결혼이 더 흔해지고 있다.

□□ **fuel** [fjú:əl]
[명] **연료** [동] **연료를 공급하다** ⊕ nuclear fuels 핵연료
What fuel do you use to heat the house?
너는 집 난방을 위해 어떤 연료를 사용하니?

□□ **mass** [mæs]
[명] **덩어리, 다수, 다량** [형] **대량의**
A mass of people went to the exhibition.
많은 사람들이 전시회에 갔다.

□□ **jewel** [dʒú:əl]
[명] **보석, 장신구** ⊕ a jewel case 보석 상자
Her jewels sparkled in the light of the candles.
그녀의 보석들이 촛불 속에서 반짝였다.

□□ **intend** [inténd]
[동] **의도하다, 작정하다** (= plan) ⊕ intention [명] 의도, 목적
I intend to visit New Zealand this year.
나는 올해 뉴질랜드를 방문할 작정이다.

□□ **revolution** [rèvəlú:ʃən]
[명] **혁명** ⊕ a cultural revolution 문화 혁명
Tomatoes brought about a food revolution in Europe.
토마토는 유럽에 음식 혁명을 일으켰다.

□□ **luxury** [lʌ́kʃəri]
[명] **사치, 사치품** ⊕ luxurious [형] 호화로운
⊕ a luxury hotel 호화 호텔
She lived a life of great luxury. 그녀는 매우 사치스러운 삶을 살았다.

□□ **physical** [fízikəl]
[형] **신체의** (↔ mental 정신의); **물리학의** ⊕ physics [명] 물리학
The disease is mental rather than physical.
그 질병은 신체적이라기보다는 정신적인 것이다.

□□ **relate** [riléit]

[동] **관련시키다; 말하다** ⊕ relation [명] 관계

Greetings are **related** to culture. 인사는 문화와 관련이 있다.

□□ **incident** [ínsədənt]

[명] **사건, 일**

The detective wrote down the details of the **incident**.
형사는 그 사건에 대한 세부 사항을 기록했다.

□□ **arrange** [əréindʒ]

[동] **배열하다, 마련하다** ⊕ arrangement [명] 배열

Please **arrange** the chairs in rows. 의자들을 줄지어 배열해 주세요.

□□ **hesitate** [hézətèit]

[동] **망설이다, 주저하다** ⊕ hesitation [명] 주저

Don't **hesitate** to call me. 망설이지 말고 내게 전화해.

□□ **illustrate** [íləstrèit]

[동] **삽화를 넣다, 설명하다** ⊕ illustration [명] 삽화

Could you **illustrate** my new book?
저의 새 책에 삽화를 넣어 주시겠어요?

□□ **conduct** [kəndʌ́kt]

[동] **수행하다; 지휘하다** *cf.* conductor [명] 지휘자

⊕ conduct an orchestra 오케스트라를 지휘하다

She **conducted** her business successfully.
그녀는 사업을 성공적으로 수행했다.

Voca Plus

행위자를 나타내는 접미사 : -or, -er, -ist, -ive

- conduct(지휘하다) → conduct**or**(지휘자)
- teach(가르치다) → teach**er**(교사)
- novel(소설) → novel**ist**(소설가)
- detect(감지하다) → detect**ive**(탐정)

□□ **forward** [fɔ́:rwərd]

[부] **앞으로**(↔ backward 뒤로) ⊕ look forward to ~을 고대하다

They pushed the truck **forward**. 그들은 트럭을 앞으로 밀었다.

□□ **flexible** [fléksəbl]

[형] **유연한, 융통성 있는**

Many people can choose **flexible** working hours recently.
최근에 많은 사람들이 유연한 근무 시간을 선택할 수 있다.

Day 10

□□ **sprain** [sprein]
[동] **삐다, 접질리다** ⊕ sprain one's wrist 손목을 삐다
I sprained my ankle jumping over the fence.
나는 울타리를 뛰어 넘다가 발목을 삐었다.

□□ **crisis** [kráisis]
[명] **위기**
The government must solve the current economic crisis.
정부는 현재의 경제 위기를 해결해야 한다.

□□ **destination** [dèstənéiʃən]
[명] **목적지, 도착지** ⊕ a vacation destination 휴양지
We reached our destination. 우리는 목적지에 도착했다.

□□ **paste** [peist]
[동] **(풀로) 붙이다** [명] **풀**
I pasted it over the box. 나는 상자에 그것을 붙였다.

□□ **wallet** [wálit]
[명] **지갑**
I lost my wallet that my mom bought to me.
나는 엄마가 사 주신 지갑을 잃어버렸다.

□□ **instrument** [ínstrəmənt]
[명] **기구, 도구; 악기** (= musical instrument)
You can learn to play an instrument. 너는 악기 연주를 배울 수 있다.

Today's Grammar 10 관계대명사 (목적격)

관계대명사가 관계사절에서 목적어 역할을 할 때 목적격 관계대명사를 쓴다.

He is an actor. I like him the best.

→ He is an actor who(m)[that] I like the best. (그는 내가 가장 좋아하는 배우야.)

선행사 / 관계대명사절

목적격 관계대명사	선행사가 사람일 때	who(m), that
	선행사가 사물일 때	which, that

Mini Check! 괄호 안에서 알맞은 단어 고르기

• This is the house (who / which) my father built.
(이것은 나의 아버지가 세운 집이다.)

Answer which

정답 p.299

A 영어는 우리말로, 우리말은 영어로 쓰시오.

1 wallet	16 뒤쫓다; 추적
2 destination	17 관련시키다
3 forward	18 배열[마련]하다
4 crisis	19 소박한; 평원
5 incident	20 쟁점, 사안
6 hesitate	21 덩어리; 대량의
7 revolution	22 기구, 악기
8 possess	23 삽화를 넣다
9 conduct	24 (풀로) 붙이다
10 jewel	25 의도하다, 작정하다
11 sprain	26 국제적인
12 cooperate	27 부지, 현장
13 unite	28 연료
14 luxury	29 신체의; 물리학의
15 flexible	30 예배하다, 숭배하다

B 의미가 통하도록 연결한 후 우리말 뜻을 쓰시오.

1 a cultural ·   · ⓐ an orchestra

2 sprain ·   · ⓑ one's wrist

3 conduct ·   · ⓒ trade

4 international ·   · ⓓ revolution

C 주어진 철자로 시작하는 영단어를 쓰시오.

1 plan = i☐☐☐☐☐

2 mental ↔ p☐☐☐☐☐☐☐

3 c☐☐☐☐ a thief : 도둑을 쫓다

4 p☐☐☐☐☐☐ : to own something

5 j☐☐☐☐ : a valuable stone such as a diamond

□□ **vehicle**
[víːikl]

ⓜ **탈 것, 차량**
There were few vehicles on this road.
이 도로에는 차량이 거의 없었다.

□□ **direct**
[dirékt]

ⓗ **직접적인**(↔ indirect 간접적인) ⓥ **지시하다, 감독하다**
cf. director ⓜ 감독 ⊕ a direct flight 직행 항공편
That movie was directed by a teenager.
그 영화는 청소년이 감독했다.

□□ **broadcast**
[brɔ́ːdkæst]

ⓜ **방송** ⓥ **방송하다**
The broadcast begins tomorrow. 그 방송은 내일 시작한다.

□□ **particular**
[pərtíkjulər]

ⓗ **특정한, 특별한**(= special) ⊕ in particular 특별히
I did not do anything particular this year.
나는 올해에는 특별히 한 일이 없다.

□□ **poisonous**
[pɔ́izənəs]

ⓗ **독이 있는, 유독한** ⊕ poison ⓜ 독
She believed that the apple was poisonous.
그녀는 그 사과가 독이 있다고 믿었다.

□□ **status**
[stéitəs]

ⓜ **지위, 신분; 상태**
His status in the company has risen steadily.
회사에서의 그의 지위는 꾸준히 높아져 왔다.

□□ **therefore**
[ðɛ́ərfɔ̀ːr]

ⓟ **그러므로, 그래서**
Therefore I decided to accept his request.
그래서 나는 그의 요청을 받아들이기로 결정했다.

□□ **ordinary**
[ɔ́ːrdənèri]

ⓗ **보통의, 평범한**(↔ special 특별한)
The Desert Rose is different from an ordinary rose.
사막의 장미는 보통의 장미와는 다르다.

	finally	(부) **마침내, 결국** (= at last) ◆ final (형) 마지막의
	[fáinəli]	We finally completed our report. 우리는 마침내 보고서를 완료했다.

	coal	(명) **석탄**
	[koul]	He put some coal into the stove. 그는 난로에 석탄을 좀 넣었다.

	solid	(형) **단단한** (= hard), **고체의** (명) **고체**
	[sálid]	◆ liquids and solids 액체와 고체
		The walls of the house are quite solid. 그 집의 벽들은 꽤 단단하다.

	course	(명) **과정; 강좌** ◆ of course 물론
	[kɔːrs]	The course is for beginners. 그 과정은 초보자들을 위한 것이다.

	anxious	(형) **걱정하는; 열망하는** ◆ anxiety (명) 염려; 열망
	[ǽŋkʃəs]	She's anxious about her baby. 그녀는 아기에 대해 걱정하고 있다.

》》》 Voca Plus

'걱정하는, 불안한'을 의미하는 단어들 :
anxious(걱정하는, 불안한) / worried(걱정하는) / concerned(걱정하는, 염려하는) / nervous(불안한, 초조한) / uneasy(불안한, 걱정되는)

	drown	(동) **익사하다, 물에 빠져 죽다**
	[draun]	I found a man drowning in the lake.
		나는 호수에 빠져 죽은 남자를 발견했다.

	nowadays	(부) **요즈음에는**
	[náuədèiz]	Nowadays I draw cartoons whenever I'm not busy.
		요즘 나는 바쁘지 않을 때면 언제든 만화를 그린다.

	beat	(동) **이기다; 두드리다** (- beat - beaten)
	[biːt]	Korea beat Germany in the soccer match.
		한국이 축구 경기에서 독일을 이겼다.

□□ **declare** [diklέər]
[동] **선언하다; (세관에) 신고하다** ⊕ declaration [명] 선언
⊕ declare a boycott 보이콧을 선언하다
I have nothing to **declare**. 신고할 것이 없습니다.

□□ **treat** [triːt]
[동] **다루다; 치료하다; 대접하다** ⊕ treatment [명] 치료
Some people **treat** their pets badly.
어떤 사람들은 애완동물을 험하게 다룬다.

□□ **biology** [baiάlədʒi]
[명] **생물학**
Where can I find books on **biology**?
생물학에 관한 책은 어디에서 찾을 수 있나요?

□□ **noble** [nóubl]
[형] **귀족의, 고귀한** ⊕ a noble family 귀족 집안
His father is a man of **noble** character.
그의 아버지는 고귀한 인품을 지닌 사람이다.

□□ **debt** [det]
[명] **빚, 부채** ⊕ be in debt 빚이 있다
She is heavily in **debt** to the bank. 그녀는 은행에 빚이 많다.

□□ **accomplish** [əkάmpliʃ]
[동] **이루다, 성취하다**(=achieve, ↔ fail 실패하다)
⊕ accomplishment [명] 업적, 성취
The company **accomplished** its main goal.
그 회사는 주요 목적을 이루었다.

□□ **subtract** [səbtrǽkt]
[동] **빼다, 덜다**(↔ add 더하다) ⊕ subtraction [명] 삭감, 뺄셈
⊕ subtract six from ten 10에서 6을 빼다
She **subtracts** with her fingers. 그녀는 손가락으로 뺄셈을 한다.

□□ **budget** [bʌ́dʒit]
[명] **예산, 비용** ⊕ a family budget 가계 예산
You should live within your **budget**.
너는 예산에 맞게 살아야 한다.

□□ **harbor** [há:rbər]

[명] **항구, 항만**

We arrived at the **harbor**. 우리는 그 항구에 도착했다.

□□ **interpret** [intə́:rprit]

[동] **해석하다**(=translate), **설명하다**

My sister knows Japanese, so she will **interpret** for us.
내 여동생이 일본어를 알기 때문에, 그녀가 우리에게 해석해 줄 것이다.

□□ **evidence** [évədəns]

[명] **증거, 흔적** ⊕ clear evidence 명확한 증거

Scientists are looking for **evidence** of life on Mars.
과학자들은 화성에서 생명체의 증거를 찾고 있다.

□□ **rescue** [réskju:]

[동] **구하다, 구출하다**(=save) [명] **구출**

He dived into the river to **rescue** the girl.
그는 소녀를 구하기 위해 강으로 뛰어들었다.

□□ **exactly** [igzǽktli]

[부] **정확히, 틀림없이** ⊕ exact [형] 정확한

That's **exactly** what I wanted. 그것이 정확히 내가 원했던 것이다.

□□ **fluid** [flú:id]

[명] **액체**(=liquid) [형] **유동성의, 유체의**

Drink enough **fluids** in hot weather.
더운 날씨에는 충분한 액체를 마셔라.

Today's Grammar 11 관계대명사 what

'~하는 것(the thing which[that])'의 뜻으로 선행사를 포함하는 관계대명사이다. what이 이끄는 관계사절은 명사절이며 문장에서 주어, 목적어, 보어 역할을 한다.

That's exactly the thing. + I wanted it.
→ That's exactly the thing which[that] I wanted.
→ That's exactly what I wanted. 〈목적어〉 (그것이 정확히 내가 원했던 것이다.)

Mini Check! 괄호 안에서 알맞은 단어 고르기

• I don't like (that / what) he is doing.
(나는 그가 하는 것을 좋아하지 않는다.)

Answer what

A 영어는 우리말로, 우리말은 영어로 쓰시오.

1 debt		16 의사하다	
2 subtract		17 증거, 흔적	
3 budget		18 항구, 항만	
4 biology		19 정확히, 틀림없이	
5 vehicle		20 석탄	
6 course		21 독이 있는, 유독한	
7 particular		22 선언[신고]하다	
8 interpret		23 지위, 신분	
9 beat		24 구하다, 구출하다	
10 noble		25 액체; 유동성의	
11 therefore		26 직접적인; 지시하다	
12 ordinary		27 다루다; 치료하다	
13 nowadays		28 이루다, 성취하다	
14 anxious		29 단단한, 고체의	
15 finally		30 방송(하다)	

B 의미가 통하도록 연결한 후 우리말 뜻을 쓰시오.

1 declare   •   • ⓐ budget

2 a family   •   • ⓑ family

3 clear   •   • ⓒ evidence

4 a noble   •   • ⓓ a boycott

C 주어진 철자로 시작하는 영단어를 쓰시오.

1 achieve = a☐☐☐☐☐☐☐☐☐

2 special ↔ o☐☐☐☐☐☐☐

3 s☐☐☐☐☐☐☐ six from ten : 10에서 6을 빼다

4 s☐☐☐☐ : hard and not liquid

5 a☐☐☐☐☐☐ : nervous and very worried about something

중학 [3] Voca Day 12

발음 듣기

□□ **resident** [rézədnt]
[명] **거주자, 주민** [형] **거주하는** ⊕ reside [동] 거주하다
Only **residents** are allowed to park their cars here.
주민들만 이곳에 차를 주차할 수 있습니다.

□□ **quarrel** [kwɔ́ːrəl]
[동] **다투다, 싸우다** [명] **다툼**
They have **quarreled**, so they don't speak to each other.
그들은 싸워서 서로 말하지 않는다.

□□ **distinguish** [distíŋgwiʃ]
[동] **구별하다, 식별하다**
She can easily **distinguish** her twins sons.
그녀는 자신의 쌍둥이 아들들을 쉽게 구별할 수 있다.

□□ **copyright** [kɑ́pirait]
[명] **저작권, 판권**
She owns the **copyright** on the illustrations.
그녀는 그 삽화들에 대한 저작권을 갖고 있다.

□□ **profit** [prɑ́fit]
[명] **이익, 수익** [동] **이익을 얻다** ⊕ make a profit 이익을 내다
The company have made a **profit** for ten years.
그 회사는 10년 동안 수익을 냈다.

□□ **merchant** [mə́ːrtʃənt]
[명] **상인, 무역상**
The **merchant** made a lot of money in India.
그 상인은 인도에서 많은 돈을 벌었다.

□□ **quality** [kwɑ́ləti]
[명] **질, 품질** *cf.* quantity [명] 양 ⊕ of high[good] quality 질이 좋은
They measured the air **quality** in the center of town.
그들은 도시 중심에서 공기의 질을 측정했다.

□□ **efficient** [ifíʃənt]
[형] **능률적인, 유능한** ⊕ an efficient secretary 유능한 비서
The new system is very **efficient**.
그 새로운 시스템은 매우 능률적이다.

urgent
[ə́:rdʒənt]

혱 긴급한, 절박한 ⊕ urgency 몡 긴급

She had an **urgent** operation. 그녀는 긴급 수술을 받았다.

---

blossom
[blásəm]

몡 꽃 동 꽃이 피다

The park is covered with cherry **blossom**.
공원이 벚꽃으로 가득 차 있다.

---

solar
[sóulər]

혱 태양의, 태양에 관한 ⊕ the solar system 태양계

My house is heated by **solar** energy.
나의 집은 태양 에너지로 난방한다.

---

personal
[pə́rsənl]

혱 개인의, 사적인 ⊕ personality 몡 성격, 개성

The actor didn't answer the **personal** questions.
그 배우는 사적인 질문에는 대답하지 않았다.

---

principle
[prínsəpl]

몡 원리, 원칙 ⊕ in principle 원칙적으로

I follow the party's **principle**. 나는 정당의 원칙을 따른다.

▶▮▮▷ Voca Plus

혼동하기 쉬운 단어 principle vs. principal
• principle: 원리, 원칙 *ex.* moral principles(도덕적 원칙)
• principal: 주요한, 주된; 총장, 교장, 장관 *ex.* a principal cause(주된 이유)

---

volume
[válju:m]

몡 책, 권; 양, 부피; 음량 ⊕ the volume of traffic 교통량

The college library has over 25,000 **volumes**.
그 대학교 도서관에는 25,000권 이상의 책들이 있다.

---

midnight
[mídnait]

몡 자정, 밤 12시, 한밤중

We got to the hotel at **midnight**. 우리는 밤 12시에 호텔에 도착했다.

---

dozen
[dʌ́zn]

몡 12개, 다스 혱 12개의 ⊕ dozens of 수십의

These pencils sell for 6 dollars a **dozen**.
이 연필은 한 다스에 6달러에 팔린다.

☐☐ **victim**
[víktim]

(명) **희생자, 피해자** ⊕ a victim of war 전쟁의 희생자
Earthquake victims were housed in tents.
지진 피해자들이 텐트에서 지냈다.

☐☐ **reserve**
[rizə́:rv]

(동) **예약하다**(=book) ⊕ reservation (명) 예약
Can I reserve for the evening performance? ˎ
저녁 공연을 예약할 수 있을까요?

☐☐ **flow**
[flou]

(동) **흐르다** (명) **흐름** ⊕ tears flow 눈물이 나오다
She tried to stop the flow of blood.
그녀는 피가 흘러나오는 것을 멈추려고 애썼다.

☐☐ **fundamental**
[fʌ̀ndəméntl]

(형) **근본적인, 본질의** ⊕ a fundamental principle 근본 원칙
There are the fundamental differences between men
and women. 남자와 여자 사이에는 근본적인 차이가 있다.

☐☐ **attitude**
[ǽtitjùːd]

(명) **태도, 마음가짐** ⊕ a friendly attitude 우호적인 태도
She has a negative attitude to her life.
그녀는 자신의 삶에 대해 부정적인 태도를 갖고 있다.

☐☐ **manage**
[mǽnidʒ]

(동) **간신히 해내다; 관리하다, 경영하다**
⊕ management (명) 경영, 관리
I don't know how I'm going to manage all this.
나는 이 모든 것을 어떻게 해낼지 모르겠다.

☐☐ **content**
(명)[kántent]
(형)[kəntént]

(명) (-s) **내용물; 목차** (형) **만족하는**
The contents of the bottle spilled onto the carpet.
병 속의 내용물이 카펫에 쏟아졌다.

☐☐ **reward**
[riwɔ́:rd]

(동) **보상하다** (명) **보상, 사례금**
All her efforts were rewarded when she won first prize.
그녀의 모든 노력은 그녀가 우승했을 때 보상받았다.

Day 12

□□ **last** [læst]
[동] **지속되다**(=continue) [형] **지난; 마지막의**
Her happy days didn't **last** long.
그녀의 행복한 날들은 오래 지속되지 않았다.

□□ **portable** [pɔ́:rtəbl]
[형] **휴대가 쉬운, 휴대용의**
He used his **portable** computer on the train.
그는 그의 휴대용 컴퓨터를 기차에서 사용했다.

□□ **refer** [rifə́:r]
[동] **참조하다, 언급하다**
Please **refer** to the instructions for more information.
더 자세한 정보를 원하시면 지시사항을 참조하세요.

□□ **consume** [kənsú:m]
[동] **소비하다, 소모하다** *cf.* consumer [명] 소비자
The world's natural resources are being **consumed** rapidly.
세계의 천연 자원이 빠르게 소모되고 있다.

□□ **routine** [ru:tí:n]
[명] **판에 박힌 일, 일상의 일** [형] **일상의**
She's tired of her daily **routines**. 그녀는 매일의 일상이 지겹다.

□□ **count** [kaunt]
[동] **세다, 계산하다; 중요하다**
Being angry, I **counts** from one to ten.
나는 화가 날 때 1부터 10까지 센다.

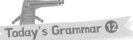

Today's Grammar 12 분사구문

분사구문 : 부사절을 분사로 시작하는 부사구로 바꿔 쓴 구문을 말한다.

~~When I am~~ angry, I counts from one to ten.

→ Being angry, I counts from one to ten.

(접속사 생략 → 주절의 주어와 같을 경우 주어 생략 → 동사를 현재분사로 바꿈)

cf. 부사절의 주어가 주절의 주어와 다를 경우에는 주어를 생략하지 않는다.

Mini Check! **밑줄 친 부분 분사구문으로 바꿔 쓰기**

• As he had a toothache, he went to see a dentist. (치통 때문에 그는 치과에 갔다.)

→ ____________

Answer Having a toothache

정답 p.299

A 영어는 우리말로, 우리말은 영어로 쓰시오.

1 copyright
2 attitude
3 reserve
4 personal
5 principle
6 merchant
7 flow
8 distinguish
9 victim
10 urgent
11 quarrel
12 quality
13 blossom
14 efficient
15 fundamental

16 세다, 계산하다
17 자정, 밤 12시
18 소비[소모]하다
19 지속되다; 지난
20 간신히 해내다
21 판에 박힌 일
22 목차; 만족하는
23 이익, 수익
24 책, 권; 부피
25 보상(하다)
26 12개, 다스
27 거주자, 주민
28 참조하다, 언급하다
29 태양의
30 휴대가 쉬운

B 의미가 통하도록 연결한 후 우리말 뜻을 쓰시오.

1 a friendly • • ⓐ principle
2 a fundamental • • ⓑ secretary
3 a victim • • ⓒ attitude
4 an efficient • • ⓓ of war

C 주어진 철자로 시작하는 영단어를 쓰시오.

1 continue = l☐☐☐
2 p☐☐☐☐☐☐☐ computer : 휴대용 컴퓨터
3 make a p☐☐☐☐☐ : 이익을 내다
4 r☐☐☐☐☐☐ : to book a seat or a table
5 r☐☐☐☐☐☐ : the usual, regular way of doing things

☐☐ **discount**
[dískaunt]

(명) **할인** ⊕ get a discount 할인을 받다
Could you give me a discount? 할인 좀 해 주시겠어요?

☐☐ **transportation**
[trænspərtéiʃən]

(명) **교통, 교통수단**(= transport)
What transportation do you use to go to work?
당신은 출근할 때 어떤 교통수단을 이용하시나요?

☐☐ **immune**
[imjúːn]

(형) **면역의, 면역성이 있는** ⊕ immune reaction 면역 반응
It weaken your immune system. 그것은 너의 면역 체계를 약화시킨다.

☐☐ **landscape**
[lǽndskeip]

(명) **풍경, 경치**(= scenery)**, 풍경화**
He's interested in landscape photos. 그는 풍경 사진에 관심 있다.

☐☐ **escape**
[iskéip]

(동) **달아나다, 탈출하다**(= get away) (명) **탈출**
She wanted to escape from here. 그녀는 여기서 탈출하고 싶었다.

☐☐ **fare**
[fɛər]

(명) **(교통) 요금, 통행료** ⊕ a taxi fare 택시 요금
Railway fares have been increased by 5%.
철도 요금이 5% 올랐다.

》❯》 Voca Plus

fare / charge / fee
• fare : 교통 요금 **ex.** a bus fare(버스 요금), a train fare(기차 요금)
• charge : 상품, 서비스에 대한 요금 **ex.** an admission charge(입장료)
• fee : 전문 서비스 수수료, 기관 등에 내는 요금[회비/가입비] **ex.** a school fee(수업료)

☐☐ **sort**
[sɔːrt]

(명) **종류, 부류**(= kind, type) (동) **분류하다**
What sort of book do you like? 너는 어떤 종류의 책을 좋아하니?

☐☐ **treasure**
[tréʒər]

(명) **보물, 보석** ⊕ national treasure 국보
His sons dug up the yard to find the treasure.
그의 아들들은 보물을 찾기 위해 마당을 팠다.

□□ **conflict**
명 [kánflikt]
동 [kənflíkt]

명 **갈등, 충돌** 동 **충돌하다**
⊕ a conflict between two cultures 두 문화간의 충돌
South and North Korea still face conflict.
남북한은 여전히 갈등 상황에 있다.

□□ **detect**
[ditékt]

동 **발견하다, 감지하다**(= discover) ⊕ detection 명 발견
I detected a feeling of anger in her voice.
나는 그녀의 목소리에서 분노의 감정을 감지했다.

□□ **entire**
[intáiər]

형 **전체의**(= whole) ⊕ an entire day 하루 종일
We spent the entire day gardening.
우리는 하루 전체를 정원 손질하는 데 보냈다.

□□ **land**
[lænd]

명 **육지, 땅** 동 **착륙하다** ⊕ land safely 안전하게 착륙하다
They live on land. 그들은 육지에 산다.

□□ **zone**
[zoun]

명 **지대, 지역, 구역**(= area) ⊕ non-smoking zone 금연 구역
You parked in a no parking zone.
당신은 주차 금지 구역에 주차하셨습니다.

□□ **adopt**
[ədápt]

동 **입양하다; 채택하다** ⊕ adoption 명 입양; 채택
⊕ adopt a new strategy 새로운 전략을 채택하다
We have adopted a little boy. 우리는 어린 남자아이를 입양했다.

□□ **apart**
[əpá:rt]

부 **떨어져; 따로** ⊕ be apart from ~와 떨어져 있다
The two villages are about six kilometers apart.
그 두 마을은 약 6킬로미터 떨어져 있다.

□□ **import**
명 [ímpɔ:rt]
동 [impɔ́:rt]

명 **수입, 수입품** 동 **수입하다**
We have to compete with cheap imports.
우리는 값싼 수입품들과 경쟁해야 한다.

☐☐ **resist**
[rizíst]

통 **저항하다, 반대하다** ⊕ resistance 명 저항, 반대
They resisted the introduction of automation.
그들은 자동화 도입에 반대했다.

☐☐ **probably**
[prάbəbli]

부 **아마도**(= perhaps)
My mother is probably going to retire next year.
나의 엄마는 아마도 내년에 은퇴하실 거야.

☐☐ **severe**
[sivíər]

형 **극심한, 심각한** ⊕ severly 부 심하게
⊕ a severe handicap 극심한 장애
The company faces severe financial problems.
그 회사는 심각한 재정 문제에 직면해 있다.

☐☐ **rapid**
[rǽpid]

형 **빠른, 급격한** ⊕ rapidly 부 급속히 ⊕ rapid growth 빠른 성장
The rapid change in the weather was observed on Mars.
화성에서 급격한 날씨 변화가 관찰되었다.

☐☐ **export**
명[ékspɔːrt]
통[ikspɔ́ːrt]

명 **수출, 수출품** 통 **수출하다**
Their products are mostly exported to Asia.
그들의 제품은 주로 아시아로 수출된다.

☐☐ **prey**
[prei]

명 **먹이, 사냥감** ⊕ prey on ~을 먹이로 하다
Mice and small birds are the favorite prey of
owls. 쥐와 작은 새들은 올빼미가 가장 좋아하는 먹잇감이다.

☐☐ **disappear**
[dìsəpíər]

통 **사라지다, 없어지다**(↔ appear 나타나다) ⊕ disappearance 명 소멸
The island may disappear because of global warming.
그 섬은 지구 온난화 때문에 사라질지도 모른다.

☐☐ **emit**
[imít]

통 **내뿜다, 배출하다**(=give off) ⊕ emit fumes 매연을 내뿜다
Air conditioners emit greenhouse gases.
에어컨은 온실가스를 배출한다.

democracy
[dimάkrəsi]

명 민주주의, 민주 국가

People want democracy, not a dictatorship.

사람들은 독재 국가가 아닌 민주 국가를 원한다.

dental
[déntl]

형 치아의, 치과의 ⊕ a dental clinic 치과 의원

I am going to the dental clinic. 나는 치과에 갈 예정이다.

lately
[léitli]

부 최근에(=recently) ⊕ late 형 늦은 부 늦게

I have not seen her lately. 나는 최근에 그녀를 만나지 못했다.

generally
[dʒénərəli]

부 일반적으로, 보통(=usually) ⊕ general 형 일반적인

The shop is generally closed on Mondays.

일반적으로 그 가게는 월요일에 문을 닫는다.

transform
[trænsfɔ́:rm]

동 변형시키다, 바꾸다 ⊕ transform A into B A를 B로 바꾸다

The school was transformed into an art gallery.

그 학교는 미술관으로 변신했다.

practical
[prǽktikəl]

형 실제의, 실용적인 ⊕ practical English 실용 영어

The jacket is practical enough to go camping.

그 재킷은 캠핑하러 가기에 충분히 실용적이다.

Today's Grammar 13　　to부정사 관용 구문

형용사[부사] + enough + to부정사	~하기에 충분히 …하다(=so ~ that + 주어 + can)
too + 형용사[부사] + to부정사	너무 ~해서 …할 수 없다(=so ~ that + 주어 + can't)

• He is too young to watch the movie. (그는 너무 어려서 그 영화를 볼 수 없다.)
 = He is so young that he can't watch the movie.

Mini Check! 두 문장의 뜻이 같도록 문장 완성하기

• She was so sick that she couldn't go to school. (그녀는 너무 아파서 학교에 갈 수 없었다.)
 = She was _____ sick to _____ to school.　　Answer too, go

A 영어는 우리말로, 우리말은 영어로 쓰시오.

1 emit

2 practical

3 lately

4 severe

5 entire

6 probably

7 generally

8 apart

9 adopt

10 transportation

11 democracy

12 rapid

13 detect

14 zone

15 resist

16 수출, 수출품

17 먹이, 사냥감

18 치아의, 치과의

19 종류; 분류하다

20 풍경, 경치

21 변형시키다

22 사라지다

23 면역성이 있는

24 (교통) 요금

25 할인(하다)

26 갈등, 충돌

27 탈출(하다)

28 보물, 보석

29 육지; 착륙하다

30 수입, 수입품

B 의미가 통하도록 연결한 후 우리말 뜻을 쓰시오.

1 practical •

2 emit •

3 immune •

4 land •

• ⓐ English

• ⓑ reaction

• ⓒ safely

• ⓓ fumes

C 주어진 철자로 시작하는 영단어를 쓰시오.

1 whole = e□□□□□

2 get away = e□□□□□

3 t□□□□□□□ : jewels, gold, or other valuable things

4 f□□□ : a price which you have to pay for a travel

5 a□□□□ : to take someone legally as a son or daughter

Day 14

발음 듣기

□□ **spacecraft** [spéiskræ̀ft]
[명] **우주선** ⊕ a manned spacecraft 유인 우주선
A **spacecraft** landed on the moon. 우주선이 달에 착륙했다.

□□ **compose** [kəmpóuz]
[동] **구성하다, 작곡하다** ⊕ be composed of ~로 구성되다
An orchestra is **composed** of many musicians.
관현악단은 많은 음악가들로 구성된다.

□□ **property** [prápərti]
[명] **재산, 소유물**
They lost all their **property** because of the fire.
그들은 그들의 모든 재산을 화재로 잃어버렸다.

Voca Plus

재산을 크게 둘로 나누면 다음과 같아요.
- personal property : 동산(動産), 즉 돈이나 주식처럼 움직일 수 있는 재산을 가리키지요.
- real property : 부동산(不動産), 즉 건물처럼 움직일 수 없는 재산을 가리키지요.

□□ **backward(s)** [bǽkwərd]
[부] **뒤로, 거꾸로** (↔ forward(s))
Let's count from ten **backwards**. 열부터 거꾸로 세자.

□□ **miserable** [mízərəbl]
[형] **비참한, 불행한, 가련한** ⊕ a miserable house 초라한 집
He made her life **miserable**. 그는 그녀의 일생을 비참하게 만들었다.

□□ **blend** [blend]
[동] **섞다, 혼합하다** (= mix) [명] **혼합**
Blend the eggs, milk and butter together.
계란, 우유, 버터를 함께 섞으시오.

□□ **tide** [taid]
[명] **조수, 조류, 흐름** ⊕ high tide and low tide 밀물과 썰물
The moon influences the **tides**. 달은 조수에 영향을 준다.

□□ **earthquake** [ə́ːrθkweik]
[명] **지진**
You should stay under the table during an **earthquake**.
지진 중에는 탁자 밑에 머물러야 한다.

□□ **tale** [teil]

[명] **이야기, 설화** ⊕ a fairy tale 동화

Many other people told his **tales** after Aesop died.

이솝이 죽은 후에, 많은 사람들이 그의 이야기들을 들려주었다.

□□ **rub** [rʌb]

[동] **문지르다, 비비다** ⊕ rub one's eyes 눈을 비비다

She **rubbed** her hands together to get them warm.

그녀는 따뜻하게 하기 위해 두 손을 함께 비볐다.

□□ **handle** [hǽndl]

[동] **다루다, 처리하다** [명] **손잡이**

There are different ways to **handle** the situation.

그 상황을 다룰 다양한 방법들이 있다.

□□ **worthwhile** [wə̀ːrθhwáil]

[형] **가치 있는, 보람 있는**

I felt the meeting had been very **worthwhile**.

나는 그 회의가 매우 가치 있었던 것으로 느꼈다.

□□ **wrinkle** [ríŋkl]

[명] **주름** [동] **주름이 지다**

I had an operation to remove **wrinkles** round my eyes.

나는 눈 주위의 주름을 없애는 수술을 받았다.

□□ **whole** [houl]

[형] **전체의, 모든**(=entire) [명] **전체**

She didn't even say a word during the **whole** play.

그녀는 경기 내내 한 마디 말도 하지 않았다.

□□ **instruct** [instrʌ́kt]

[동] **가르치다, 지시하다** ⊕ instruction [명] 지시

They didn't **instruct** us where to go.

그들은 우리에게 어디로 갈지 지시하지 않았다.

□□ **crime** [kraim]

[명] **범죄, 죄** ⊕ criminal [형] 범죄의

⊕ a fight[battle] against crime 범죄와의 전쟁

School dropout and **crime** rates are increasing.

학교 중퇴와 범죄율이 증가하고 있다.

☐☐ **rare**
[rɛər]

(형) 드문, 희귀한; (고기를) 덜 익힌 ⊕ rare steak 덜 익힌 스테이크

Their garden is filled with rare plants.

그들의 정원은 희귀한 식물들로 가득 차 있다.

☐☐ **establish**
[istǽbliʃ]

(동) 설립하다, 확립하다 ⊕ establishment (명) 설립; 기관
⊕ establish a theory 이론을 확립하다

The charity was established in 1996.

그 자선 단체는 1996년에 설립되었다.

☐☐ **offer**
[ɔ́:fər]

(동) 제의하다, 제공하다 (명) 제의, 제공

They offer a global parcel delivery service.

그들을 국제 택배 서비스를 제공한다.

☐☐ **female**
[fí:meil]

(형) 여성의, 여자의 (명) 여성(↔ male 남성(의))

She was the first female director who won an Oscar.

그녀는 오스카상을 수상한 최초의 여성 감독이었다.

☐☐ **vain**
[vein]

(형) 헛된, 소용없는 ⊕ in vain 헛되이
⊕ a vain effort 헛된 노력

I tried in vain to open the door.

나는 문을 열려고 했지만 헛수고였다.

☐☐ **sink**
[siŋk]

(동) 가라앉다 (명) 싱크대 ⊕ a blocked sink 막힌 싱크대

While small stones sink in the water, big ships float.

작은 돌들은 물 속에 가라앉는 반면에 큰 배들은 뜬다.

☐☐ **object**
(명)[ábdʒikt]
(동)[əbdʒékt]

(명) 물건, 물체; 목적 (동) 반대하다

Pop artists usually create artworks out of familiar objects.

팝아티스트들은 보통 친숙한 물건들에서 작품을 창조한다.

☐☐ **normal**
[nɔ́:rməl]

(형) 보통의, 정상의(↔ abnormal 비정상의), 표준의

A normal bathtub holds about 200 liters of water.

보통의 욕조에는 약 200리터의 물이 들어간다.

☐☐ **scale**
[skeil]

똉 **규모, 범위; 저울** ⊕ large-scale 대규모의

The project is small in scale. 그 프로젝트는 규모가 작다.

☐☐ **professional**
[prəféʃənl]

똉 **전문적인, 직업의**(↔ amateur 전문적이 아닌)

I want your professional opinion.

저는 당신의 전문적인 의견을 원해요.

☐☐ **familiar**
[fəmíljər]

똉 **낯익은, 친숙한** ⊕ familiarity 똉 친숙함

He found familiar faces on the photo.

그는 그 사진에서 낯익은 얼굴들을 발견했다.

☐☐ **pole**
[poul]

똉 **막대기, 기둥; 극** ⊕ the North[South] Pole 북극[남극]

A tent is made of cloth and held up by poles.

텐트는 천으로 만들어지며, 기둥으로 지탱한다.

☐☐ **seldom**
[séldəm]

똇 **거의 ~ 않는**(= rarely)

Seldom does she have coffee in the evening.

그녀는 저녁에는 커피를 거의 안 마신다.

☐☐ **several**
[sévərəl]

똉 **몇몇의, 각각의** ⊕ several months later 몇 달 뒤에

On a plate were several cookies. 접시에는 몇몇 쿠키들이 있었다.

Today's Grammar ⑭   도치 구문

부사(구)나 부정어의 강조를 위해 문장 앞으로 보내면 주어와 동사가 도치된다.

부사(구)가 앞에 나올 때	부사(구) + 동사 + 주어
부정어가 앞에 나올 때	부정어 + 조동사[do동사/be동사] + 주어

• She seldom has coffee in the evening.

→ Seldom does she have coffee in the evening.

Mini Check!   괄호 안의 단어 바르게 배열하기

• Rarely (she, go, does) to the movies.

(그녀는 영화를 보러 거의 가지 않는다.)

Answer does she go

Ⓐ 영어는 우리말로, 우리말은 영어로 쓰시오.

1 property		16 가라앉다	
2 several		17 설립[확립]하다	
3 rub		18 지진	
4 instruct		19 우주선	
5 familiar		20 섞다, 혼합하다	
6 compose		21 보통의, 표준의	
7 seldom		22 물건, 물체	
8 backward(s)		23 막대기; 극	
9 tide		24 전체의, 모든	
10 worthwhile		25 비참한, 불행한	
11 tale		26 주름이 지다	
12 vain		27 다루다, 처리하다	
13 crime		28 제의[제공]하다	
14 scale		29 여성의, 여자의	
15 professional		30 드문, 희귀한	

Ⓑ 의미가 통하도록 연결한 후 우리말 뜻을 쓰시오.

1 a vain   ·   · ⓐ a theory

2 a manned ·   · ⓑ effort

3 establish   ·   · ⓒ one's eyes

4 rub   ·   · ⓓ spacecraft

Ⓒ 주어진 철자로 시작하는 영단어를 쓰시오.

1 mix = b☐☐☐☐

2 amateur ↔ p☐☐☐☐☐☐☐☐☐☐☐☐

3 p☐☐☐ : a long wooden or metal stick

4 b☐☐☐☐☐☐☐☐ : from the front towards the back

5 i☐☐☐☐☐☐☐ : to show someone how to do something

발음 듣기

☐☐ **inner**
[ínər]

❸ **안쪽의, 내부의**(↔ outer 외부의)
There is a secret card inside the inner box.
내부 상자 안에 비밀 카드가 있다.

☐☐ **theory**
[θíːəri]

❸ **이론, 학설** ⊕ in theory 이론상
His theory was based on years of observations.
그의 이론은 수년간의 관찰을 근거로 했다.

☐☐ **contact**
[kántækt]

❸ **접촉, 연락** ❸ **연락하다** ⊕ lose contact 연락이 끊어지다
We lost contact after elementary school.
우리는 초등학교 이후에 연락이 끊어졌다.

☐☐ **infect**
[infékt]

❸ **감염시키다** ⊕ infection ❸ 감염
I was infected with malaria. 나는 말라리아에 감염되었다.

☐☐ **recently**
[ríːsntli]

❸ **최근에**(= lately)
She got a new heart from a person who had recently died.
그녀는 최근에 죽은 사람으로부터 새 심장을 얻었다.

☐☐ **opportunity**
[àpərtjúːnəti]

❸ **기회**(= chance) ⊕ lose opportunity 기회를 놓치다
You had better grab this good opportunity.
너는 이 좋은 기회를 잡는 게 좋겠다.

☐☐ **bet**
[bet]

❸ **내기하다, 보증하다**(- bet - bet) ❸ **내기**
⊕ win a bet 내기에서 이기다
He bet on Germany to win the next World Cup.
그는 다음 월드컵에서 독일이 우승하는 것에 돈을 걸었다.

☐☐ **select**
[silékt]

❸ **고르다, 선택하다**(= choose) ⊕ selection ❸ 선택
She selected carefully a present for her son.
그녀는 아들 선물을 주의깊게 골랐다.

□□ **confused** [kənfjúːzd]
[형] **혼란스러운, 헷갈리는** ⊕ confuse [동] 혼란시키다
I'm a bit **confused** what his name is.
나는 그의 이름이 무엇인지 약간 헷갈린다.

□□ **genre** [ʒɑ́ːnrə]
[명] **(예술 작품의) 장르** ⊕ literary genre 문학 장르
His favorite movie **genre** is action.
그가 좋아하는 영화 장르는 액션이다.

□□ **affect** [əfékt]
[동] **영향을 미치다** ⊕ affection [명] 애착
The book has **affected** my view of the world.
그 책은 나의 세상에 대한 관점에 영향을 주었다.

□□ **plenty** [plénti]
[명] **많음, 풍부** ⊕ plenty of 많은
Take **plenty** of warm clothes. 따뜻한 옷을 많이 가져가라.

□□ **perhaps** [pərhǽps]
[부] **아마, 어쩌면** (= maybe)
Perhaps they're sisters. 어쩌면 그들은 자매일지도 모른다.

Voca Plus

'아마, 어쩌면'을 의미하는 단어들
perhaps, maybe, probably는 모두 '아마'라는 뜻의 약한 추측을 나타내는 부사이며, 조동사 may가 쓰인 문장으로 바꿔 쓸 수 있어요. ***ex.*** Perhaps they're sisters. = They may be sisters.

□□ **fist** [fist]
[명] **주먹** ⊕ make a fist 주먹을 쥐다
He struck the table with his **fist**. 그는 주먹으로 탁자를 쳤다.

□□ **contrast** [명][kɑ́ntræst] [동][kəntrǽst]
[명] **대조, 차이** [동] **대조하다** ⊕ by contrast 대조적으로
The two idol groups are in a strong **contrast**.
그 두 아이돌 그룹은 선명한 대조를 이룬다.

□□ **frankly** [frǽŋkli]
[부] **솔직히, 솔직히 말해서** ⊕ frankly speaking 솔직히 말해서
Frankly, I'm not close with Tom. 솔직히, 나는 Tom과 친하지 않다.

Day 15

□□ **attractive**
[ətrǽktiv]

휑 매력적인, 마음을 끄는　⊕ attract 동 마음을 끌다

They found the mountain scenery very attractive.

그들은 그 산의 경치가 매우 매력적이라고 생각했다.

□□ **article**
[ɑ́ːrtikl]

명 기사; 물품　⊕ write an article 기사를 쓰다

She reads a few articles and leaves some comments.

그녀는 몇몇 기사를 읽고 답글을 남긴다.

□□ **adapt**
[ədǽpt]

동 적응하다, 순응하다

⊕ adaptation 명 적응　⊕ adapt to ~에 적응하다

We'll have to learn to adapt to the new system.

우리는 새로운 시스템에 적응하기 위해 배워야 할 것이다.

□□ **slope**
[sloup]

명 경사면, 비탈　동 경사지다

The upper slopes of the mountain are steep.

그 산의 위쪽 경사면은 가파르다.

□□ **atmosphere**
[ǽtməsfiər]

명 대기; 분위기　⊕ a friendly atmosphere 정다운 분위기

Pollution of the atmosphere has increased.

대기 오염이 증가해 왔다.

□□ **rather**
[rǽðər]

부 오히려, 차라리; 다소　⊕ rather than ~보다는

The beginning of the film is rather boring.

영화의 시작은 다소 지루했다.

□□ **sight**
[sait]

명 시력, 봄; 견해　⊕ see 동 보다

My grandmother's sight isn't good any more.

나의 할머니의 시력은 더 이상 좋지 않다.

□□ **artificial**
[ɑ̀ːrtəfíʃəl]

휑 인공의(↔ natural 자연의); 모조의

She wears an artificial diamond necklace.

그녀는 모조 다이아몬드 목걸이를 하고 있다.

☐☐ **athlete**
[金θli:t]

圐 **(운동) 선수** ⊕ an amateur athlete 아마추어 운동 선수

The athlete was full of confidence. 그 선수는 자신감에 차 있었다.

☐☐ **appointment**
[əpɔ́intmənt]

圐 **약속, 예약** ⊕ a dental appointment 치과 진료 예약

I have an appointment with my uncle at 4.
나는 삼촌과 4시에 약속이 있다.

☐☐ **bare**
[bɛər]

圐 **벌거벗은, 맨 ~** ⊕ a bare cupboard 텅 빈 찬장

She walked with bare feet. 그녀는 맨발로 걸었다.

☐☐ **greenhouse**
[grí:nhàus]

圐 **온실**

There was a big greenhouse. 큰 온실이 있었다.

☐☐ **irony**
[áiərəni]

圐 **풍자, 비꼼, 반어법, 아이러니**

With irony, it was Mike who scored the winning goal.
아이러니하게도, 결승골을 넣은 사람은 바로 Mike였다.

☐☐ **technology**
[teknálədʒi]

圐 **(과학) 기술** ⊕ develop technology 기술을 발전시키다

We can watch the same scene repeatedly by technology.
과학 기술에 의해 우리는 같은 장면을 여러번 볼 수 있다.

Today's Grammar ⑮   강조 구문

It is[was] ~ that ...: '…한 것은 바로 ~이다'라는 뜻으로 동사를 제외한 주어, 목적어, 부사(구) 등을 강조할 때 사용한다.

Somi lost her cap at the park.

→ It was Somi that lost her cap at the park. 〈주어 강조〉
→ It was her cap that Somi lost at the park. 〈목적어 강조〉
→ It was at the park that Somi lost her cap. 〈부사구 강조〉

Mini Check! 밑줄 친 부분 강조하는 문장 완성하기

• The car was repaired yesterday. (그 차는 어제 수리되었다.)
→ .... was .... that was repaired yesterday.   Answer It, the car

정답 p.300

A 영어는 우리말로, 우리말은 영어로 쓰시오.

1 appointment		16 대기, 분위기	
2 select		17 솔직히	
3 plenty		18 대조, 차이	
4 greenhouse		19 경사면, 비탈	
5 article		20 벌거벗은	
6 affect		21 (과학) 기술	
7 theory		22 주먹	
8 opportunity		23 접촉, 연락	
9 athlete		24 풍자, 비꼼	
10 infect		25 내기(하다)	
11 recently		26 장르	
12 inner		27 인공의, 모조의	
13 perhaps		28 오히려, 다소	
14 sight		29 매력적인	
15 adapt		30 혼란스러운	

B 의미가 통하도록 연결한 후 우리말 뜻을 쓰시오.

1 an amateur •　　　• ⓐ technology

2 develop •　　　• ⓑ contact

3 lose •　　　• ⓒ atmosphere

4 a friendly •　　　• ⓓ athlete

C 주어진 철자로 시작하는 영단어를 쓰시오.

1 choose = s☐☐☐☐☐

2 natural ↔ a☐☐☐☐☐☐☐☐☐

3 a☐☐☐☐☐☐ : a report in a newspaper

4 s☐☐☐☐ : the sense that is the ability to see

5 b☐☐☐ : not covered by clothes or shoes

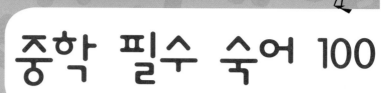

중학 필수 숙어 100

a number of

많은 (= many)
There are a number of nice paintings here.
이곳에는 많은 멋진 그림들이 있다.

according to

~에 따르면
According to the police, the car ran too fast.
경찰에 따르면, 그 차가 너무 빨리 달렸다고 한다.

after all

결국, 마침내
Did you go to the concert after all?
결국 너는 콘서트에 갔니?

again and again

반복해서, 되풀이해서 (= over and over)
He asked the same question again and again.
그는 반복해서 같은 질문을 했다.

agree with

~에 동의하다 (↔ disagree with ~에 동의하지 않다)
I agree with the government's educational policy.
나는 정부의 교육 정책에 동의한다.

all over the world

전 세계에
The band is popular all over the world.
그 밴드는 전 세계에 인기가 있다.

all the time

언제나, 항상
My father is tired all the time.
나의 아버지는 항상 피곤하시다.

and so on

기타 등등, ~ 등
In the photo, we can see a girl, a dog, and so on.
그 사진에서, 우리는 소녀, 개 등을 볼 수 있다.

as a result	**결과적으로** As a result, my team won the game. 결과적으로, 나의 팀이 경기에서 우승했다.
as soon as	**~하자마자** As soon as you arrived at the airport, call me. 공항에 도착하자마자 내게 전화해라.
as well	**또한, 역시**(=also) She sings well and can play the violin as well. 그녀는 노래를 잘 하는데 바이올린 또한 연주할 수 있다.
at last	**드디어, 마침내**(=finally) At last it stopped raining. 드디어 비가 그쳤다.
at least	**적어도, 최소한** *cf.* at most 기껏해야, 많아야 I exercise at least thirty minutes every day. 나는 적어도 매일 30분씩 운동을 한다.
at once	**즉시, 당장**(=immediately) Stop playing computer games at once. 당장 컴퓨터 게임을 멈춰라.
at the same time	**동시에** The mask looked funny and scary at the same time. 그 가면은 우스워 보였고 동시에 무서워 보였다.
be afraid of	**~을 무서워하다**(=be scared of) My sister is afraid of mice. 내 여동생은 쥐를 무서워한다.

be covered with	**~로 덮여 있다** The cake is covered with chocolate. 그 케이크는 초콜릿으로 덮여 있다.
be famous for	**~로 유명하다** Onyang is famous for hot springs. 온양은 온천으로 유명하다.
be full of	**~로 가득 차 있다** (= be filled with) The mountain was full of wild flowers. 그 산은 야생화로 가득 차 있었다.
be from	**~에서 오다, ~ 출신이다** (= come from) Some students are from Cambodia. 몇몇 학생들은 캄보디아 출신이다.
be good at	**~을 잘하다** (↔ be poor[bad] at ~에 서투르다) She is good at English but is bad at math. 그녀는 영어는 잘하지만 수학은 못한다.
be good for	**~에 좋다** (↔ be bad for ~에 나쁘다) Chocolate is not good for dogs. 초콜릿은 개에게 좋지 않다.
be interested in	**~에 관심 있다, ~에 흥미가 있다** Are you interested in Korean history? 너는 한국 역사에 관심 있니?
be late for	**~에 지각하다, ~에 늦다** Because of the snow, he may be late for the party. 눈 때문에, 그는 파티에 늦을지도 몰라.

be over

끝나다
The winter vacation is over.
겨울 방학이 끝난다.

---

be proud of

~을 자랑스러워 하다
They are really proud of their son.
그들은 그들의 아들을 정말 자랑스러워한다.

---

be responsible for

~에 책임이 있다
He is responsible for the accident.
그는 그 사건에 책임이 있다.

---

be satisfied with

~에 만족하다
She is satisfied with the test result.
그녀는 시험 결과에 만족한다.

---

be tired of

~에 싫증이 나다, 신물이 나다
I'm tired of listening to your complaints.
나는 네 불평을 듣는 데 싫증이 난다.

---

belong to

~에 속하다, ~ 소유이다
That building belongs to my grandfather.
저 건물은 나의 할아버지 소유이다.

---

bring about

유발하다, 초래하다
Global warming brings about weather changes.
지구 온난화는 날씨 변화를 초래한다.

---

by accident

우연히 (= by chance)
I found the missing book by accident.
나는 우연히 잃어버린 책을 발견했다.

by oneself	**혼자서** (= alone) *cf.* for oneself 혼자 힘으로 My puppy came back home **by himself**. 나의 강아지는 혼자서 집으로 돌아왔다.
by mistake	**실수로, 잘못하여** She tore a page of her book **by mistake**. 그녀는 실수로 책 한 쪽을 찢었다.
by the way	**그런데** **By the way**, did you finish your art project? 그런데, 너는 미술 과제를 끝냈니?
check out	**(도서관 등에서) 대출받다; 확인하다** I **checked out** three books from the library. 나는 도서관에서 3권의 책을 대출받았다.
come to one's mind	**생각이 떠오르다** What **come to your mind** when you hear the word? 너는 그 단어를 들으면 무슨 생각이 떠오르니?
come up with	**~을 생각해내다** They didn't **come up with** a good idea. 그들은 좋은 아이디어가 생각나지 않았다.
cut in line	**새치기하다** Please don't **cut in line**. 새치기하지 마세요.
deal with	**~을 다루다, 처리하다** He must **deal with** the problem of teenage crime. 그는 십대 범죄 문제를 처리해야 한다.

do one's best

최선을 다하다 (= try one's best)

Although my role was not big, I did my best.
비록 내 역할이 크지는 않았지만, 나는 최선을 다했다.

---

do well

잘하다, 성공하다

She studied hard to do well on the exam.
그녀는 시험을 잘 보기 위해서 열심히 공부했다.

---

each other

서로 (= one another)

They live together and help each other.
그들은 함께 살면서 서로 돕는다.

---

feel free to

마음대로 하다, 편하게 하다

If you need my help, feel free to call me.
내 도움이 필요하면 내게 마음 내킬 때 연락해.

---

for a long time

오랫동안

Don't keep vegetables for a long time.
채소를 오랫동안 보관하지 마라.

---

for a while

잠깐 (= for a moment)

She thought for a while and answered.
그녀는 잠깐 생각하고 대답했다.

---

for example

예를 들어

For example, this book is about wild animals.
예를 들어, 이 책은 야생 동물에 관한 것이다.

---

for free

무료로, 공짜로 (= for nothing)

They can eat delicious food for free.
그들은 무료로 맛있는 음식을 먹을 수 있다.

for sure	**확실히, 틀림없이**(= surely) I know for sure she isn't honest. 나는 그녀가 정직하지 않다는 것을 확실히 알고 있다.
for the first time	**처음으로** I remember the day I flew a plane for the first time. 나는 처음으로 비행기를 탄 날을 기억한다.
from now on	**지금부터, 이제부터** I'll be a good daughter from now on. 지금부터 나는 좋은 딸이 될 것이다.
get along with	**~와 잘 지내다** I want to get along with new classmates. 나는 새로운 학급 친구들과 잘 지내고 싶다.
get on	**~에 타다**(↔ get off ~에서 내리다) She got on the bus to go to the museum. 그녀는 박물관에 가기 위해 버스를 탔다.
get over	**극복하다**(= overcome) He had to get over his disability. 그는 그의 장애를 극복해야 했다.
give ~ a hand	**~를 도와주다**(= help) Can you give me a hand? 나 좀 도와줄 수 있니?
give off	**배출하다** Cars give off a lot of CO_2 and pollute the air. 자동차는 이산화탄소를 많이 배출하여 공기를 오염시킨다.

give up

포기하다 (= abandon)

I'm losing by 5 points, but I won't give up.

나는 5점을 지고 있지만 포기하지 않을 것이다.

---

go on

계속하다 (= continue)

She went on singing for two hours.

그녀는 2시간 동안 계속 노래를 불렀다.

---

go through

경험하다, 겪다; 통과하다

I wouldn't let my son go through hardships.

나는 나의 아들이 역경을 겪지 않게 할 것이다.

---

grow up

성장하다, 자라다

What would you like to be when you grow up?

너는 자라서 무엇이 되고 싶니?

---

have in common

공통점이 있다

The twin brothers have a lot in common.

그 쌍둥이 형제는 많은 공통점이 있다.

---

have no idea

전혀 모르다

She had no idea what to do in the dark.

그녀는 어둠 속에서 무엇을 해야 할지 전혀 몰랐다.

---

have trouble -ing

~하는 데 어려움을 겪다

I sometimes have trouble focusing in class.

나는 가끔 수업 시간에 집중하는 데 어려움을 겪는다.

---

in addition to

~ 이외에, ~에 덧붙여

In addition to Japanese, she speaks Chinese well.

일본어 이외에도, 그녀는 중국어도 잘 한다.

발음 듣기

in fact

사실 (= actually)
In fact, my brother composed the song.
사실, 내 남동생이 그 노래를 작곡했다.

in need

어려움에 처한
Have you ever helped anyone in need?
당신은 어려움에 처한 누군가를 도와준 적이 있나요?

in return

보답으로, 답례로
In return, they gave me a bike.
보답으로, 그들은 나에게 자전거를 주었다.

in trouble

곤경에 처한
If you don't come, we will be in trouble.
네가 오지 않으면, 우리는 곤경에 처할 것이다.

instead of

~ 대신에
Walk to the park instead of taking the bus.
공원까지 버스를 타는 대신에 걸어가라.

keep A from B

A가 B하지 못하게 하다 (= stop A from B)
He kept children from playing in the street.
그는 아이들이 길에서 놀지 못하게 했다.

keep in mind

명심하다
I hope you keep these tips in mind.
나는 네가 이 조언들을 명심하기 바란다.

keep in touch

연락하고 지내다
Sumi moved to Busan, but we have kept in touch.
수미는 부산으로 이사갔지만, 우리는 연락하고 지낸다.

keep one's promise	**약속을 지키다**(↔ break one's promise 약속을 어기다) It is important for you to **keep your promises**. 네가 약속을 지키는 것은 중요하다.
look at	**~을 보다**(= take a look at) *cf*. look for ~을 찾다 **Look at** each picture and guess their titles! 각 그림을 보고 그것들의 제목을 추측해 보라!
look forward to	**~을 고대하다** I'm **looking forward to** the school field trip. 나는 수학여행을 고대하고 있다.
make friends	**친구를 사귀다** It isn't easy to **make new friends**. 새로운 친구를 사귀는 것은 쉽지 않다.
make fun of	**~을 놀리다** You shouldn't **make fun of** your brother. 네 남동생을 놀려서는 안 된다.
make a noise	**떠들다, 소란을 피우다** Don't **make a noise** in the library. 도서관에서 떠들지 마시오.
make sure	**반드시 하다, 확실히 하다** **Make sure** you don't feed animals. 반드시 동물들에게 먹이를 주지 않도록 하세요.
make up one's mind	**결심하다**(= decide) He **made up his mind** to do volunteer work. 그는 자원봉사 활동을 하기로 결심했다.

most of all	**무엇보다도** (= above all) Most of all, the special effects are very wonderful! 무엇보다도, 특수 효과가 매우 훌륭하다!
on one's[the] way to	**~에 가는 도중에** I heard a strange sound on my way to school. 나는 학교에 가는 도중에 이상한 소리를 들었다.
on the other hand	**반면에, 다른 한편으로** On the other hand, I like going out and playing. 반면에, 나는 밖에 나가서 노는 것을 좋아한다.
on time	**제 시간에, 정각에** The important thing is to finish the work on time. 중요한 것은 그 일을 제 시간에 끝내는 것이다.
one by one	**하나씩, 차례로** They stepped onto the stage one by one. 그들은 차례로 무대로 올라갔다.
pay attention to	**~에 주목하다** Pay attention to the instructions in the leaflet. 전단에 있는 지시사항에 주목해 주세요.
pick up	**~을 줍다, ~를 태우러 가다** It's my mission to pick up trash. 쓰레기를 줍는 것이 나의 임무이다.
put off	**미루다, 연기하다** (= postpone) They have put off the meeting until next week. 그들은 회의를 다음 주까지 연기했다.

put on	~을 입다 (= wear) (↔ take off ~을 벗다)
	I think you should put on your coat.
	나는 네가 외투를 입어야 한다고 생각해.

right away	당장, 곧바로 (= right now)
	Let's take the cat to an animal shelter right away.
	당장 그 고양이를 동물 보호소에 데려다 주자.

run away	달아나다, 도망치다
	In danger, a lizard cuts off its tail and run away.
	위험에 처했을 때, 도마뱀은 꼬리를 자르고 달아난다.

so far	지금까지
	She hasn't told a lie so far.
	그녀는 지금까지 거짓말을 해 본 적이 없다.

take a rest	휴식을 취하다, 쉬다 (= take a break)
	You can take a rest anytime you want.
	너는 언제든지 원하는 시간에 쉴 수 있다.

take a picture	사진을 찍다 (= take a photo)
	She took a picture of Namsan Tower.
	그녀는 남산 타워 사진을 찍었다.

take care of	~을 돌보다 (= look after)
	Can you take care of my garden for two days?
	너는 2일 동안 나의 정원을 돌봐줄 수 있니?

take part in	~에 참가[참여]하다 (= participate in)
	I'm going to take part in the cooking contest.
	나는 요리 대회에 참가할 것이다.

take place	**개최되다, 열리다**(= be held) ; **일어나다** The race didn't **take place** because of the snow. 눈 때문에 경주가 열리지 않았다.
throw away	**버리다** Mom, please don't **throw away** my old clothes. 엄마, 제발 저의 오래된 옷들을 버리지 말아주세요.
turn A into B	**A를 B로 바꾸다** The witch **turned** the princess **into** a monster. 마녀는 공주를 괴물로 바꾸었다.
turn on	**(전기, 수도 등을) 켜다**(↔ turn off 끄다) Do you mind if I **turn on** the heater? 제가 난로를 켜도 되나요?

ANSWER

A N S W E R

중학 ❶

Ⓐ

1 과학	16 garage
2 믿다	17 difficult
3 공항	18 finish
4 방문하다	19 classmate
5 먹이를 주다	20 wait
6 영원히	21 almost
7 같은, 동일한	22 send
8 외국의	23 brave
9 가까운	24 culture
10 인기 있는	25 pond
11 미래	26 move
12 동의하다	27 jog
13 사무실	28 young
14 소개하다	29 inside
15 아주 맛있는	30 proud

Ⓑ

1 ⓓ 용감한 군인	2 ⓐ 한국 문화
3 ⓑ 공항에 도착하다	4 ⓒ 숙제를 끝내다

Ⓒ

1 feed	2 forever
3 almost	4 proud
5 same	

Ⓐ

1 다리, 교량	16 hobby
2 평화로운	17 become
3 거대한, 막대한	18 goal
4 여전히, 아직	19 climate
5 잡지	20 wash
6 특별한, 특수한	21 leave
7 비싼	22 enough
8 홀로	23 candle
9 우정	24 hopeful
10 가져오다, 데려오다	25 answer
11 갑자기	26 weak
12 예의 바른, 공손한	27 smell

13 가루, 밀가루	28 grade
14 과목, 주제	29 exercise
15 조용한	30 address

Ⓑ

1 ⓒ 스포츠 잡지	2 ⓓ 따뜻한 기후
3 ⓐ 1학년	4 ⓑ 맛있는 냄새

Ⓒ

1 subject	2 weak
3 quiet	4 wash
5 leave	

Ⓐ

1 병	16 allowance
2 정돈된, 말쑥한	17 blind
3 사실인	18 flood
4 가격, 값	19 change
5 마을	20 hurry
6 진짜의	21 minute
7 해변, 바닷가	22 nephew
8 빨리	23 plant
9 도착하다	24 experience
10 놀라운, 굉장한	25 design
11 나뭇가지	26 invite
12 적	27 seat
13 도로, 길	28 shine
14 매우 좋아하는	29 careful
15 봉투	30 dish

Ⓑ

1 ⓓ 커피 가격	2 ⓑ 자리에 앉다
3 ⓐ 물 한 병	4 ⓒ 설거지하다

Ⓒ

1 enemy	2 nephew
3 minute	4 plant
5 beach	

A

1 시끄러운	16 nickname
2 군인, 병사	17 choose
3 유명한	18 vegetable
4 선물, 재능	19 fresh
5 도둑	20 accident
6 웃다	21 hike
7 햇빛, 햇살	22 free
8 곧, 머지않아	23 lovely
9 숲, 삼림	24 fly
10 동전	25 tired
11 선반, 책꽂이	26 season
12 금발인	27 travel
13 슬픈	28 blow
14 즐기다	29 stage
15 수리(하다)	30 easy

B

1 ⓑ 자동차 사고　　2 ⓐ 유명한 작가
3 ⓓ 무대에서 춤추다　4 ⓒ 세계를 여행하다

C

1 gift	2 coin
3 season	4 vegetable
5 easy	

A

1 수학	16 weather
2 이, 치아	17 ride
3 담, 벽	18 report
4 위험한	19 board
5 식료품(점)	20 boil
6 꼬리	21 happiness
7 낯선, 이상한	22 live
8 틀린, 잘못된	23 wave
9 반복하다	24 thin
10 후식, 디저트	25 light
11 또한, 역시	26 join
12 머무르다	27 note
13 대화	28 worry
14 아픈, 병든	29 fun
15 느끼다	30 sure

B

1 ⓓ 물을 끓이다　　2 ⓒ 자전거를 타다
3 ⓐ 신호등　　　　4 ⓑ 동아리에 가입하다

C

1 weather	2 sure
3 thin	4 tail
5 wrong	

A

1 아픈, 병든	16 grass
2 접시, 그릇	17 score
3 목구멍, 목	18 guest
4 이기다	19 dictionary
5 마당, 뜰	20 important
6 아이; 농담하다	21 talent
7 경주; 인종	22 deep
8 준비하다	23 human
9 이미, 벌써	24 plan
10 개울, 시내	25 patient
11 조용한, 말 없는	26 chest
12 단, 달콤한	27 lie
13 공유하다, 함께 쓰다	28 practice
14 구멍, 구덩이	29 diligent
15 옷, 의복	30 melt

B

1 ⓒ 높은 점수　　2 ⓐ 경기에서 이기다
3 ⓓ 방을 함께 쓰다　4 ⓑ 환자를 돌보다

C

1 sick	2 clothes
3 kid	4 diligent
5 guest	

A

1 (발로) 차다	16 end
2 조각	17 member
3 모이다	18 bill
4 가득 찬	19 together
5 상품, 제품	20 heat
6 턱	21 hunt

7 체육관　22 problem
8 안전한　23 actually
9 후추, 고추　24 shout
10 화난　25 feather
11 두통　26 miss
12 전쟁　27 rest
13 고기, 육류　28 spend
14 신전, 절　29 field
15 조종사, 비행사　30 fantastic

B

1 ⓑ 쉬다　2 ⓓ 공을 차다
3 ⓒ 문제를 풀다　4 ⓐ 머리가 아프다

C

1 full　2 hunt
3 safe　4 actually
5 piece

바로바로 Daily Check 08

A

1 지하철　16 knee
2 목소리　17 twin
3 요리사, 주방장　18 muscle
4 비누　19 happen
5 무거운　20 chat
6 유령, 귀신　21 nervous
7 결석한　22 tiny
8 어깨　23 secret
9 섬　24 solve
10 화제, 주제　25 grow
11 공장　26 luck
12 기억하다　27 pass
13 더하다, 추가하다　28 wear
14 꽤, 상당히　29 ankle
15 간단한, 단순한　30 forget

B

1 ⓒ 쌍둥이 형제　2 ⓐ 지하철역
3 ⓑ 비밀을 지키다　4 ⓓ 장난감 공장

C

1 absent　2 heavy
3 wear　4 island
5 forget

바로바로 Daily Check 09

A

1 설명하다　16 pity
2 슬픔　17 certain
3 수수께끼　18 strong
4 버릇, 습관　19 borrow
5 휴일, 휴가　20 college
6 국수　21 refrigerator
7 매운, 양념 맛이 강한　22 expect
8 못생긴, 추한　23 million
9 미친, 화가 난　24 favor
10 쓰다　25 point
11 ~ 없이　26 decide
12 샤워, 소나기　27 fry
13 현명한, 지혜로운　28 lose
14 굽다　29 sentence
15 다정한, 친절한　30 message

B

1 ⓒ 나쁜 습관　2 ⓓ 메시지를 남기다
3 ⓐ 샤워하다　4 ⓑ 빵을 굽다

C

1 write　2 strong
3 borrow　4 million
5 certain

바로바로 Daily Check 10

A

1 식사, 끼니　16 nest
2 축제　17 empty
3 조리법, 요리법　18 map
4 박물관, 미술관　19 need
5 (우묵한) 그릇, 통　20 cover
6 손님, 고객　21 health
7 도서관　22 sharp
8 나무, 목재　23 hate
9 젖은　24 harvest
10 방학　25 sour
11 죽이다　26 sale
12 역, 정거장　27 cough
13 깨다, 깨우다　28 sound
14 발가락　29 colorful
15 팔다　30 straight

B

1 ⓒ 빈 병
3 ⓐ 수프 한 그릇

2 ⓓ 식사하다
4 ⓓ 단골 손님

C

1 sell
3 sour
5 sharp

2 station
4 vacation

A

1 극장
2 배달하다
3 사업, 일
4 둥근, 원형의
5 정직한
6 치다, 때리다
7 맑은, 분명한
8 온화한, 순한
9 ~할 수 있는
10 공정한, 공평한
11 묶다; 넥타이
12 (잠을) 자다
13 계단
14 죽음, 사망
15 속도, 속력

16 host
17 schedule
18 punish
19 wipe
20 lay
21 bow
22 hold
23 spoil
24 pair
25 cause
26 turn
27 loud
28 nod
29 pick
30 mix

B

1 ⓒ 운동화 한 켤레
3 ⓐ 사과를 따다

2 ⓓ 사업을 하다
4 ⓑ 홍수의 원인

C

1 dishonest
3 schedule
5 speed

2 stairs
4 death

A

1 용서하다
2 거울
3 끔찍한, 심한
4 두 번, 두 배로
5 돼지고기
6 목록, 명단

16 useful
17 smart
18 low
19 fail
20 perfect
21 hang

7 비슷한; 비슷하게
8 구내식당
9 깨어 있는
10 넓은
11 애완동물
12 폭풍, 폭풍우
13 두뇌; 지능
14 사실
15 연설, 담화

22 another
23 forecast
24 upset
25 challenge
26 chopstick
27 sign
28 against
29 push
30 thick

B

1 ⓓ 일기예보
3 ⓐ 유용한 정보

2 ⓑ 외투를 걸다
4 ⓒ 연설하다

C

1 mirror
3 fact
5 chopstick

2 thick
4 push

A

1 편안한
2 채우다
3 빌려주다
4 나타나다
5 다른
6 교통, 교통량
7 막대기, 나무토막
8 움켜잡다, 붙잡다
9 아픈, 따가운
10 모양, 형태
11 오르다, 올라가다
12 껴안다, 포옹하다
13 맛이 쓴, 쓰라린
14 승리
15 손바닥

16 correct
17 smooth
18 excuse
19 prefer
20 match
21 serve
22 weigh
23 raise
24 cheer
25 hurt
26 taste
27 single
28 determine
29 greet
30 break

B

1 ⓑ 휴식을 취하다
3 ⓐ 부드러운 피부

2 ⓓ 교통 신호등
4 ⓒ 산에 오르다

C

1 lend
3 fill
5 correct

2 different
4 single

바로바로 Daily Check 14

Ⓐ

1 기술, 기량	16 cross
2 서랍	17 blank
3 뼈	18 touch
4 잘못, 실수	19 tear
5 상, 상품	20 keep
6 목이 마른	21 build
7 출구; 나가다	22 drop
8 미끄러지다	23 joke
9 만족하는	24 cure
10 외로운, 쓸쓸한	25 trust
11 심판	26 improve
12 평평한, 납작한	27 afraid
13 병, 질병	28 volunteer
14 성인, 어른	29 medicine
15 도움이 되는	30 exchange

Ⓑ

1 ⓐ 다리를 건설하다	2 ⓓ 잘못을 저지르다
3 ⓑ 서랍을 열다	4 ⓒ 1등상을 타다

Ⓒ

1 medicine	2 cross
3 afraid	4 adult
5 helpful	

바로바로 Daily Check 15

Ⓐ

1 그림자, 그늘	16 pull
2 ~에 들어가다	17 bright
3 붓다, 따르다	18 floor
4 수필, 에세이	19 stretch
5 제복	20 wild
6 태우다, 타다	21 follow
7 씨, 씨앗	22 nature
8 이해하다	23 humorous
9 좁은	24 stupid
10 던지다	25 try
11 지구, 땅	26 fight
12 축하하다	27 delight
13 교수	28 interview
14 얻다	29 carry
15 초등의, 초급의	30 review

Ⓑ

1 ⓑ 초등학교	2 ⓓ 체중이 늘다
3 ⓒ 어리석은 행동	4 ⓐ 2층

Ⓒ

1 uniform	2 throw
3 bright	4 professor
5 narrow	

중학 ❷

바로바로 Daily Check 01

Ⓐ

1 이용할 수 있는	16 figure
2 실망시키다	17 classical
3 참석하다, 다니다	18 discuss
4 고통, 통증	19 aloud
5 벽장, 찬장	20 apologize
6 전통	21 describe
7 볼, 뺨	22 gesture
8 훌륭한, 멋진; 빛나는	23 trade
9 파괴하다	24 fever
10 비슷한, 닮은	25 decrease
11 훌륭한, 탁월한	26 passport
12 증가하다	27 choir
13 일, 과제	28 spell
14 일출, 해돋이	29 operate
15 선택하다	30 counsel

Ⓑ

1 ⓒ 고전음악	2 ⓐ 여권을 분실하다
3 ⓓ 인구 감소	4 ⓑ 모임에 참석하다

Ⓒ

1 sunrise	2 cheek
3 trade	4 increase
5 fever	

바로바로 Daily Check 02

Ⓐ

1 고속도로	16 dull
2 친척	17 condition
3 승객	18 limit
4 다양한	19 mistake
5 의견, 견해	20 confident

6 높이, 키

7 사다, 구입하다

8 게으른

9 요청(하다)

10 행성

11 기적

12 장식하다, 꾸미다

13 꼭 끼는; 꽉 죄인

14 대화, 회화

15 수의사

21 cheat

22 apply

23 chop

24 suffer

25 overweight

26 average

27 bother

28 fault

29 observe

30 respect

B

1 ⓐ 양파를 썰다

3 ⓑ 가까운 친척

2 ⓒ 규칙을 준수하다

4 ⓓ 교실을 장식하다

C

1 purchase

3 tight

5 mistake

2 planet

4 limit

바로바로 Daily Check 03

A

1 맛, 풍미

2 어린 시절

3 주의, 주목

4 경치, 풍경

5 충고, 조언

6 기쁜

7 눈썹

8 작가, 저자

9 땀을 흘리다

10 건축가

11 말하다, 언급하다

12 비용, 지출

13 잔디, 잔디밭

14 직원, 점원

15 정보

16 ancestor

17 regret

18 both

19 position

20 role

21 express

22 recover

23 shoot

24 device

25 bend

26 brand-new

27 press

28 pay

29 common

30 grateful

B

1 ⓒ 유명한 작가

3 ⓐ 점원을 고용하다

2 ⓓ 공통점이 있다

4 ⓑ 비용을 절약하다

C

1 recover

3 press

5 advice

2 grateful

4 lawn

바로바로 Daily Check 04

A

1 지식

2 변호사

3 직업, 경력

4 형사, 탐정

5 군중; 붐비다

6 비상(사태), 위급

7 치다, 때리다

8 산들바람, 미풍

9 쓰레기

10 놀리다, 괴롭히다

11 추천하다, 권하다

12 통로, 복도

13 팔꿈치

14 지역, 구역

15 은하, 은하계

16 survive

17 appreciate

18 orchestra

19 male

20 character

21 offend

22 realize

23 tend

24 judge

25 elect

26 regular

27 suggest

28 dust

29 sculpture

30 communicate

B

1 ⓒ 상쾌한 산들바람

3 ⓐ 응급실

2 ⓑ 동물들을 괴롭히다

4 ⓓ 그 영화를 추천하다

C

1 aisle

3 regular

5 galaxy

2 female

4 detective

바로바로 Daily Check 05

A

1 숨다, 숨기다

2 대통령, 회장

3 힘, 폭력

4 상냥한, 부드러운

5 속담, 격언

6 선택, 선택권

7 길이

8 출처, 원천, 근원

9 집안일, 가사

10 아주 좋은, 멋진

11 상징, 상징물

12 세계의, 지구의

13 영양소, 영양분

14 연기

15 부족, 종족

16 rumor

17 connect

18 perform

19 persuade

20 intelligent

21 advance

22 record

23 annoying

24 announce

25 fake

26 awkward

27 growl

28 promise

29 sacrifice

30 justice

ⓑ

1 ⓓ 선택권이 있다   2 ⓐ 지구 온난화
3 ⓑ 유명한 속담   4 ⓒ 나무 뒤에 숨다

ⓒ

1 length   2 promise
3 advance   4 rumor
5 housework

바로바로 Daily Check 06

ⓐ

1 출발	16 baggage
2 천둥, 우레	17 guide
3 이점, 장점	18 function
4 복종하다, 따르다	19 avoid
5 명령(하다)	20 celebrate
6 베개	21 rude
7 엄지손가락	22 excited
8 당황스러운	23 encourage
9 놀란	24 costume
10 엄격한, 엄한	25 interested
11 숨을 쉬다	26 survey
12 피, 혈액	27 trend
13 우주, 공간	28 puzzled
14 장애가 있는	29 support
15 포함하다	30 wound

ⓑ

1 ⓑ 헌혈하다   2 ⓓ 법을 지키다
3 ⓒ 천둥과 번개   4 ⓐ 졸업을 축하하다

ⓒ

1 thumb   2 departure
3 command   4 disabled
5 rude

바로바로 Daily Check 07

ⓐ

1 접다, 개다	16 national
2 명성	17 humid
3 각도, 각	18 fire
4 껍질을 벗기다	19 rectangle
5 성공하다	20 freeze
6 임금, 급료	21 resemble

7 거리	22 shocked
8 명예, 영예	23 bathe
9 먼	24 behave
10 공공의, 대중의	25 necessary
11 장면, 현장	26 protect
12 언어	27 principal
13 토양, 흙	28 cartoon
14 세탁, 세탁물	29 pile
15 가치	30 shake

ⓑ

1 ⓓ 악수하다   2 ⓒ 지구를 보호하다
3 ⓐ 국경일   4 ⓑ 엄마를 닮다

ⓒ

1 laundry   2 avenue
3 language   4 distant
5 humid

바로바로 Daily Check 08

ⓐ

1 조화	16 polar
2 창조하다	17 envy
3 기계	18 guess
4 운, 행운	19 receive
5 삼키다; 제비	20 process
6 오염시키다	21 extend
7 미친, 열광적인	22 relieve
8 열정	23 measure
9 조각상	24 focus
10 인상, 감명	25 refuse
11 ~ 외에; 게다가	26 save
12 가구	27 circulate
13 가정[상상]하다	28 candidate
14 복지, 후생	29 return
15 허드렛일	30 bottom

ⓑ

1 ⓐ 길이를 재다   2 ⓓ 가구 한 점
3 ⓑ 도로를 넓히다   4 ⓒ 공기를 오염시키다

ⓒ

1 bottom   2 swallow
3 return   4 chore
5 fortune

A

1 위, 배
2 끈, 줄
3 감옥, 교도소
4 지루해 하는
5 순수한, 깨끗한
6 정사각형, 광장
7 야외의, 옥외의
8 신화, 미신
9 비극
10 빚지고 있다
11 장관, 성직자
12 수도꼭지
13 망원경
14 굶주림, 기아
15 감독

16 master
17 copy
18 fit
19 beg
20 outgoing
21 upstairs
22 access
23 inspire
24 among
25 criticize
26 political
27 prove
28 carve
29 thoughtful
30 unbelievable

B

1 ⓓ 끈을 묶다
2 ⓒ 웹사이트에 접속하다
3 ⓑ 순수한 오렌지 주스
4 ⓐ 수도꼭지를 잠그다

C

1 director
3 outdoor
5 outgoing

2 prison
4 famine

A

1 감정, 정서
2 거의 ~ 아니다
3 의식, 식
4 해안, 해변
5 기원, 유래
6 진실한, 진심 어린
7 존경하다, 감탄하다
8 자신의; 소유하다
9 문학
1 시골의, 전원의
11 쏟다, 흘리다
12 고용하다
13 의존[의지]하다
14 중간의, 평균의
15 우주

16 border
17 steal
18 equal
19 track
20 total
21 hire
22 spread
23 whisper
24 rent
25 fear
26 cost
27 block
28 hatch
29 leisure
30 capital

B

1 ⓓ 시상식
3 ⓐ 생활비

2 ⓒ 기술자를 고용하다
4 ⓑ 문학 작품을 읽다

C

1 sincere
3 hatch
5 equal

2 origin
4 rural

A

1 우주 비행사
2 충실한, 충성스러운
3 비행, 항공편
4 가난, 빈곤
5 부끄러운, 창피한
6 믿을 만한, 신의 있는
7 이유, 사유
8 지난, 과거의
9 고향
10 해안 (지방)
11 본문, 원문
12 부치다, 게시하다
13 제공하다, 공급하다
14 수리하다, 고정시키다
15 바퀴

16 ignore
17 digest
18 modern
19 novel
20 consist
21 usually
22 sew
23 reuse
24 ladder
25 capture
26 install
27 well-known
28 law
29 empire
30 rainforest

B

1 ⓒ 열대 우림 기후
3 ⓑ 자전거를 수리하다

2 ⓐ 사다리를 올라가다
4 ⓓ 빈병을 재사용하다

C

1 modern
3 novel
5 usually

2 hometown
4 post

A

1 감각
2 (돈을) 벌다
3 어지러운
4 화산
5 가상의, 사실상의
6 낭비(하다); 쓰레기

16 gap
17 explore
18 bloom
19 debate
20 term
21 positive

7 독특한, 고유의　22 form
8 회사; 동료　23 deny
9 알약　24 argue
10 이루다, 성취하다　25 respond
11 바치다, 헌신하다　26 seem
12 여론 조사, 투표　27 rule
13 주장[고집]하다　28 dig
14 횡단보도　29 effect
15 목표, 목적　30 poem

B

1 ⓓ 가상 현실　2 ⓑ 규칙을 따르다
3 ⓐ 돈을 벌다　4 ⓒ 후각

C

1 waste　2 achieve
3 positive　4 pill
5 devote

A

1 씹다, 깨물다　16 occupy
2 구조, 건축물　17 retire
3 학자　18 rubber
4 힘든, 거친　19 wonder
5 목수　20 matter
6 법률의, 합법의　21 quarter
7 모험, 모험심　22 coach
8 공포, 전율　23 order
9 성인, 어른(의)　24 rise
10 재채기(하다)　25 praise
11 조언, 팁　26 develop
12 식민지　27 shelter
13 가루, 분말　28 remind
14 듣다　29 skip
15 싸다, 포장하다　30 clap

B

1 ⓓ 아침 식사를 거르다　2 ⓐ 피자를 주문하다
3 ⓒ 공포 영화　4 ⓑ 선물을 포장하다

C

1 rubber　2 tip
3 clap　4 chew
5 sneeze

A

1 전기, 일대기　16 delete
2 거짓의, 가짜의　17 private
3 과제, 프로젝트　18 defeat
4 천재, 재능　19 state
5 전시, 전시회　20 resource
6 이끌다, 인도하다　21 conquer
7 방법; 수단　22 float
8 진료소, 병원　23 trial
9 경제, 경기　24 history
10 왕조, 왕가　25 doubt
11 어리석은, 바보 같은　26 imitate
12 쓰레기　27 pot
13 비평가, 평론가　28 instead
14 ~ 너머, ~ 저편에　29 guard
15 발견하다, 알다　30 neighbor

B

1 ⓑ 공정한 재판　2 ⓓ 고대 역사
3 ⓐ 스팸 메일을 지우다　4 ⓒ 사진 전시회

C

1 false　2 trash
3 float　4 discover
5 silly

A

1 앞, 정면　16 environment
2 줄, 열　17 account
3 우아한, 품격 있는　18 second
4 정책, 방침　19 expert
5 줄거리, 구성　20 equipment
6 관중, 청중　21 separate
7 발명하다　22 result
8 관대한, 너그러운　23 century
9 정신, 태도　24 display
10 건설하다　25 calm
11 멸종된, 사라진　26 reply
12 고대의, 먼 옛날의　27 present
13 곤충　28 lift
14 의심하다; 용의자　29 produce
15 시도(하다)　30 department

B

1 ⓑ 환경을 보호하다 2 ⓐ 앞줄
3 ⓒ 살인 용의자 4 ⓓ 백화점

C

1 construct 2 insect
3 ancient 4 present
5 policy

바로바로 Daily Check 16

A

1 기념일 16 experiment
2 제거하다, 없애다 17 loose
3 도구, 연장 18 injure
4 유산 19 absorb
5 관습, 풍습 20 heavily
6 겁먹은 21 either
7 고아원 22 research
8 ~ 이내에, ~ 안에 23 edit
9 임무, 사명 24 donate
10 무서워하는, 겁먹은 25 demand
11 의미하다, 뜻하다 26 exist
12 공급; 공급하다 27 notice
13 표면, 겉 28 shy
14 초상화 29 imagine
15 여행, 여정 30 valley

B

1 ⓒ 문화 유산 2 ⓐ 결혼기념일
3 ⓓ 초상화를 그리다 4 ⓑ 헐렁한 스웨터

C

1 custom 2 surface
3 demand 4 edit
5 donate

바로바로 Daily Check 17

A

1 심각한, 진지한 16 liquid
2 끼우다, 넣다 17 bald
3 세금 18 chemistry
4 지역, 지방 19 electric
5 자유 20 credit
6 예측[예보]하다 21 community
7 사막; 버리다 22 indeed
8 활동 23 settle
9 강한, 영향력 있는 24 tomb
10 자선 단체, 자선 25 raw
11 환불(하다) 26 toward
12 ~으로 여기다 27 scratch
13 거의 28 prevent
14 대학교 29 consider
15 의무, 세금 30 vacuum

B

1 ⓒ 날씨를 예보하다 2 ⓐ 생고기
3 ⓑ 화재를 예방하다 4 ⓓ 야외 활동

C

1 nearly 2 liberty
3 liquid 4 credit
5 refund

바로바로 Daily Check 18

A

1 전투, 투쟁 16 slave
2 대륙, 육지 17 compare
3 수직의, 세로의 18 pack
4 줄이다, 낮추다 19 spray
5 침략[침입]하다 20 trouble
6 미스터리, 수수께끼 21 stare
7 배경 22 attack
8 책임이 있는 23 harm
9 반응하다 24 path
10 그만두다, 중지하다 25 degree
11 상황, 처지 26 control
12 나누다 27 arrow
13 ~을 제외하고 28 instant
14 수고, 노력 29 damage
15 의학의, 의료의 30 blame

B

1 ⓒ 추리소설 2 ⓓ 역사적 배경
3 ⓑ 화살을 쏘다 4 ⓐ 박사 학위

C

1 reduce 2 vertical
3 trouble 4 quit
5 divide

A

1 음악가, 뮤지션	16 main
2 투표(하다)	17 cave
3 번개	18 educate
4 날씬한, 호리호리한	19 publish
5 인구	20 pardon
6 직업	21 military
7 반대의, 맞은편의	22 urban
8 물다, 물어뜯다	23 greedy
9 경쟁하다, 겨루다	24 contain
10 속임수, 마술	25 grain
11 미술관, 화랑	26 cabin
12 지저분한, 엉망인	27 complain
13 대표하다, 표현하다	28 view
14 에너지, 힘	29 maximum
15 기회, 가능성	30 calculate

B

1 ⓐ 지저분한 방	2 ⓑ 태양 에너지
3 ⓓ 탐욕스러운 왕	4 ⓒ 천둥과 번개

C

1 greedy	2 chance
3 slim	4 population
5 occupation	

A

1 괴물	16 curious
2 예약하다	17 possible
3 재활용하다	18 overcome
4 이기적인	19 insult
5 강우, 강우량	20 flash
6 (직장) 동료	21 violent
7 진실, 사실	22 search
8 위험; 모험하다	23 spot
9 양; 액수, 총액	24 accept
10 농작물, 수확물	25 receipt
11 점; 점을 찍다	26 warn
12 소설, 꾸며낸 이야기	27 concern
13 용기	28 interact
14 모으다, 수집하다	29 tap
15 양식, 패턴	30 pregnant

B

1 ⓒ 관광지	2 ⓐ 위험을 경고하다
3 ⓓ 이기적인 행동	4 ⓑ 강우량을 측정하다

C

1 courage	2 reserve
3 recycle	4 crop
5 truth	

중학 ❸

A

1 학기	16 balance
2 예전의, 이전의	17 quote
3 노동, 근로	18 underground
4 시기, 기간	19 delay
5 증상, 징후	20 official
6 더 위의	21 pray
7 기이한, 이상한	22 afford
8 해외에, 해외로	23 encounter
9 기금, 자금	24 slice
10 사회의, 사회적인	25 mind
11 살아 있는	26 odd
12 반대하다	27 immediately
13 교외, 근교	28 despair
14 바늘	29 load
15 참가[참여]하다	30 enthusiastic

B

1 ⓑ 기이한 꿈	2 ⓓ 평화를 기원하다
3 ⓒ 폭풍을 만나다	4 ⓐ 사과를 얇게 썰다

C

1 alive	2 needle
3 oppose	4 odd
5 immediately	

A

1 종교의	16 footprint
2 10년	17 benefit
3 지우다, 없애다	18 bark
4 부족, 결핍	19 advertise
5 전세계적인	20 ocean

6 의지; 유언
7 식욕
8 장벽, 장애(물)
9 요소, 성분
10 끔찍한, 지독한
11 주제, 테마
12 소질, 적성
13 끊임없이
14 아프다; 아픔
15 편리한, 간편한

21 steam
22 allow
23 depressed
24 lecture
25 suicide
26 salary
27 countless
28 scream
29 roll
30 sensitive

B

1 ⓒ 공개 강의
3 ⓓ 종교 전쟁

2 ⓐ 유언을 남기다
4 ⓑ 적성검사

C

1 erase
3 suicide
5 appetite

2 ache
4 decade

A

1 장례식
2 금지(하다)
3 지역의, 현지의
4 집중하다
5 가파른, 비탈진
6 적절한, 적당한
7 유창한, 능숙한
8 갈다, 빻다
9 면허, 면허증
10 즐겁게 하다, 웃기다
11 약탈하다, 훔치다
12 시민
13 날씬한, 가느다란
14 도움, 원조
15 투자하다

16 fable
17 leather
18 dense
19 surgery
20 found
21 specific
22 pause
23 moment
24 standard
25 accommodate
26 currency
27 dedicate
28 relax
29 delicate
30 deal

B

1 ⓐ 가죽 지갑
3 ⓑ 공부에 집중하다

2 ⓓ 커피를 갈다
4 ⓒ 수술 받다

C

1 rob
3 license
5 pause

2 dense
4 slender

A

1 신분, 정체(성)
2 극도의, 극심한
3 의심하는, 수상한
4 자주, 종종
5 영혼; 정신
6 세대
7 도덕의, 윤리의
8 하인, 부하
9 학생; 동공
10 장소, 곳
11 상대, 적수, 반대자
12 시내에, 시내로
13 좀처럼 ~ 않는
14 ~의 밑에, ~ 아래에
15 속이다, 기만하다

16 shade
17 technique
18 wig
19 bush
20 independent
21 detail
22 fossil
23 laboratory
24 scold
25 hardworking
26 species
27 loss
28 major
29 essential
30 innocent

B

1 ⓒ 호되게 꾸짖다
3 ⓐ 역사를 전공하다

2 ⓓ 멸종된 종
4 ⓑ 신분증

C

1 rarely
3 detail
5 wig

2 innocent
4 pupil

A

1 수입, 소득
2 첨부하다, 붙이다
3 산업, 근면
4 조직; 화장지
5 단락, 절
6 항해하다; 돛
7 담그다, 적시다
8 묻다, 매장하다
9 손톱, 발톱
10 악마, 마귀
11 다수의, 많은
12 인지하다, 알아보다
13 액수; 총합, 합계
14 재료, 성분
15 역겨운, 구역질 나는

16 thigh
17 grave
18 dye
19 ceiling
20 rough
21 oxygen
22 maze
23 promote
24 lack
25 release
26 claim
27 rush
28 native
29 tag
30 involve

B

1 ⓒ 혼잡한 시간   2 ⓐ 관광 산업
3 ⓓ 옷감을 염색하다   4 ⓑ 근육 조직

C

1 attach   2 rough
3 release   4 native
5 bury

바로바로 Daily Check 06

A

1 중력, 인력
2 영향(을 주다)
3 잔인한, 잔혹한
4 소포, 꾸러미
5 안전, 안보
6 외딴, 외진, 먼
7 즐거운, 명랑한
8 계속하다, 지속되다
9 비율; 요금; 속도
10 부, 재산
11 국내의; 가정의
12 매다, 묶다
13 게다가, 더욱이
14 가정, 가족
15 기분, 분위기
16 satellite
17 witness
18 yield
19 souvenir
20 potential
21 progress
22 canal
23 appeal
24 bulb
25 orbit
26 complete
27 extra
28 aid
29 comment
30 upward

B

1 ⓒ 운하를 건설하다   2 ⓓ 우울한 기분
3 ⓐ 단추를 잠그다   4 ⓑ 출생률

C

1 continue   2 remote
3 witness   4 upward
5 household

바로바로 Daily Check 07

A

1 영토; 영역
2 재료, 물질
3 재해, 재난, 참사
4 ~에도 불구하고
5 시민의, 민간의
6 말하다; 의견, 말
16 guilty
17 waterfall
18 government
19 weed
20 glance
21 court

7 금융의, 재정의
8 소리치다, 외치다
9 치유되다, 낫다
10 수평선, 지평선
11 열대의, 열대 지방의
12 새벽, 동틀녘
13 정신의, 마음의
14 특이한, 드문
15 적절한, 알맞은
22 pat
23 approach
24 rival
25 literal
26 junior
27 negative
28 quantity
29 level
30 folk

B

1 ⓓ 민주 정부   2 ⓑ 자연 재해
3 ⓐ 반대 투표   4 ⓒ 건축 재료

C

1 despite   2 guilty
3 mental   4 pat
5 dawn

바로바로 Daily Check 08

A

1 절벽, 낭떠러지
2 남다, 머무르다
3 환상, 착각
4 원자력의, 핵의
5 끝, 모서리
6 감소(하다), 하락하다
7 귀중한, 값비싼
8 가치(가 있는)
9 특히, 주로
10 그렇지 않으면
11 굽다, 볶다
12 경쟁, 시합, 대회
13 특징, 특색; 용모
14 조합, 결합
15 즐겁게 하다, 대접하다
16 frown
17 graduate
18 crash
19 cancel
20 even
21 surround
22 sticky
23 require
24 wander
25 hardship
26 germ
27 clone
28 northern
29 nap
30 direction

B

1 ⓒ 표를 취소하다   2 ⓐ 낮잠을 자다
3 ⓓ 탁자의 모서리   4 ⓑ 방향을 잃다

C

1 precious   2 decline
3 nuclear   4 germ
5 wander

A

1 암
2 얻다, 획득하다
3 길, 노선
4 목적, 의도
5 문법
6 살인, 살인 사건
7 만약 ~하지 않으면
8 일어나다, 발생하다
9 믿기 어려운, 놀라운
10 번역하다, 통역하다
11 요인, 요소
12 보존하다, 지키다
13 미끄러지다
14 약, 의약품; 마약
15 온도, 기온, 체온

16 politics
17 teenage
18 assign
19 chemical
20 addict
21 eager
22 bump
23 pretend
24 firework
25 multiply
26 antique
27 reflect
28 talkative
29 transfer
30 struggle

B

1 ⓓ 살인 용의자
2 ⓐ 암으로 죽다
3 ⓑ 생태계를 보존하다
4 ⓒ 기온 상승

C

1 occur
2 purpose
3 eager
4 struggle
5 reflect

A

1 지갑
2 목적지, 도착지
3 앞으로
4 위기
5 사건, 일
6 망설이다, 주저하다
7 혁명
8 소유하다, 보유하다
9 수행하다, 지휘하다
10 보석, 장신구
11 빼다, 접질리다
12 협력하다, 협동하다
13 연합하다, 합치다
14 사치, 사치품
15 유연한, 융통성 있는

16 chase
17 relate
18 arrange
19 plain
20 issue
21 mass
22 instrument
23 illustrate
24 paste
25 intend
26 international
27 site
28 fuel
29 physical
30 worship

B

1 ⓓ 문화 혁명
2 ⓑ 손목을 삐다
3 ⓐ 오케스트라를 지휘하다
4 ⓒ 국제 무역

C

1 intend
2 physical
3 chase
4 possess
5 jewel

A

1 빛, 부채
2 빼다, 덜다
3 예산, 비용
4 생물학
5 탈 것, 차량
6 과정, 강좌
7 특정한, 특별한
8 해석[설명]하다
9 이기다, 두드리다
10 귀족의, 고귀한
11 그러므로, 그래서
12 보통의, 평범한
13 요즈음에는
14 걱정하는, 열망하는
15 마침내, 결국

16 drown
17 evidence
18 harbor
19 exactly
20 coal
21 poisonous
22 declare
23 status
24 rescue
25 fluid
26 direct
27 treat
28 accomplish
29 solid
30 broadcast

B

1 ⓓ 보이콧을 선언하다
2 ⓐ 가계 예산
3 ⓒ 명확한 증거
4 ⓑ 귀족 집안

C

1 accomplish
2 ordinary
3 subtract
4 solid
5 anxious

A

1 저작권, 판권
2 태도, 마음가짐
3 예약하다
4 개인의, 사적인
5 원리, 원칙

16 count
17 midnight
18 consume
19 last
20 manage

6 상인, 무역상
7 흐르다; 흐름
8 구별하다, 식별하다
9 희생자, 피해자
10 긴급한, 절박한
11 다투다, 싸우다; 다툼
12 질, 품질
13 꽃; 꽃이 피다
14 능률적인, 유능한
15 근본적인, 본질의

21 routine
22 content
23 profit
24 volume
25 reward
26 dozen
27 resident
28 refer
29 solar
30 portable

B

1 ⓒ 우호적인 태도
3 ⓓ 전쟁의 희생자

2 ⓐ 근본 원칙
4 ⓑ 유능한 비서

C

1 last
3 profit
5 routine

2 portable
4 reserve

A

1 내뿜다, 배출하다
2 실제의, 실용적인
3 최근에
4 극심한, 심각한
5 전체의
6 아마도
7 일반적으로, 보통
8 떨어져, 따로
9 입양하다, 채택하다
10 교통, 교통수단
11 민주주의, 민주 국가
12 빠른, 급격한
13 발견하다, 감지하다
14 지대, 지역, 구역
15 저항하다, 반대하다

16 export
17 prey
18 dental
19 sort
20 landscape
21 transform
22 disappear
23 immune
24 fare
25 discount
26 conflict
27 escape
28 treasure
29 land
30 import

B

1 ⓐ 실용 영어
3 ⓑ 면역 반응

2 ⓓ 매연을 내뿜다
4 ⓒ 안전하게 착륙하다

C

1 entire
3 treasure
5 adopt

2 escape
4 fare

A

1 재산, 소유물
2 몇몇의, 각각의
3 문지르다, 비비다
4 가르치다, 지시하다
5 낯익은, 친숙한
6 구성하다, 작곡하다
7 거의 ~ 않는
8 뒤로, 거꾸로
9 조수, 조류, 흐름
10 가치 있는, 보람 있는
11 이야기, 설화
12 헛된, 소용없는
13 범죄, 죄
14 규모, 범위, 저울
15 전문적인, 직업의

16 sink
17 establish
18 earthquake
19 spacecraft
20 blend
21 normal
22 object
23 pole
24 whole
25 miserable
26 wrinkle
27 handle
28 offer
29 female
30 rare

B

1 ⓑ 헛된 노력
3 ⓐ 이론을 확립하다

2 ⓓ 유인 우주선
4 ⓒ 눈을 비비다

C

1 blend
3 pole
5 instruct

2 professional
4 backwards

A

1 약속, 예약
2 고르다, 선택하다
3 많음, 풍부
4 온실
5 기사, 물품
6 영향을 미치다
7 이론, 학설
8 기회
9 (운동) 선수
10 감염시키다
11 최근에
12 안쪽의, 내부의
13 아마, 어쩌면
14 시력, 봄, 견해
15 적응하다, 순응하다

16 atmosphere
17 frankly
18 contrast
19 slope
20 bare
21 technology
22 fist
23 contact
24 irony
25 bet
26 genre
27 artificial
28 rather
29 attractive
30 confused

B

1 ⓓ 아마추어 운동 선수 2 ⓐ 기술을 발전시키다
3 ⓑ 연락이 끊어지다   4 ⓒ 정다운 분위기

C

1 select   2 artificial
3 article   4 sight
5 bare

I N D E X

lonely 85

long 12

look 12

loose 171

lose 59

loss 213

loud 68

love 12

lovely 34

low 74

loyal 145

luck 55

lunch 12

luxury 242

M

machine 132

mad 58

magazine 26

magic 12

main 185

major 211

male 110

man 12

manage 253

map 63

market 12

marry 12

mass 242

master 137

match 80

material 226

math 38

matter 157

maximum 185

maze 216

meal 64

mean 169

measure 129

meat 48

medical 182

medicine 83

medium 139

meet 12

melt 45

member 50

mental 228

mention 105

merchant 251

merry 223

message 61

messy 185

method 160

middle 12

midnight 252

mild 68

military 185

milk 12

million 58

mind 197

minister 135

minute 30

miracle 100

mirror 74

miserable 261

miss 48

mission 169

mistake 100

mix 70

modern 144

moment 206

money 12

monkey 12

monster 190

month 12

mood 223

moon 12

moral 211

moreover 222

morning 12

mother 12

mountain 12

mouse 12

move 20

movie 12

multiple 218

multiply 236

murder 237

muscle 53

museum 66

music 12

musician 185

mystery 181

myth 134

N

nail 216

name 12

nap 232

narrow 88

national 126

native 217

nature 88

near 12

nearly 174

neat 28

necessary 125

neck 12

need 64

needle 196

negative 229

neighbor 159

nephew 30

nervous 55

type 15

**Remember
Your Dream!**

공부하느라 힘드시죠?
으라차차^^ 소리 한번 지르세요.
언제나 여러분의 성공을 기원할게요 *^^*

– 공부책 잘 만드는 쏠티북스가 –

www.saltybooks.com